# The University of

東京大学キャンパス計画室 編

## 東京大学本郷キャンパス
140年の歴史をたどる

# T o k y o ' s

# Hongo Campus

東京大学出版会

The University of Tokyo's Hongo Campus
A 140-year History of Campus Planning
Campus Planning Office, The University of Tokyo, Editor
University of Tokyo Press 2018
ISBN978-4-13-001350-5

# はじめに

東京大学は二〇一八（平成三〇）年に創設一四〇周年を迎える。本書は、日本の大学キャンパスの中で最も長い歴史を持ち、関東大震災などの罹災を経験しながらも、本学の伝統を継承し、世界を代表する学問の府であり続けてきた本郷キャンパスの成り立ちと計画の歴史をまとめたものである。

一般に、大学キャンパスには都市と同じく完成形はないと言える。なぜなら、大学の活動自体が時代や社会の変化に応じて変容するものだからである。都市は時代や社会の変化に応じて常に変容しているが、大学もその使命から変容することが義務づけられた組織体とも言え、その活動の場である大学キャンパスも変化することが求められる。その変化を誘導し、秩序だった変化へと導くために大学キャンパス計画が必要となる。

本郷キャンパスの成り立ちと計画の歴史は、東京大学が辿ってきた発展の歴史でもあり、また、明治維新以降にわが国の大学制度が整えられていく過程と共に辿ってきた日本の学問の府の歴史でもある。明治維新以降の約百年間に日本が歩んできた歴史は、戦災を挟みながらも成長と発展の一途であったが、本郷キャンパスの明治期から戦後にかけての計画は、戦前の帝国大学から日本を代表する国立大学へと、大学の組織化が高度に進む過程に応じた空間計画として立案されてきた。一方、大学が拡大する過程の中で、キャンパス計画は、大規模なキャンパス用地に展開される施設群に一体感を創出し、威厳と秩序を付与するための骨格形成や調和した景観を整序するための役割も担ってきた。こうした時代の変化と社会の要請に応じた大学キャンパス計画の変遷を学ぶ教材として本書を見ていただくこともできる。

東京大学のキャンパス計画の基本理念および指針である「東京大学キャンパス計画大綱」（平成二六年三月二七日）では、本郷キャンパスについて次のように言及している。

> 大学の活動の場であるキャンパスの歴史と自負する本学のまた、近代化の名の下に高等教育社会の発展と連動して社会の東京大学の本郷キャンパスの歴史は、キャンパス計画の歴史でもあり、

日本の大学の歴史そのものであり、時代を映し出す鏡でもある。

本郷地区キャンパスは、近代的総合大学として国内でもっとも長い歴史を有し、かつ、近代日本国家の発展に貢献してきた本学のみが有する、歴史的風格に富む固有の空間構造と景観を有する。国内はもとより海外においても、この点において比肩し得る対象は少ない。同キャンパスの景観は、未来へと譲り伝えるべき日本の財産とさえ言うことができる。本学はこれが全学共通の財産であることを認識した上で、将来へ向けたマスタープランを構築する。

東京大学におけるキャンパス計画は、二〇一四（平成二六）年三月に前述の「東京大学キャンパス計画大綱」が制定されたのを受け、大きくは三層構造で構成されることとなった。すなわち、大綱の下に本郷、駒場、柏の三キャンパスごとに計画要綱が定められ、さらにその下に整備計画概要がある。また、東京大学は、この三キャンパスの他にも、東京都内に白金台、目白台、西東京をはじめとするキャンパスで教育研究施設、学生寮、宿舎等を運営し、全国各地にさまざまな関連施設や演習林などを保有し、管理している。

本書の編者である「東京大学キャンパス計画室」は、室長、副室長数名、約二十名の室員（二年任期・再任可）で構成されているが、これらキャンパス計画に係わる任務を行う組織である。総長、理事または副学長の統括の下にキャンパス計画の一連の体系に基づき、キャンパス計画の一連の体系に基づき、会議体としては、月一回の全体会議に加え、部会やワーキンググループなどで構成され、活発な検討が行われている。先述の通り、大学キャンパスは常に変化し続けており、施設の新築や改築から主要樹木への対応や外構の変更に至るまで、キャンパス計画にかかわるさまざまな案件を審議し、助言する役割を担っている。近年では、本書でも取り上げている安田講堂や総合図書館の大規模改修の監修や助言を行ってきた。

キャンパス計画室は、変化し続けるキャンパスの整備、開発、保全にかかわり、建築学、土木工学、都市工学、造園学などの専門分野の観点から、また各事業にかかる教育研究の観点、学生や教職員にとっての利便性向上や快適な環境づくりの観点、自然保護や歴史保全の観点など、多角的な観点から監修、助言を行い、キャンパス計画や施設整備を所管する本学施設部を始めとする関連事務と連携しながらキャンパスの環境の質の維持・向上に貢献してきた。その過程を通じて蓄積された本郷キャンパスにかかわる知見を共有することも本書出版の動機の一つでもある。本郷キャンパスの計画の歴史を学び、知っていただくことで、キャンパスへの愛着と共にその伝統や環境の質の維持・向上についても理解が広がっていくことを願っている。

本書は本郷キャンパスの時代区分に基づき、七章の構成としている（以下敬称略）。

第1章では、キャンパスの地形と先史時代から古代にかけての痕跡を読み解くことに始まり、本格的な開発が進んだ江戸時代の加賀藩、大聖寺藩、富山藩、水戸藩、安志藩の藩邸として利用されてきた歴史を辿る。明治維新後、加賀藩邸が文部省用地となり、その後の一八七六（明治九）年に文部省用地の一部に東京医学校が移転し、本郷の大学キャンパスとしての歴史が始まるが、それ以前の明治初期の本学の前身校の成立過程は複雑である。

第2章では、本学の前身である昌平学校、開成学校、東京医学校、工部大学校の成り立ちについて、前身校それぞれの学校組織や施設構成にスポットをあてながら、帝国大学として本郷に集結する以前の歴史をまとめている。

第3章では、一八八六（明治一九）年の帝国大学令の下、帝国大学のキャンパスとして、次々と初代の大学施設が計画され、建設されてきた明治中期から後期にかけての歴史をまとめている。本学ゆかりのジョサイア・コンドル、辰野金吾、山口半六らがそれぞれ異なる建築様式として設計した施設が次々と建設され、帝国大学の学問の府としての本郷キャンパスが形成された時期である。

第4章では、明治後期から関東大震災前にかけてのキャンパスでの営みや拡充期としての計画をまとめている。帝国大学としての組織が確立されてくると、卒業式といった行事のための施設や総長室を含む本部施設も必要となり、キャンパス内の施設の整備や管理のための営繕課も組織されることとなる。また、施設の集積に注力してきた時期からさらに進化し、キャンパスの空間秩序が求められるようになる。この時期には、東京帝国大学第三代および第八代の二期にわたる濱尾新総長の下、内田祥三らが中心となり、正門の整備と大講堂（現・安田講堂）の計画を通じたキャンパスの主軸が形成されることとなる。

第5章では、関東大震災後の復興・再建を契機とした、内田祥三によるキャンパスの主軸線の形成を中心とする全体計画の立案と、計画に基づき、スクラッチ・タイルを用いたいわゆる内田ゴシック様式で本郷キャンパスの中核的な地区の施設が建設されていく時期をまとめている。

第6章では、第二次大戦後の新制東京大学の出発から高度成長期を経て多数の施設が建設されていく一方、東大紛争を経験し長年封鎖されていた安田講堂の大改修による再利用、さまざまな増築による対応、更には本郷キャンパスの再開発計画といった戦後から現代までの計画の変遷を整理している。

第7章では、二〇〇四年の国立大学法人化を契機に急増した施設整備を経て、法人化後の施設整備の仕組みの中でキャンパス環境の質の維持・向上を目指すキャンパス計画の仕組みづくり、安田講堂や総合図書館の大規模改修などの伝統の継承、広場や学生の学習スペースや憩いの場づくりなど近年の取組みをまとめている。

国際的に見ると、大学の成り立ちやキャンパスの概念も国や地域によって異なる。欧州の都市に立地する伝統的な大学の多くは都市と大学との間に明確な境界がなく、いわゆる大学キャンパスの概念は通用しない。一方、米国では多くの著名大学は、敷地内に商業施設やスポーツ施設を内包した広大な大学キャンパスを有する。それに対し、本郷キャンパスに代表される日本の大学キャンパスは、米国の著名大学に比して敷地規模は比較にならないが、米国型のキャンパスの概念に近い中で発展してきた。近年は、伝統の継承に配慮しながら、いかにして増改築や高層化を伴う再開発により大学の成長の受け皿となる空間を創り出すかが共通課題となっている。

大学という組織の使命から、大学キャンパスには完成形はないと言えるが、伝統ある大学では伝統ある環境こそが大学の魅力でもある。伝統に根差した「不易（不変）の空間」と新たな時代と社会の要請に応じて「変化する空間」が共存した秩序ある環境を保ちながら成長を続けるためには、関係する誰しもにキャンパスの成り立ちを理解してもらうことが何より重要である。大学の歩んできた歴史の証であるキャンパスの成り立ちを先人たちの計画意図と共に理解し、その意味と価値が共有された上で将来の変化に臨まなければならない。本書は、その理解と共有に役立つことの願いを込めて、ここに刊行するものである。

本書は、前任の西村幸夫先生がキャンパス計画室長を務めていた際の発案で企画が進められ、キャンパス計画室員や関連の専門分野の教員らが執筆し、東京大学施設部の協力を得ることで、刊行が実現した。ご協力いただいた関係者の方々にも感謝申し上げたい。

東京大学キャンパス計画室長　出口　敦

東京大学本郷キャンパス　一　目次

装丁―松田行正＋杉本聖士

写真アフロ

東京大学の本部が所在する本郷キャンパスは、主要部局が集中している本郷地区のほか、主として農学部が立地する弥生地区、各種研究センターが立地する浅野地区という三地区から成る。敷地面積五五・九ヘクタールのこの地に延べ床面積一〇〇万平方メートルもの建物群が建ち、二万人ほどの学生が学んでいるほか、約八〇〇〇人の教職員が働いている。

うち本書が主に扱う本郷地区は、敷地面積四〇・三ヘクタールで、ここに大学の本部のほか、法学部、医学部、工学部、文学部、理学部、経済学部、教育学部、薬学部の七学部が本拠を置いている。さらに、東洋文化研究所、社会科学研究所、史料編纂所の三つの附置研究所が存在しているほか、医学部附属病院、総合図書館、総合研究博物館などの施設が立地している。

大学のシンボルである大講堂（安田講堂）や正門、赤門、育徳園（三四郎池）も本郷地区にある。

東京大学本郷キャンパスマップ（2017年5月作成）

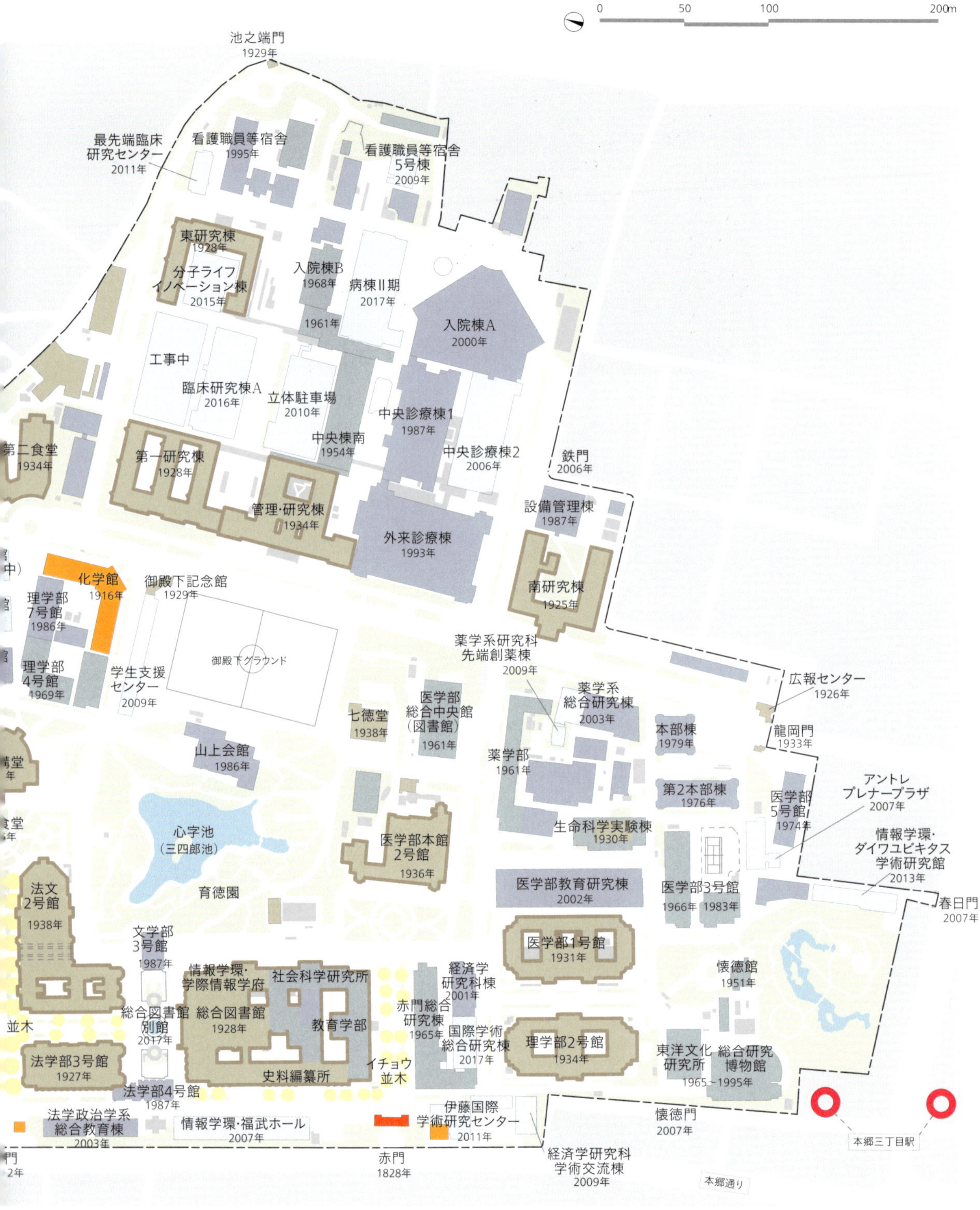


提供　東京大学施設部

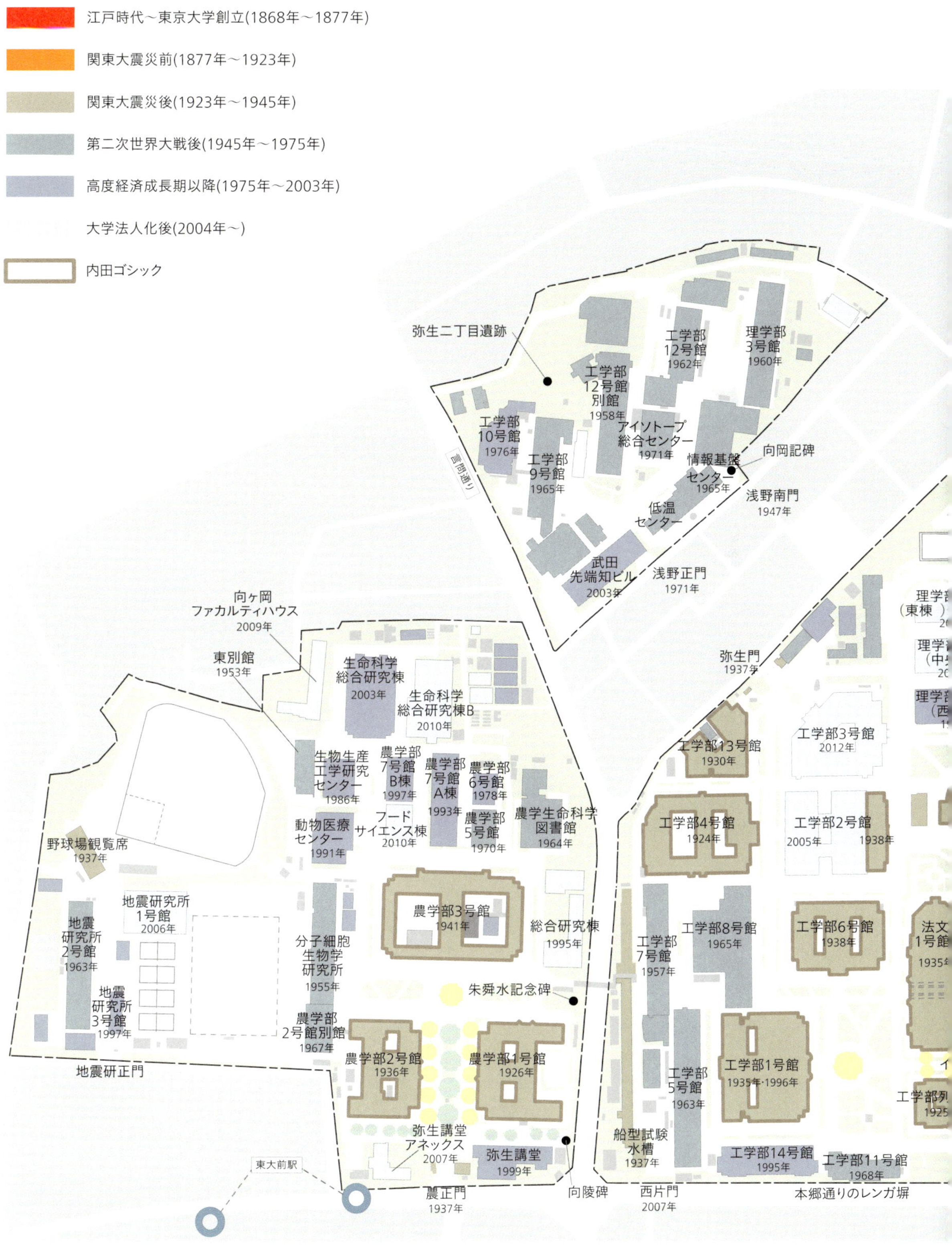
江戸時代～東京大学創立(1868年～1877年)
関東大震災前(1877年～1923年)
関東大震災後(1923年～1945年)
第二次世界大戦後(1945年～1975年)
高度経済成長期以降(1975年～2003年)
大学法人化後(2004年～)
内田ゴシック
弥生二丁目遺跡
工学部 12号館 1962年
理学部 3号館 1960年
工学部 12号館 別館 1958年
工学部 10号館 1976年
アイソトープ 総合センター 1971年
工学部 9号館 1965年
情報基盤 センター 1965年
向岡記碑
言問通り
浅野南門 1947年
低温 センター
武田 先端知ビル 2003年
浅野正門 1971年
向ヶ岡 ファカルティハウス 2009年
東別館 1953年
生命科学 総合研究棟 2003年
生命科学 総合研究棟B 2010年
弥生門 1937年
工学部13号館 1930年
工学部3号館 2012年
生物生産 工学研究 センター 1986年
農学部 7号館 B棟 1997年
農学部 7号館 A棟 1993年
農学部 6号館 1978年
フード サイエンス棟 2010年
農学部 5号館 1970年
農学生命科学 図書館 1964年
動物医療 センター 1991年
工学部4号館 1924年
工学部2号館 2005年 1938年
野球場観覧席 1937年
地震研究所 1号館 2006年
地震 研究所 2号館 1963年
農学部3号館 1941年
総合研究棟 1995年
分子細胞 生物学 研究所 1955年
工学部 7号館 1957年
工学部8号館 1965年
工学部6号館 1938年
朱舜水記念碑
地震 研究所 3号館 1997年
農学部 2号館別館 1967年
農学部2号館 1936年
農学部1号館 1926年
工学部 5号館 1963年
工学部1号館 1935年·1996年
地震研正門
弥生講堂 アネックス 2007年
船型試験 水槽 1937年
工学部14号館 1995年
工学部11号館 1968年
弥生講堂 1999年
東大前駅
農正門 1937年
向陵碑
西片門 2007年
本郷通りのレンガ塀

# 東京大学の沿革

○（天文方）
1685年（貞享元年12月）

（蛮書和解御用）
1811年（文化8年5月）

（洋学所）
1855年（安政2年1月）

蕃書調所
1857年（安政4年1月）

洋書調書
1862年（文久2年5月）

開成所
1863年（文久3年8月）

開成学校
1868年（明治元年9月）

（大学校分局）
1869年（明治2年6月）

大学南校
1870年（明治2年12月）

南　校
1871年（明治4年7月）

第一大学区第一番中学
1872年（明治5年8月）

○昌平坂学問所（昌平黌）
1798年（寛政9年12月）

昌平学校
1868年（明治元年6月）

大学校
1869年（明治2年6月）

大　学
1870年（明治2年12月）

（閉鎖）
1870年（明治3年7月）

（廃止）
1871年（明治4年7月）

○種痘所
1858年（安政5年5月）

（幕府移管）
1860年（万延元年10月）

西洋医学所
1861年（文久元年10月）

医学所
1863年（文久3年2月）

医学校
1868年（明治元年6月）

軍陣病院
1868年（明治元年閏4月）

大病院
1868年（明治元年7月）

医学校兼病院
1869年（明治2年2月）

（大学校分局）
1869年（明治2年6月）

大学東校
1870年（明治2年12月）

東　校
1871年（明治4年7月）

第一大学区医学校
1872年（明治5年8月）

（第一大学区）開成学校
1973（明治6）年4月
法学　科学　工学　（諸芸　鉱山）

東京開成学校
1874（明治7）年5月

東京医学校
1874（明治7）年5月

**東京大学**※1
1877（明治10）年4月
法学部　理学部　文学部　医学部

○（司法省明法寮）
1871（明治4年）9月

法学校正則科
1872年（明治5年）7月

（文部省移管）東京法学校
1884（明治17）年12月

東京大学法学部に合併
1885（明治18）年9月

○（工部省工学寮）
1871（明治4年8月）

工学校
1873（明治6）年8月

工部大学校
1877（明治10）年1月

（文部省移管）
1885（明治18）年12月

明治18年設置の工芸学部と
合併工科大学

○（内務省樹木試験場）
1877（明治10）年12月

（農商務省移管）
1881（明治14）年4月

東京山林学校
1882（明治15）年12月

○内務省農事修学場
1874（明治7）年4月

農学校
1877（明治10）年10月

（農商務省移管）
1881（明治14）年4月

駒場農学校
1882（明治15）年5月

東京農林学校
1886（明治19）年7月

農科大学設置
1890（明治23）年6月

**帝国大学**※2
1886（明治19）年3月
法科大学　医科大学
工科大学　理科大学
文科大学（5分科大学）

経済学部設置
1919（大正8）年2月

第二工学部設置
1942（昭和17）年3月
（昭和24年5月廃止）

○第一高等学校
1894（明治27）年9月

**東京帝国大学**
1897（明治30）年6月
分科大学制を廃し
学部制を採用※3

東京高等学校
1920（大正10）年11月

○東京帝国大学臨時附属医学専門部
1939（昭和14）年5月

東京帝国大学附属医学専門部
1944（昭和19）年3月

**東京大学**
1947（昭和22）年10月

**東京大学**※4
1949（昭和24）年5月

**国立大学法人東京大学**
2004（平成16）年4月

※1 東京開成学校と東京医学校を合併。旧東京開成学校を改組して法学部・理学部・文学部の三学部、旧東京医学校を改組して医学部を設置。
※2 「帝国大学令」の公布により、工部大学校を統合して帝国大学に改組し、法科大学・医科大学・工科大学・文科大学・理科大学の五分科大学および大学院を設置。
※3 「帝国大学令」を全面改正し、法学部・医学部・工学部・文学部・理学部・農学部のほか、経済学部を新設。
※4 「国立大学設置法」が公布・施行され、新制東京大学が創設される。教養学部・教育学部を設置し、法・医・工・文・理・農・経済・教養・教育の9学部となる。

第1章

# 先史・江戸時代の本郷

日本では、今から数万年前の旧石器時代から人間の活動の痕跡が確認される。東京大学本郷キャンパスがある武蔵野台地は、旧石器時代から縄文時代の遺跡が最も多く確認できる南関東地域の西部にあたる。これまでの発掘調査から、キャンパス内では弥生時代後期から古墳時代、および江戸時代に濃密に利用がされてきたことが明らかになっている。

遺跡は、現在までここで営々と築かれてきた人の活動の生々しい痕跡であり、本郷キャンパス内には各時代の遺跡が、非常に良好な状態で残っている。発掘調査は、そうした歴史情報を地中から拾い上げる作業である。

本郷キャンパス北側の弥生、浅野地区は、時代の呼称となった弥生土器の発見の地であり、のちの弥生二丁目遺跡の発掘調査では、弥生時代の貝塚と環濠が発見されている。

現在の本郷キャンパスの空間構成を考える際、最も強い影響を受けているのは江戸時代の加賀藩前田家上屋敷の土地利用であろう。加賀藩は、金沢に本拠を置く日本最大の藩で、富山と大聖寺に分家を持ち、一七世紀以降この三家ともここに屋敷を置いていた。キャンパスに残る加賀藩邸の御殿建物軸と家臣建物軸との差異（本郷通り沿いとバス通り沿い建物主軸）、御殿と家臣の空間境に存在した段差（バス通りの御殿下グラウンド側の段差）などは、加賀藩江戸藩邸の地割りを継承、利用している。

東京大学では、学内に残っている埋蔵文化財と藩邸時代の空間を保存したキャンパス利用計画の中で、一九八三年に学内調査組織が誕生し、当初より江戸時代の遺跡をも目的とした発掘調査が開始された。

考古学が江戸時代を研究対象とするようになったのはそれほど古いことではない。その契機は一九八〇年前後に都心部で始まった近世都市江戸の発掘である。本郷キャンパスでも学内施設の建て替えなどにともなう発掘が始められ、今日まで継続的に行われている。調査地点は、二〇一七年度末までに二二〇か所（一一万三〇〇〇平方メートル）にのぼり、こうした成果によってキャンパス全域が周知の遺跡として登録されている（二〇頁の図を参照のこと）。

大名の江戸上屋敷には、藩主から家臣、さらには武家奉公人など実にさまざまな階層の人びとが生活していたことは知られていたが、江戸の大名屋敷をはじめとした武家屋敷については、それまで歴史学でも十分な研究がなされていなかった。本郷キャンパスでの発掘調査では、考古学的な調査とともに、絵図や史料を対象とした歴史学的な調査が同時に進められた。また建築史学や文化財科学との学際的研究も当初から試みられてきた。

キャンパスでの発掘調査では、調査地点によって遺構や遺物のあり方が異なっている。たとえば医学部教育研究棟地点（同図、24）では巨大な礎石を用いた御殿が検出しているが、龍岡門別館地点（同図、22）では小振りな河原石を礎石とする長屋を検出した。こうした地点ごとの様相の違いは、藩邸内の土地利用や居住者層の違いを反映したものである。

一方、多量の遺物が出土する遺構は藩邸内のゴミ穴であることが多い。ここから出土した陶磁器や魚骨・貝殻などの遺物、すなわち当時のゴミを分析することによって、藩邸内で暮らす人びとの具体的な生活のあり方を明らかにすることができる。さらに異なる地点間での遺物の接合例や、「膳所」や「漆細工所」など使用場所が記された遺物からは、史料ではうかがい知ることのできない藩邸内でのゴミ処理の一端なども明らかになりつつある。

三〇年以上にわたる本郷キャンパス内の発掘調査とその成果は、近世史、近世考古学研究の発展に大きな役割を果たしてきた。今後の課題として、加賀藩邸のみならず隣接する富山藩・大聖寺藩という支藩、あるいは周辺町屋や寺との関係の解明などが挙げられるが、それ以降、すなわち、大学そのものが年代を経る中で、現在に至るまでの歴史的変遷を記録し、明らかにしていくことも重要になろう。（追川・堀内）

※書中で使用している本郷キャンパスの調査地点の番号（地点名の上に表記）は、二〇頁の図の番号と対応している。

# 1 本郷キャンパスの自然地形

本郷キャンパスは、古多摩川が氷河性海面変動によって流路をたびたび変え、浸食・堆積を繰り返し形成した、青梅付近を扇頂部頂点とする武蔵野台地縁辺部に立地し、荒川低地と中川低地が合流する東京低地を臨んでいる。武蔵野台地は最終氷期である一万二〇〇〇年以前（更新世）に形成され、寒冷化にともなう氷河の発達から海面が下降し、それまで海中にあった地面が陸地化した（離水）時期により分けられている。古い時期から多摩面（T面）、下末吉面（S面）、武蔵野面（M1・M2・M3面）、立川面（Tc面）に分類され、箱根火山や富士山から噴出した火山灰が、火山の周囲に堆積した後に、風によって運ばれ積もった関東ローム層（多摩ローム・下末吉ローム・武蔵野ローム・立川ローム）が厚く堆積している。本郷キャンパスの立地する本郷台は、M2面に属し他の武蔵野台地と異なり、利根川の下流である荒川が、長い年月をかけ土砂を運び形成した砂層（本郷層）を土台とし、約八万年前に陸地化したと考えられている（「本郷キャンパスの立地」）。

また「本郷キャンパス周辺の地形」（左頁）を見てみると、西側の本郷通りに平行した三四郎池が立地する高い面（上位面）と、東側・不忍池側に一段低くなった地形面（下位面）があり、両者の間には段差（崖線）が存在している。キャンパス内のボーリング調査の結果からの考察や、発掘調査の土壌分析から、この段差の原因は、陸地化した時期が異なると考えられ、下位面は前述の八万年前に陸地化したM2面よりも、さらに新しい時期に陸地化したと考えられている。

現在の本郷キャンパスの地表面は、近世から現代に大きく改変を受け、本来の自然地形面が残されている部分は少ないが、発掘調査により薬学部付近から不忍池へ、蛇行しながら抜ける、現在では完全に埋まってしまった長大な埋没谷が検出されている。この埋没谷は地表面から深いため、近世以降の改変の影響を受けず、その堆積土に含まれる年代の判明している火山灰や出土遺物から、更新世以降（完新世）の本郷キャンパス本来の地形を類推することが可能である。

（香取）

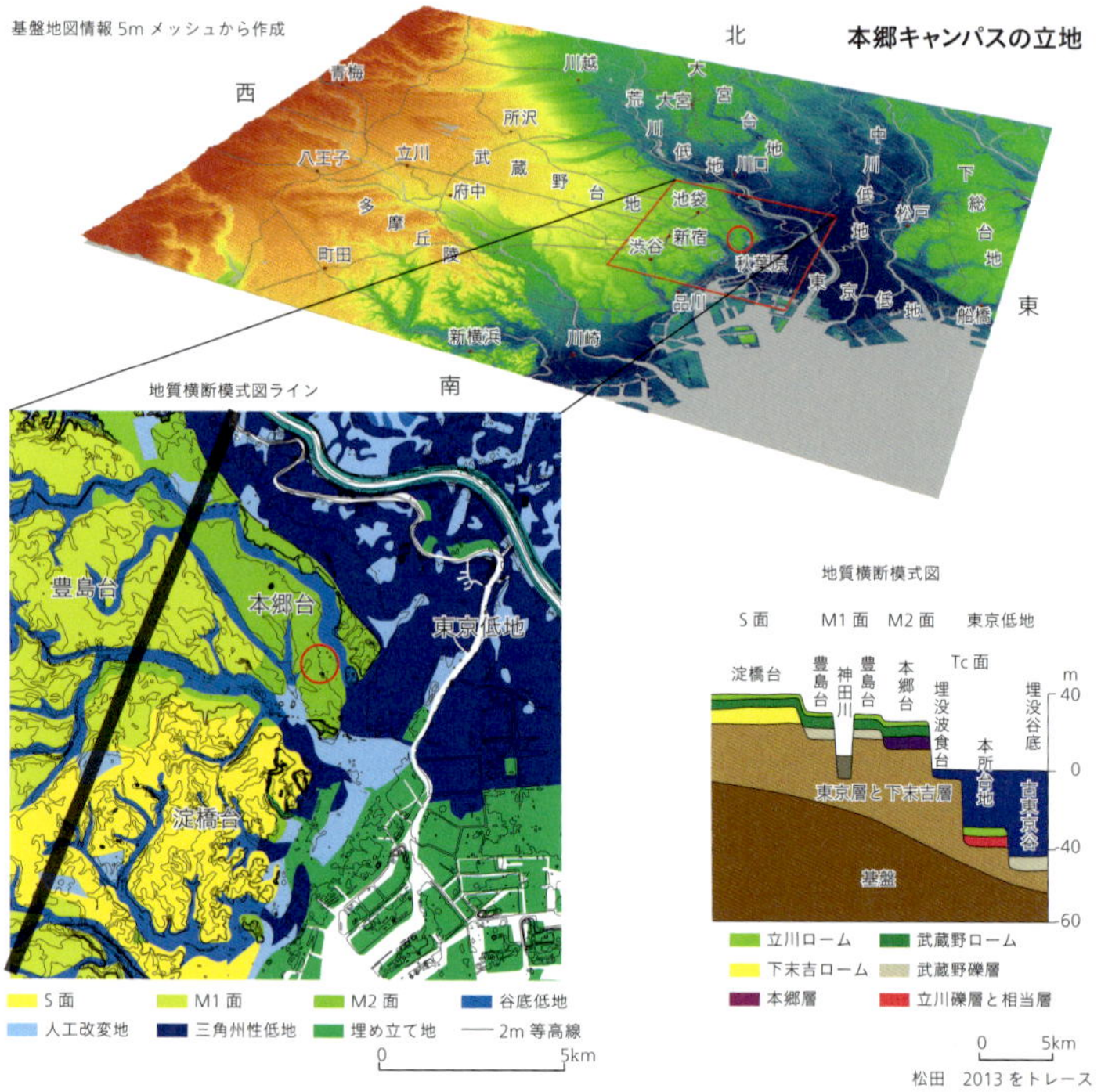


この地図は、国土調査による1/200000 土地分類基本調査（地形分類図）「東京」東京都（1998年）を使用し作成したものである。

**本郷キャンパス周辺の地形**

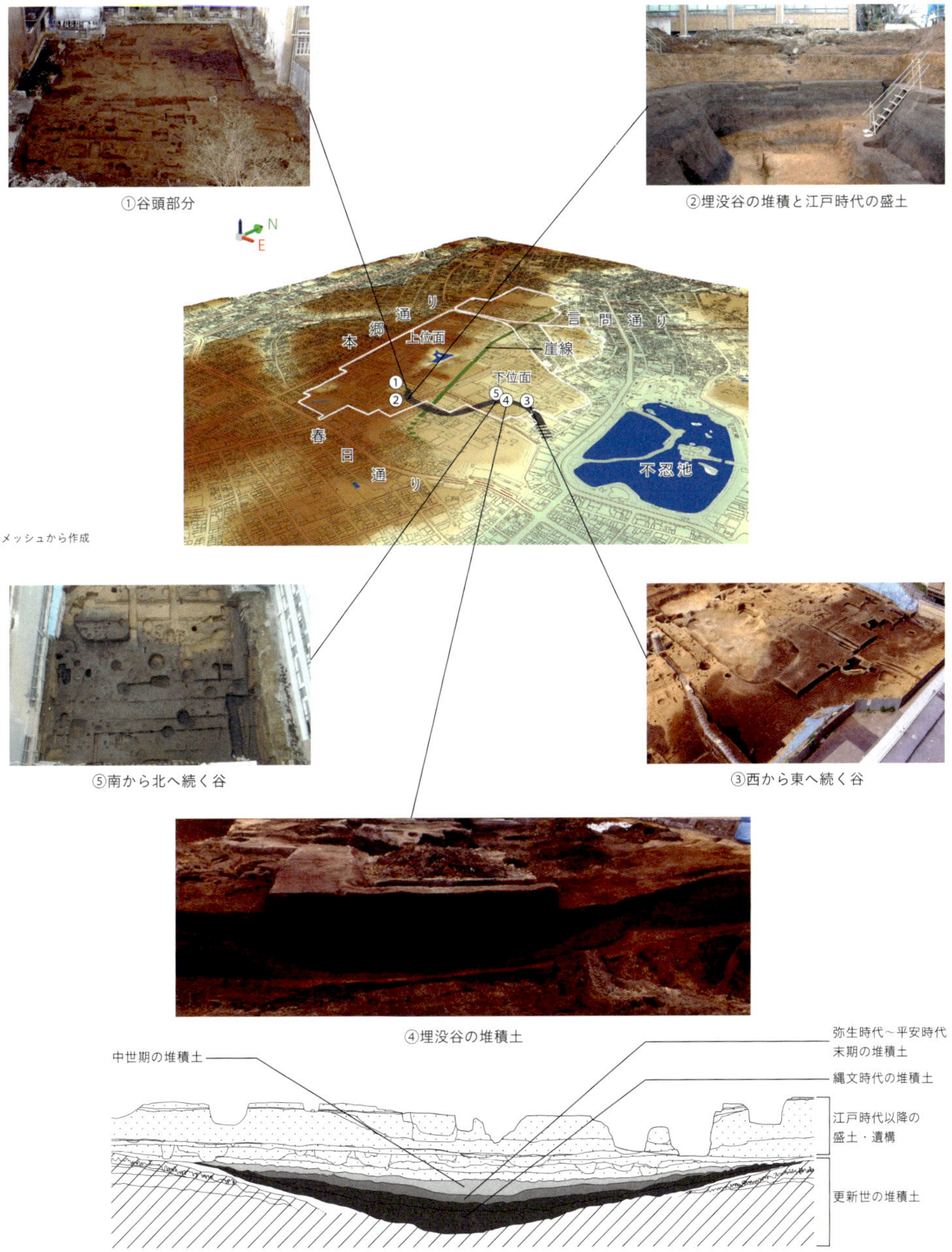


①谷頭部分

②埋没谷の堆積と江戸時代の盛土

基盤地図情報 5m メッシュから作成

⑤南から北へ続く谷

③西から東へ続く谷

④埋没谷の堆積土

④埋没谷土層断面図

※ 本頁の一部は東京大学空間情報科学研究センターが、サイトライセンスを取得しているArcGISを使用している。

**参考文献**

貝塚爽平『東京の自然史』講談社、2011年

阪口豊「東京大学の土台——本郷キャンパスの地形と地質」『東京大学文書館紀要(旧東京大学史紀要)』第8号、1990年

成瀬晃司「加賀藩本郷邸における斜面地開発と変遷——入院棟A地点1区の調査成果を中心に」『東京大学本郷構内の遺跡　医学部附属病院入院棟A地点 研究編』東京大学埋蔵文化財調査室、2016年

松田磐余『江戸・東京地形学散歩——災害史と防災の視点から(増補改訂版)』之潮、2008年

松田磐余『対話で学ぶ 江戸東京・横浜の地形』之潮、2013年

## 2 先史時代の本郷キャンパス

### 二万数千年前の痕跡

本郷キャンパス内における最も古い人間活動の痕跡は約二万数千年前に遡る後期旧石器時代である。この時代の遺跡は不忍池を望む附属病院地区東側および三四郎池周辺など下方に湧水が存在する場所に多い。その規模から動物を追ったハンターのキャンプサイトと考えられる。縄文時代も後期までは同様の傾向が続く。晩期になると病院地区内で根津谷に開く埋没谷の斜面地に土器をまとめて廃棄した跡が認められ、竪穴住居など遺構は発見されていないが、ある程度の規模を有す集落が存在したことがうかがわれる。

江戸時代以前で最も活発な痕跡が認められるのは、弥生時代後期から古墳時代中期である。本郷キャンパスは弥生土器発見の地も知られ、発見地周辺（浅野地区・工学部九号館東）の調査で当時の集落を囲む壕が発見され、弥生二丁目遺跡として国史跡指定された。その後の調査から浅野地区西側から農学部東側にかけて方形周溝墓が数基発見され、集落と墓域の拡がりを確認するに至っている。

弥生時代後期の集落から谷を挟んだ南側の台地上には古墳時代前期から中期にかけての大規模集落が発見された。特に前期の竪穴住居が多く、現在までに五四軒を調査し、集落が病院地区の北東部に拡がっていることが確認された。またその西には古墳の周溝と推定される方形または円形の溝が検出され、集落の西側に墓域が形成されていることも確認された。住居内からは多量の土器が出土し、勾玉も三点出土している。集落規模、墓域、出土遺物の様相からこの地域を治めた豪族集団の集落の可能性が考えられる。

古墳時代後期以降は各時代の遺構、遺物が散見される程度になる。その背景には農業生産力の向上による平地部への移動や、多摩川流域に拡がる武蔵国の中心部との地理的要因、坂道が多く平坦部が限定される地形的要因などの影響が考えられる。（成瀬）

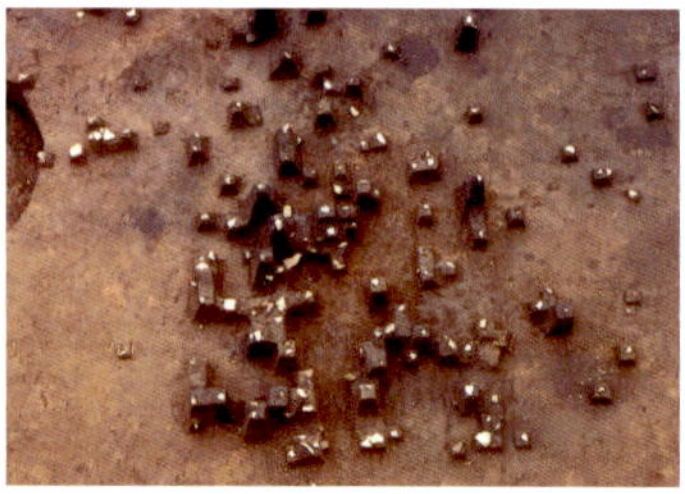

**縄文時代晩期の土器廃棄**（23. 医学部附属病院入院棟A地点）
開析谷の斜面に多量の土器が廃棄されていた。

**古墳時代前期竪穴住居群**（74. 看護師宿舎5号棟地点、図中③）
重複する住居の存在が、集落が継続的に存在したことを示している。

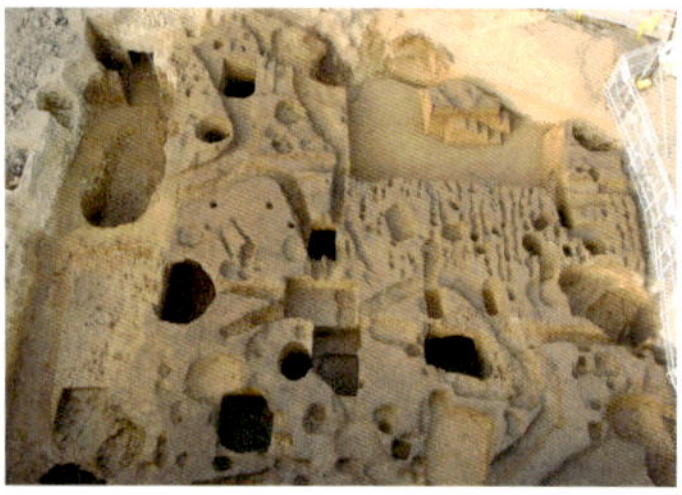

**古墳跡と推定される方形溝遺構群**（125. クリニカルリサーチセンターA棟1期地点、図中④）

**弥生時代·古墳時代前期の遺構分布**

**弥生時代後期の方形周溝墓と出土土器**（61. 武田先端知ビル地点、図中①）

中央の主体部（埋葬土坑）からは被葬者が身につけていた装身具が出土し、周溝からは墳丘上に配置されたと考えられる土器が出土した。

**古墳時代前期住居内出土土器**
（19. 看護師宿舎1号棟地点、図中②）

## 3 江戸時代の本郷キャンパス

東京大学本郷キャンパスは現存する赤門あるいは三四郎池に代表されるように、江戸時代には加賀藩邸があった場所として知られているが、幕末期の切絵図（「小石川・谷中・本郷絵図」）と照合すると、加賀藩以外に、大聖寺藩や富山藩、水戸藩などの屋敷も存在していたことがわかる。

時期によって地境の変動はあるが、史料からは加賀藩邸は本郷通りから龍岡門より南北にのびるバス通り付近まで、大聖寺藩邸と富山藩邸は病院地区、水戸藩邸、安志藩邸は弥生・浅野地区辺りに位置していたとされ、事実、キャンパスの発掘調査を実施すると各藩邸の痕跡が見えてくる。

**加賀藩**　史料では加賀藩が本郷邸を持領したのは一六一六―一七（元和二―三）年の頃とされる。拝領当初は下屋敷であったが、一六八二（天和二）年の八百屋お七の火事を契機に上屋敷となり、幕末頃には八万八四八二坪余を占めていた。発掘調査からは、拝領以前、下屋敷時代、上屋敷時代で遺構の主軸に違いがあり、時間差、空間差、階層差などを要因として検出される遺構、遺物に違いが認められることが明らかになっている。

**大聖寺藩**　加賀藩の支藩であり、屋敷は加賀藩から貸与され、幕末期には上屋敷として五七六二坪余りを占めていた。現状では文化年間とされる藩邸絵図が一枚確認されているのみであるが、発掘調査によって藩邸の大半が調査され、藩邸全体の様子が復元可能になりつつある。

**富山藩**　加賀藩の支藩であり、屋敷は加賀藩から貸与され、幕末期には上屋敷として一万一〇八八坪余りを占めていた。発掘調査から表御門付近、庭園付近、奥御殿付近、詰人空間の様子が徐々に明らかになりつつある。

**水戸藩**　一六二二（元和八）年に加賀藩の北側付近を下屋敷として拝領、一六九三（元禄六）年、下屋敷を中屋敷とし、幕末期には六万四三三二坪を占めていた。発掘調査からは加賀藩邸と比較して遺構、遺物が少ないことが指摘できるが、それは上屋敷ではなく、中・下屋敷としての利用であったためと思われる。（大成）

**町家と加賀藩邸との地境溝跡**（93. 伊藤国際学術研究センター地点検出）
本郷通り沿いの調査地点では町家と加賀藩邸を隔てる地境を検出。

**能舞台跡**（24. 医学部教育研究棟地点検出）
絵図との照合から藩主の居住する中奥の能舞台と判断。音響効果を高めるために掘り下げ、漆喰が塗り固められていた。

**採土坑跡**（23. 医学部附属病院入院棟A地点検出）
採土坑としての役割を終えた後、ごみ穴に転用、大量の木製品、陶磁器土器が泥土と一緒に廃棄。調査からこれらの一部は加賀藩から運ばれた可能性が指摘された。

**「小石川・谷中・本郷絵図」1853（嘉永6）年尾張屋板**
現在の本郷構内の敷地は、絵図中央の加賀藩、水戸藩をはじめ大聖寺藩（加賀藩左下、松平飛騨守）、富山藩（加賀藩右下、松平大蔵大輔）、安志藩（水戸藩右）等の敷地にあたる。

**梅之御殿跡（1. 御殿下記念館地点検出）**
隠居した藩主夫人の住居とされる。

**門跡（55. 医学部附属病院第2中央診療棟地点検出）**
天和2年の火災で消失。

**石組みの地下室（54. 総合研究棟（文・経・教・社研）地点検出）**
加賀藩13代藩主斉泰の正室溶姫の御殿（膳所）に伴う地下室と思われる。

# 4 江戸藩邸の土地造成と三四郎池

本郷キャンパスは本郷台地の東側緩斜面地に位置し、本郷通り側から病院方向に向かって徐々に低くなっていく。今ではその面影はほとんど残されていないが、江戸時代までの地形はさらに複雑な様相であったことが発掘調査で明らかになった（「発掘調査地点と造成痕跡」）。工学部三号館の調査では三四郎池（育徳園心字池）から弥生門方向に伸びる流路とそれに向かう小谷が発見され（図中①）、またキャンパス南東部では薬学部資料館付近から蛇行を繰り返し病院地区内を縦走する小谷も発見された。この複雑な地形に大改変が加えられたのが江戸時代である。キャンパスの大半は加賀藩、水戸藩の屋敷地にあたる。大名屋敷には公的、私的空間としての広大な殿舎を建設するための平地が必要とされた。そのため斜面地に立地する藩邸では、盛土、切土、埋立による造成が行われた。医学部附属病院第二中央診療棟地点の調査では江戸時代を通し約三メートルの盛土が行われ（図中②）、バス通りと御殿下グラウンドの比高差も江戸時代の造成によるものであった（図中③）。

加賀藩邸では拝領後しばらくは旧地形に規制された小規模開発が行われていたが、一六二九（寛永六）年の将軍御成、一六三九（寛永一六）年の三代藩主利常隠居所、大聖寺、富山両藩邸の建設など殿舎を建設するための大規模開発が始まり、高所を切土し低地を盛土することによって平坦面を拡張する造成工事が頻繁に行われるようになった。その大方の完成は一六八二（天和二）年の火災を契機とした上屋敷への移行期にみることができるが、場所によっては一九世紀まで続けられた。

大規模造成は御殿空間の主要施設である庭園にもみることができる。三四郎池は先史時代からの湧水池で大名庭園を造園するには格好の場所であった。一六八八年に作成された本郷邸絵図では池南半は水がついていない泥沼地状に描かれ、南端には南西方向から池に繋がる谷筋が、北東端には弥生門方向へ伸びる流路が描かれていることから、元来は南端部や北西部から流れ込んだ湧水が凹地で池を形成し、北東部に流れ出ていたと推定される。永年の浸食による池水位面と周囲地表との比高差は約一〇メートルと大きく、そのため地山を大きく切り開き池へ降りる園路が作られた（図中④）。掘削土は築山や御亭《おちん》を設置するための高台造成に利用されたと考えられる。（成瀬）

**三四郎池から続く埋没谷**（100. 工学部3号館地点、図中①）

写真右手から左上方へ伸びる黒色土帯が、育徳園心地池からの流路によって形成された谷筋。

**発掘調査地点と造成痕跡**

本調査地点（グレー網掛け）のうち1メートル以上の盛土が認められた調査地点を黄色網掛けで示した。大規模造成が安田講堂バス通りまでと附属病院地区東半の斜面地に偏在していることが読み取れる。

**大聖寺藩邸内の盛土造成**（55. 医学部附属病院第2中央診療棟地点、図中②）

江戸時代を通し繰り返し行われた盛土造成によって、最終的に最大約3メートルの嵩上げが確認された。土層中央にみえる石は17世紀中葉に建設された藩邸境の石垣である。

**加賀藩邸内の盛土造成**（3. 御殿下記念館地点、図中③）

ポールに添えた矢印は、下から18世紀初頭、18世紀後半、19世紀前半の生活面を示す。

**大名庭園の初期造成**（1. 山上会館地点、図中④）

関東ローム層を掘削し台地から池に向かう切り通し状の園路が造成された。右上の石垣は池を望む御亭（おちん）を建設するための高台造成の施設で、現在山上会館南側に移築保存されている。

## 5

# 加賀藩上屋敷

## 屋敷絵図をみる

加賀藩上屋敷である本郷邸は八万八四〇〇坪にもおよぶ広大な敷地を有している。ここには藩主とその家族をはじめとして、多いときには二〇〇〇から三〇〇〇人以上もの家臣が暮らしていた。屋敷地内は大きく二つのエリアに分かれており、中央に塀で囲まれた「御殿空間」と、これを取り囲むように「詰人空間」が整然と配置されていることがうかがえる（「加賀藩本郷邸の空間構成」）。

「御殿空間」には政務を執る表御殿をはじめ、藩主とその家族が暮らす奥御殿、女中たちが暮らす長局などの建物が並ぶ。江戸御上屋敷惣絵図を見ると、一一代将軍徳川家斉の娘である溶姫（一三代藩主 前田斉泰夫人）のすまいである御守殿は、表門である御守殿門（赤門）から続いており、奥御殿とは別に建てられていることがわかる。このほか、現在の三四郎池を含む広大な庭園（育徳園）や馬場などが備わっているのが「御殿空間」の大きな特徴である。

「詰人空間」は家臣団が居住する区画で、藩の役所などもここに置かれている。家臣の多くは参勤交代により江戸に滞在する一年ほどのあいだ、藩から貸し与えられた「御貸小屋」と呼ばれる長屋に単身で住むことになる。加賀藩において家臣団は人持組頭（八家）を筆頭に、人持、平士、与力、歩、足軽、小者に区分されており、こうした身分階層に応じて住む場所も割り振られていた。

現在の理学部七号館付近には、上級家臣が暮らす八筋長屋と呼ばれる八棟の長屋が並んでいた。これらは六―一〇間（約一一―一八メートル）の間口であったが、広いものでは二五間（約四五・五メートル）にもおよんだ。こうした身分の高い者は、多くの従者と住むため相応の広さの長屋が用意されていた。また役職として馬に乗ることもあるため、厩が付いているものもあった。

山上会館龍岡門別館のあたりには、東御門に沿って中級の家臣が住む東御長屋があった。ここの標準的な間口は四間（約七・三メートル）で、面積こそ八筋長屋の半分ほどだが、上級藩士と同様に風呂付きであった。

一方、理学部一号館の北側一帯には、御徒と呼ばれる下級藩士の長屋があった。間口は一律二間半（約四・六メートル）程度と、絵図でもその狭い部屋が密集しているのがわかる。小さいながらも庭は付いていたが風呂はなく便所も共同など、住環境は上・中級家臣と大きく異なっていた（「身分階層からみる間取りの違い」）。

現在の大学構内を見ると広々とした印象を受けるが、参勤交代とともに江戸詰めとなる家臣たちが生活するには、それでも手狭であった。限られた敷地を活用するにあたって、加賀藩は身分や役職に応じて居住空間を綿密に設計していたことが絵図からうかがえる。（小川）

**加賀藩本郷邸の空間構成**（1840〜50年代）
（「江戸御上屋敷惣御絵図」より作成。金沢市立玉川図書館蔵）
御殿を中心に、家臣の長屋が階層ごとに整然と分けられているのがわかる。

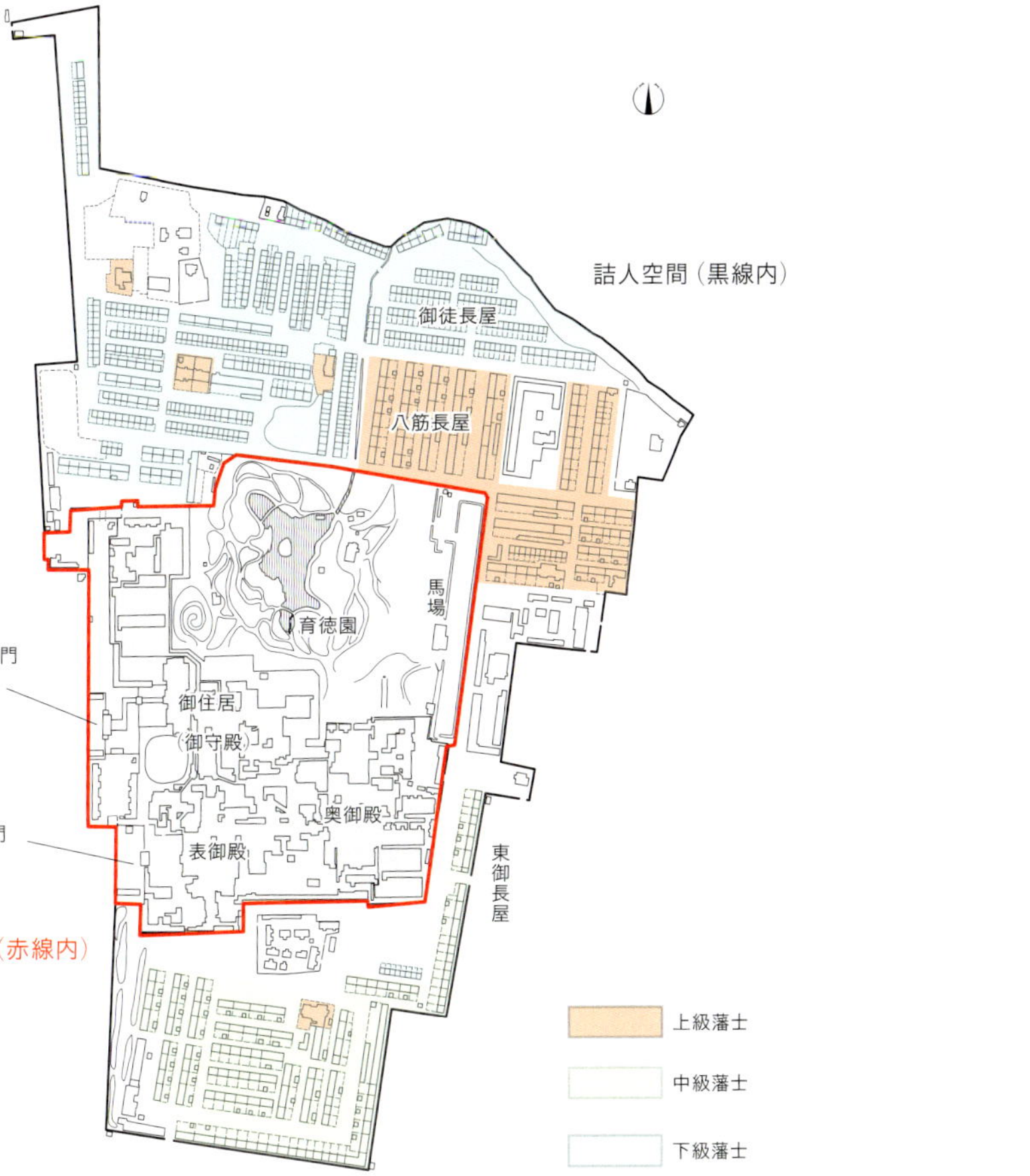


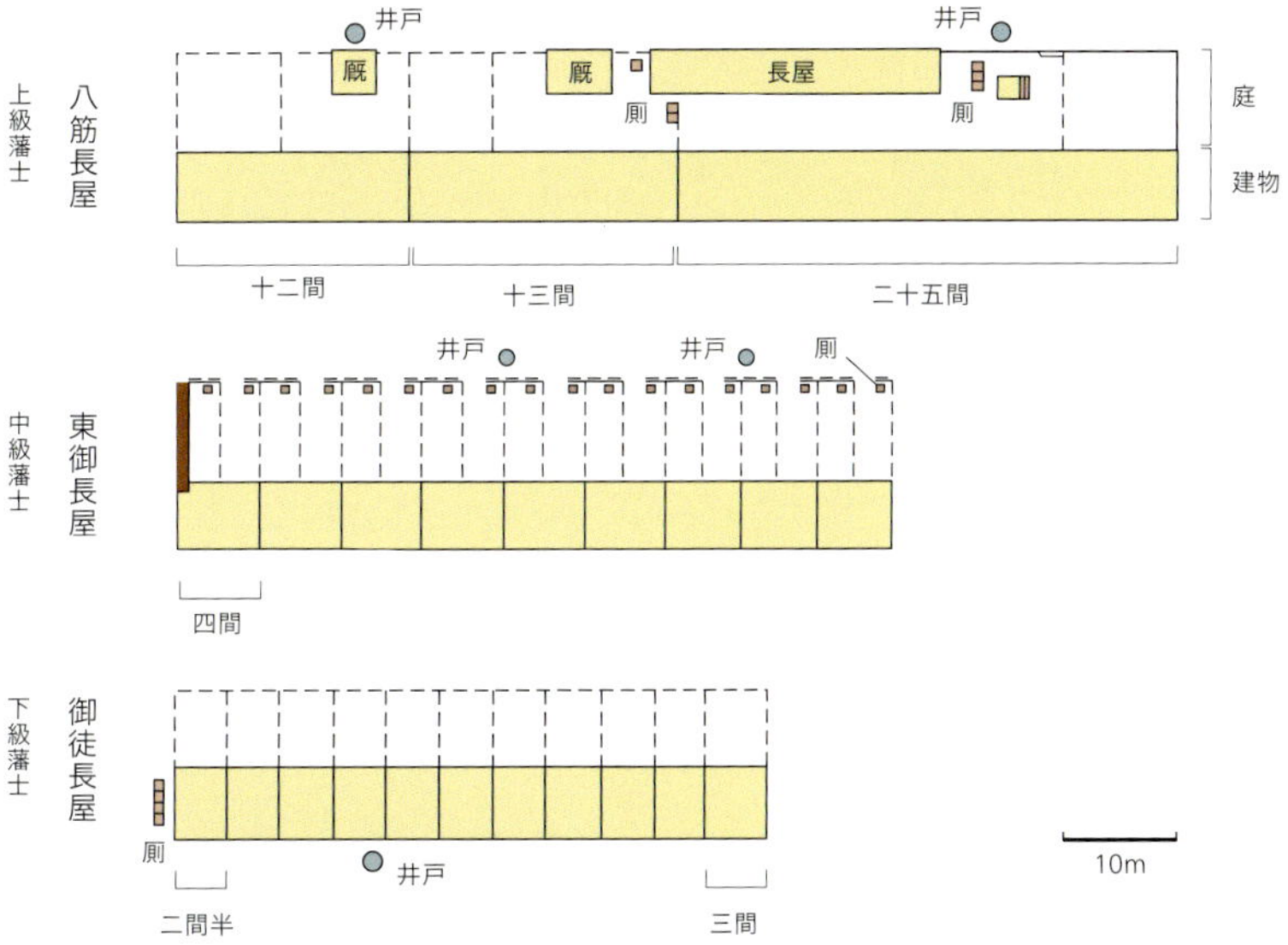


**身分階層からみる間取りの違い**
（「江戸御上屋敷惣御絵図」を一部トレース。金沢市立玉川図書館蔵）
住居の広さ以外にも、井戸や厠といった施設の数にも差が見られる。

## 6 将軍の御成と藩邸の大改変

御成とは、将軍などの時の権力者が家臣の邸へ訪れることである。江戸時代、加賀藩本郷邸には、計六回将軍や大御所が訪れている。このうち一六二九（寛永六）年の将軍徳川家光、大御所秀忠、一七〇二（元禄一五）年の将軍綱吉の御成は、「式正の御成」と称する格式の高い儀礼行為で、政治的意味合いの強いものであった。

本郷邸には、藩主とその家族が居住し、大名としての行事や政治を行う活動拠点として使用している御殿空間が存在していたが、将軍の御成には新たに御成御殿を建築する必要があった。一七〇二年の御成では、二月に建設が開始され、四月二六日には本郷邸に訪れていることから短期間で造営されていることがわかる。藩邸はこうした建設によって大きな改変が加わることになる。

約八〇〇〇坪の御成御殿は、建築のみならず障子、屏風、戸、襖、欄間、天井などの装飾のために、江戸狩野派の絵師らが多く動員されている。御成当日は、将軍綱吉以下、柳沢吉保、阿部正武、土屋政直、秋元喬知、稲葉正往などの幕閣と幕臣数千人が来邸した。御成は、次のような手順で行われた。

- 奥書院にて賜物
- 表書院にて献物
- 奥書院にて式三献、賜物、献物、饗膳、講書、能
- 御休息所にて饗宴、賜物
- 表書院にて能
- 奥書院にてのし

このうち四書などを自身が講釈する講書は、学者肌であった将軍綱吉の御成独自の様式であった。この日加賀藩が用意した朝夕の膳は七三三〇人前に及んでいる。この際の御成御殿は、藩邸の南東側を使い、既存の境長屋、詰人空間を大きく改変し、藩邸御殿空間まで繋がる広大なもので、南側に作られた御成御門を入ると手前に御成御殿、書院、舞台、奥に饗応所などが並んでいる。御成終了後も大名、旗本、門跡などを招待し、饗応を行う「後見の祝」を、五月二二日御老中方、五月二五日御譜代大名、六月四日御一門様方、六月一三、一九日御旗本衆、六月一九日仙渓院様、七月一〇日、八月二、一九日護国寺、増上寺、伝通院など半年間で九回も行っている。この御成にかかった費用はこれら全て含めて、二九万八〇〇〇両であったと記されている。

医学部附属病院中央診療棟地点（二〇頁の図、4）の発掘調査では、江戸時代の最下層から池状の掘り込みが確認された。この中から多量の白木の折敷、箸、かわらけなどの道具類と木簡、かまぼこ板などの木製品が出土した。御成には茶事、式三献（君臣確認の儀礼）、饗応など食事が用意される儀礼があり、こうした儀礼には白木の膳や箸、素焼きの土器を用いて料理が出された。これらの出土資料は、共伴して出土した食物調達したと思われる木札に書かれていた「寛永六年三月」「あゆはた」「ます十五入」「富山」「高岡」「雁九ツ入」などの文字によって、一六二九年の御成で使った道具であったことがわかった。（堀内）

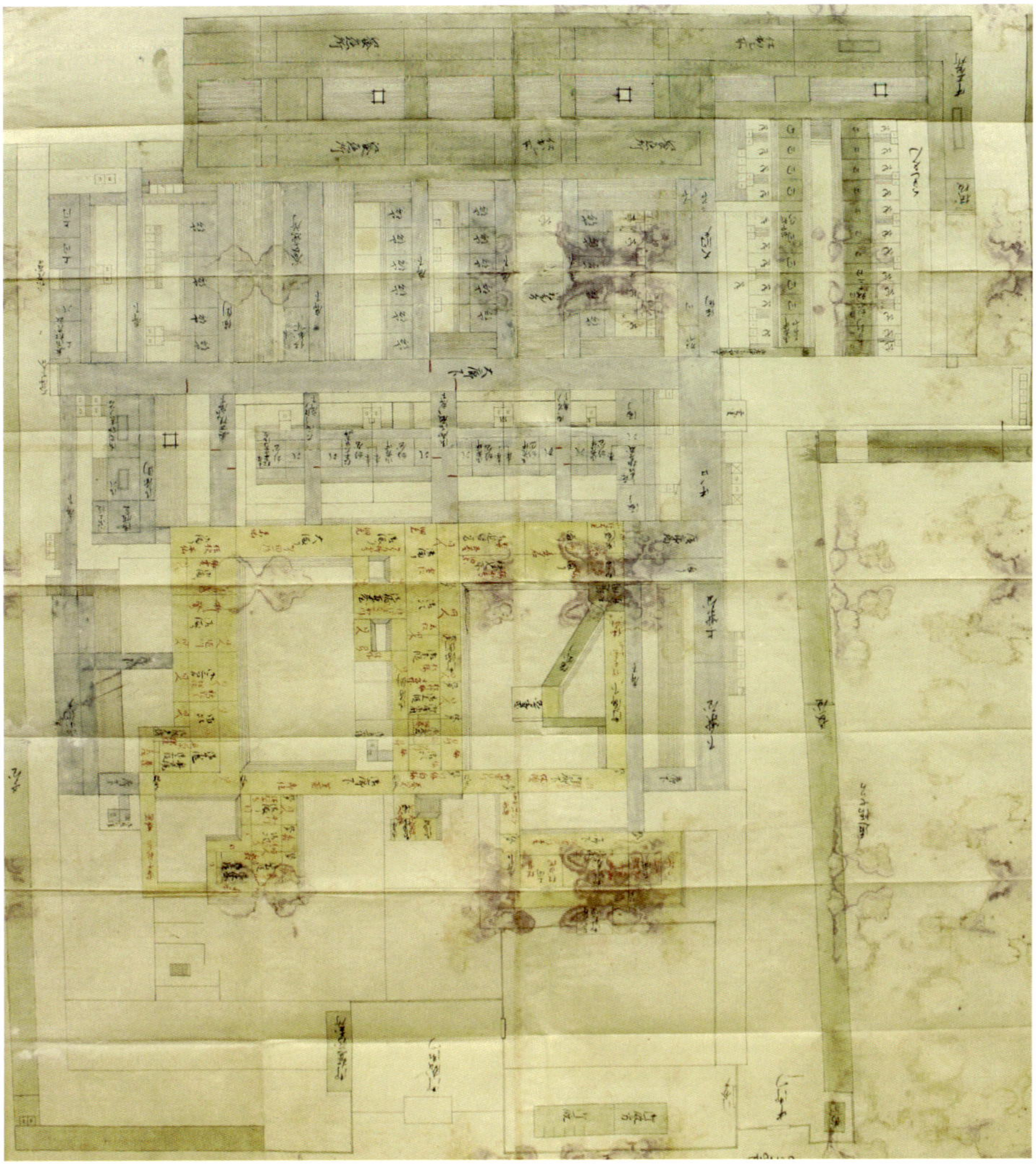

**元禄15年御成御殿絵図**
(金沢市立玉川図書館蔵)
御殿の全体が描かれており、南側に御成御門、御門に近い黄色部分が将軍が使うエリアの他に灰色、黒色と性格別に色分けがされている。

**出土した木札**
御成には、数千人の饗応を行うための多量の食材が準備された。これらの墨書はこうした魚や鳥などの食材が富山や高岡など国元からも調達されていたことがわかる。

**土器の出土状況**
600枚を超える3寸半〜5寸の素焼きの土器が出土した。ほとんどが国元で作られたもので、白く、手づくねで作られた京都様式を意識したものであった。

7

# 育徳園

## 加賀藩邸の遺産❶

育徳園は、夏目漱石の『三四郎』に登場したことから「三四郎池」と呼ばれる。夏目漱石の『三四郎』が刊行されてから三〇年以上経過した一九四六（昭和二一）年、東京大学新聞に「三四郎池」の呼び名が登場する。三四郎池定着前は「御殿山庭園」と呼ばれた。「御殿山」は、池の東側の高台に富山藩邸から移築された書院（表御殿の建物）が名称由来である。明治時代以降の大学整備、関東大震災の復興整備、山上会館建設にともなう整備等を経て現在に至る。

三代藩主前田利常は、一六三八（寛永一五）年に「園池」を設ける。これが育徳園のはじまりである。五代藩主前田綱紀は育徳園と名付け、一六七一（寛文一一）年に林鷹峰、林鳳岡ら九名の儒者を育徳園に招き「詩讌」を開催し、育徳園の名所、見どころを「八景八境の詩文」に残している。絵図によると一七〇二（元禄一五）年までに高低差のある擂鉢状の地形、池と中島という育徳園の構成が出来上がっている。「江戸御上屋敷惣御絵図」（一八四〇―四五年、金沢市立玉川図書館所蔵）によると、育徳園は御殿の外園と位置付けられ、庭園を楽しむための趣向が凝らされていた。池に四本の橋が架けられ、舟遊びのための御船小屋を配置。西側の崖に庭石を配置、高台の東と西に御亭、傘御亭、御腰掛、ヒムロ小屋、西側にはサザイ山がある。これらはヒムロ小屋を除き景観を楽しむための施設で、西の御亭は障子を開けると庭全体を見渡すことができ、藩主はここで客人に茶を振舞った。また、夜は月の出、渡月を楽しむことができた。傘御亭は傘の形をした施設で庭全体の景観、サザイ山では藩邸外の上野の岡、不忍池の景観を楽しんだ。育徳園の施設は撤去されているが、傘御亭の基礎と半島状の築山、崖の庭石は一部手が加えられているが現存する。関東大震災復興整備でつくられた滝は、当初、図書館の噴水の水を流していた。近年は水位の低下、樹林化により江戸時代の育徳園を想像できないが、今後、江戸時代と東京大学の歴史を考慮した整備が予定されている。（原）

育徳園（2013年10月21日撮影）

**育徳園と御殿**

(「江戸御上屋敷惣御絵図」より作成。金沢市立玉川図書館蔵)

## 8 大名屋敷の行方

### 加賀藩の遺産❷

一八六八年（明治元年四月）の火災で加賀藩邸をはじめとする大名屋敷はほとんど焼失したと考えられていたが、一部の建築は延焼を免れていた。その後、当該地でおきた大学建設といういわば大規模再開発は、使えるものは使えばいい、邪魔になったら壊せばいい、その程度の曖昧さを含んでいたに違いない。それ故、焼失を免れた建築は大学の中で、それぞれの経緯を辿ることとなる。

一八二八（文政一一）年一一代徳川将軍家斉の二一女溶姫が加賀藩一三代藩主前田斉泰に輿入れの際に造られた御守殿の門である赤門は、帝国大学設置当初より一八九一（明治二四）年の仮正門設置までは正門とされた。一九〇三（明治三六）年には本郷通りのある西側に約一五メートル移築されるが、この移築は医科大学の教室と医院の敷地交換整備に伴う調整と考えられる。その後、昭和六年には国宝保存法により国宝指定（一九五〇（昭和二五）年には重要文化財指定）されるが、これは旧華族会館の旧薩摩藩表門（戦災焼失）とともに大名屋敷の遺構で初めての国宝指定であった。

また加賀藩に隣接した旧富山藩の御殿の一部は、本郷の地に移転が決まった東京医学校において、一八七五（明治八）年に設置された別課医学教場として改修の上使用され、さらに帝国大学令後には法科大学仮教室となる。その後、一八九三（明治二六）年には同地に眼科・婦人科教室が建設されることとなり、御殿を取り除く必要が生じる。玄関の一部は三四郎池畔の丘の上に仮本部として移築され、その他の部分は取り壊されることとなるが、その際の廃材を用いて工科大学土木工学の仮教室を建設したという。移築された玄関部分は大正四年に大学本部棟の建設により接続する会議所として利用されるが、一九二三（大正一二）年の関東大震災により焼失する。

一方、黙阿弥の歌舞伎「盲長屋梅加賀鳶」で有名な加賀藩の盲長屋は、明治元年の火災により被害を受けた可能性が高い。しかし、下級の同心か足軽が居住していたものと考えられているもう一つの表長屋（東御長屋）はこの火災の火の手から逃れることができた（「5 加賀藩上屋敷」参照）。

この東御長屋は大学移転当初は物置として使われるが、意外な結末を迎えることとなる。一九一一（明治四四）年三月、大学側は手狭になった敷地拡大のため、鉄門前の龍岡町二一番地を購入する。ここでせっかく敷地を広げたとしても、横切る長屋があっては活用は難しい。当然のことながら、この時点で長屋の運命は決まってしまう。拡大した敷地に耳鼻咽喉整形外科病室建設のために、まず一九二三（大正一二）年に東御長屋の北部分が失われ、残された長屋は一部を人夫などの居宅として使用していたが、一九三一（昭和六）年頃に撤去される。このすでに失われたはずの長屋が再度姿を見せるのは、一九三四（昭和九）年に行われた工学部建築学科主催の家屋燃焼実験であった。残された二棟の長屋は、先に挙げた旧富山藩御殿玄関の移築先の東側の「御殿下」運動場において、無惨にも実験家屋として最後を迎えることとなる。（角田）

**第2回木造家屋火災実験(昭和9年8月)**
(東京大学大学院工学系研究科建築学専攻蔵)

**旧加賀藩邸東御長屋(明治43年撮影)**
(東京大学大学院工学系研究科建築学専攻蔵)

**東京帝国大学会議室**
(東京大学文書館蔵)

**参考文献**
宮崎勝美「「御殿下」のルーツを探る」『東京大学史史料室ニュース』第9号、1992年
角田真弓「写された大名屋敷」『加賀殿再訪』東京大学総合研究博物館、2000年

1　山上会館
2　法学部4号館・文学部3号館
3　御殿下記念館
4　医学部附属病院中央診療棟
5　理学部7号館
10　医学部附属病院外来診療棟
19　医学部附属病院看護師宿舎
22　山上会館龍岡門別館
23　医学部附属病院入院棟A
24　医学部教育研究棟
28　薬学部資料館
54　総合研究棟(文・経・教・社研)
55　医学部附属病院第2中央診療棟
61　工学部武田先端知ビル
74　医学部附属病院看護師宿舎III期
81　経済学研究科学術交流棟
93　伊藤国際学術研究センター
100　工学部新3号館
125　クリニカルリサーチセンターA棟I期

※ 番号は本書中に記述されている地点である

▨ はこれまで発掘調査を行った地点である

**本郷キャンパスの発掘調査地点**

# 第2章

# 大学成立期のキャンパス

東京大学が四月一二日を創立記念日としているのは、一八七七年（明治一〇）のこの日に、文部大輔《たいふ》田中不二麻呂から次のような布達《ふたつ》があったからである。

文部省所轄東京開成学校東京医学校ヲ合併シ、東京大学ト改称候條、此旨布達候事（『文部省往復』東京大学文書館蔵）

すなわち、この日を境に、東京開成学校と東京医学校というふたつの学校がひとつになり、「東京大学」を名乗ることになった。両者はいずれも幕末に徳川幕府が設けた洋学研究機関を起源とする。次第に教育機関としても成長した。明治維新以降は新政府に引き継がれ、何度も改組を重ねてこの年を迎えた。

したがって東京大学の創設もそうした改組のひとつだといえるが、その名を今なお使い続け、この時の「合併」が解消されずに一四〇余年の歴史を築いてきた以上はやはり起点であり、新たな教育研究機関の発足ととらえるべきだろう。東京大学の成立に向けて、教育研究組織とそれを実現させたキャンパスがどのように姿を変えてきたのか、いわば東京大学前史を、本章では振り返りたい。

さて、東京開成学校は、それまでに蕃書調所一八五七年（安政四年一月）創設、洋書調所、開成所、開成学校、大学南校、南校、第一大学区第一番中学、開成学校と名を変え、東京医学校は、種痘所（一八五八年創設）、医学所、医学校、大学東校、東校、第一大学区医学校と名を変えてきた。幕末の草創期には、ともに自前の校舎を建設するには至らず、既存の大名屋敷や武家屋敷を転用し、改修して利用するほかなかった。

ところで、一八七〇年から一八七二年の間、それぞれに南校、東校と呼ばれた時期があった。ここでいう「南」と「東」とは湯島聖堂から見た方角である。つまりそう名づけた時点では、湯島聖堂が中心と見なされていたことを意味する。湯島には幕府の最高教育機関であった昌平坂学問所が、一七九八年（寛政九年一二月）からすでに七〇年にわたって置かれていたからだ。そこでの教育は儒学であったから、孔子を祀る大成殿があり、ゆえに聖堂の名で呼ばれた。ちなみに、昌平坂は孔子の生まれ故郷の昌平郷に由来する。神田川に架かる昌平橋は今もその名を伝える。

しかし、一八七〇（明治三）年の時点で、昌平坂学問所はその役割を終えた。明治政府は高等教育を儒学から洋学へと切り替えたため、学問所は閉校となり、湯島聖堂は空き屋となった。その象徴的な出来事は、一八七二（明治五）年に湯島聖堂を会場に博覧会が開かれ、大成殿も展示会場となり、礼拝像であった孔子像までもが展示物と化したことだろう。

逆に、残るふたつの学校では校舎がすぐに手狭になり、洋学教育にふさわしい施設を広い土地に建設することが求められた。上野の寛永寺跡は上野戦争で、本郷の加賀藩邸跡は維新直後の火災で建物の大半を焼失しており、ともに学校建設候補地として浮上した。まず上野が神田和泉町にあった医学校の移転先として検討された。新政府は接収した医学所に病院を併設していた。そこは神田川の脇であり、低地であることから病院にはふさわしい環境ではなかった。高台を求めた結果、上野台地は最適と判断されたが、いや、むしろ公園としてより広く開放されるべきだというオランダ人医師ボードウィン（大学東校教師）の意見が優勢となり、不忍池ひとつ隔てた本郷が選ばれることになった。

東京医学校の本郷移転は一八七四（明治七）年に決定し、本館の建設を待って一八七六（明治九）年に始まる。加賀藩邸跡地から富山藩邸跡地と大聖寺藩邸跡地にかけての、現在の本郷キャンパスから見れば東南部分が使われたことになる。一八七八（明治一一）年に正門である鉄門が南から北に向かって入る位置に竣工した。この時点で東京大学は現在の春日通りに向かっていた。

他方、開成学校は幕末から九段坂下のあたりを転々としていた。一八六二（文久二）年には一ツ橋門外の火除地であった護持院原へと展開する。新政府が接収したあとは、組織も敷地もいっそう拡張し、一八七三（明治六）年に洋学教育機関にふさわしい新校舎が神田錦町に竣工した。法学、化学、工学の三学科から成る。

このように東京大学が誕生した時点で、東京開成学校改め法・理・文三学部は神田錦町キャンパスに新築間もない校舎を擁し、東京医学校改め医学部はすでに本郷にキャンパスを移していた。つまり、ふたつのキャンパスにふたつの組織が分かれたまま、東京大学としてひとつにくくられたということになる。そのため、管理職トップとしての「綜理」がふたり置かれ、医学部に池田謙斎が、法理文学部に加藤弘之が任命された。

四年後にこの二頭体制は終わり、加藤が全学の「総理」となった。そして、その下に四人の学部長が置かれた。組織としては一元化されたが、キャンパスはなお二か所に分かれたままだった。一八八四（明治一七）年になってようやく法学部と文学部が、翌年に理学部が本郷への移転を果した。法学部と文学部が本郷キャンパスの南西部を占めたため、東京大学の正面は西側に移り、現在のように本郷通りに向かって開かれた。そのため、明治初年の火災を奇跡的に生き延びた赤門が正門となった。（木下）

# 1 昌平坂学問所から大学へ

儒者林羅山の家塾に始まる学問所は、幕府の支援を受けて、一六九一年（元禄四）に上野忍岡から神田湯島に移転すると昌平黌《こう》と呼ばれた。およそ百年後、朱子学を正学とするいわゆる寛政異学の禁を機に学制と施設を一新、一七九七年（寛政九）から幕府直営の学問所となり、名を昌平坂学問所と改めた。一八六八年（慶応四年二月）に新政府に接収されるまでの七〇年にわたって、幕臣の子弟が学ぶ幕府の最高学府であり続けた。

　昌平は孔子の生まれた昌平郷に因む。学問所に沿って北側の神田明神から神田川に抜ける坂道が昌平坂で、神田川にぶつかって下れば相生橋改め昌平橋が架かっていた。

　施設の東半分は大成殿と呼ばれる孔子廟を中心とする。仰高門、入徳門、杏壇門を経て大成殿へと至る。単に聖堂とも呼ばれた。仰高門東舎での講釈は一般に公開され、将軍吉宗はこれを毎日開講させた。『江戸名所図会』はこの東部分のみを大きく描く。西半分には学問所が置かれた。犬塚遜『昌平志』（一八一八年写）は元禄四年と寛政一一年の構内の姿を伝える。この間に少なくとも三度の火災に遭い、大成殿を含めて施設を焼失したが、そのつど再建されてきた。

　元禄期では、正門を入ると正面に外庁・内庁が建ち、学舎はその背後に置かれた。学舎の右手に書庫、祭器庫が並んでいた。また、この時点では将軍綱吉を迎える行殿が庁舎の東側に展開していた。寛政期では、少し東に移動した西門を入ると、正面に庁堂、そこを経ずに左手に行けば直接講堂に出た。その背後に規模を大きくした学舎が建ち並んでいた。書庫の位置は変わらない。敷地西南隅には教官住宅が用意されていた。

　明治政府はこの昌平坂学問所を引き継ぐとすぐに昌平学校と改称した。八月二二日付で、大学校の速やかな建設が求められるものの国家多事の折柄、当面は昌平学校を従来どおりの教育機関とすると達した。翌一八六九年（明治二年正月）に開校し、生徒の入学を許した。その後六月一五日になって大学校と改称し、洋学を学ぶ既存の開成学校と医学校との関係を整理した。すなわち、大学校（一二月に大学と改称）には国学と漢学教育を求め、その分局として開成学校、医学校、さらに兵学校の三校を位置づけた。

　しかし、国学者と漢学者が折り合えず、早くも一八七〇年（明治三年七月）に大学は閉校となった。江戸時代から続いていた孔子祭（釈奠《せきてん》）に代えて挙行された学神祭が両者の紛争を激化させたという（『東京帝国大学五十年史』）。この事態は明治政府が洋学を教育の中心に据えたことでもたらされた。

　廃校後、大成殿は役割を終え、一八七二年（明治五）には文部省主催の博覧会の会場に使われた。その中心に安置されていた孔子像は博覧会の展示物と化した。博覧会終了後、一時的に博物館、さらに図書館（書籍《しょじゃく》館）として使われた。また、学問所の施設は、同年に開校した師範学校（のちに東京師範学校）へと引き継がれた。（木下）

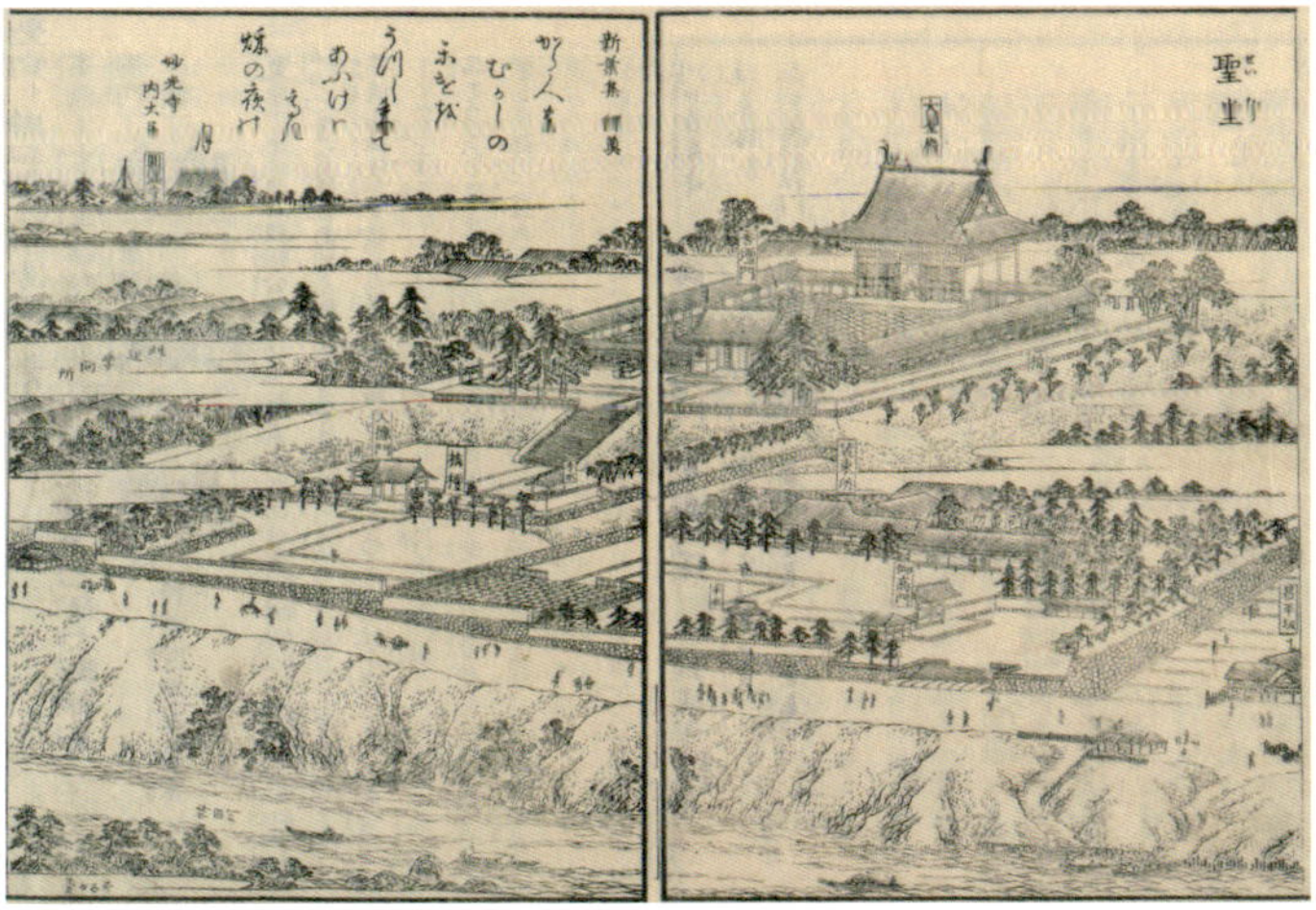


**聖堂の図**

（『江戸名所図会』巻之五（1834-1836）国立国会図書館蔵）

江戸の名所としての昌平坂学問所。駿河台から神田川越しに見た聖堂を大きく描き、左側の「此辺学問所」と記されたあたりには校舎の屋根だけが見える。

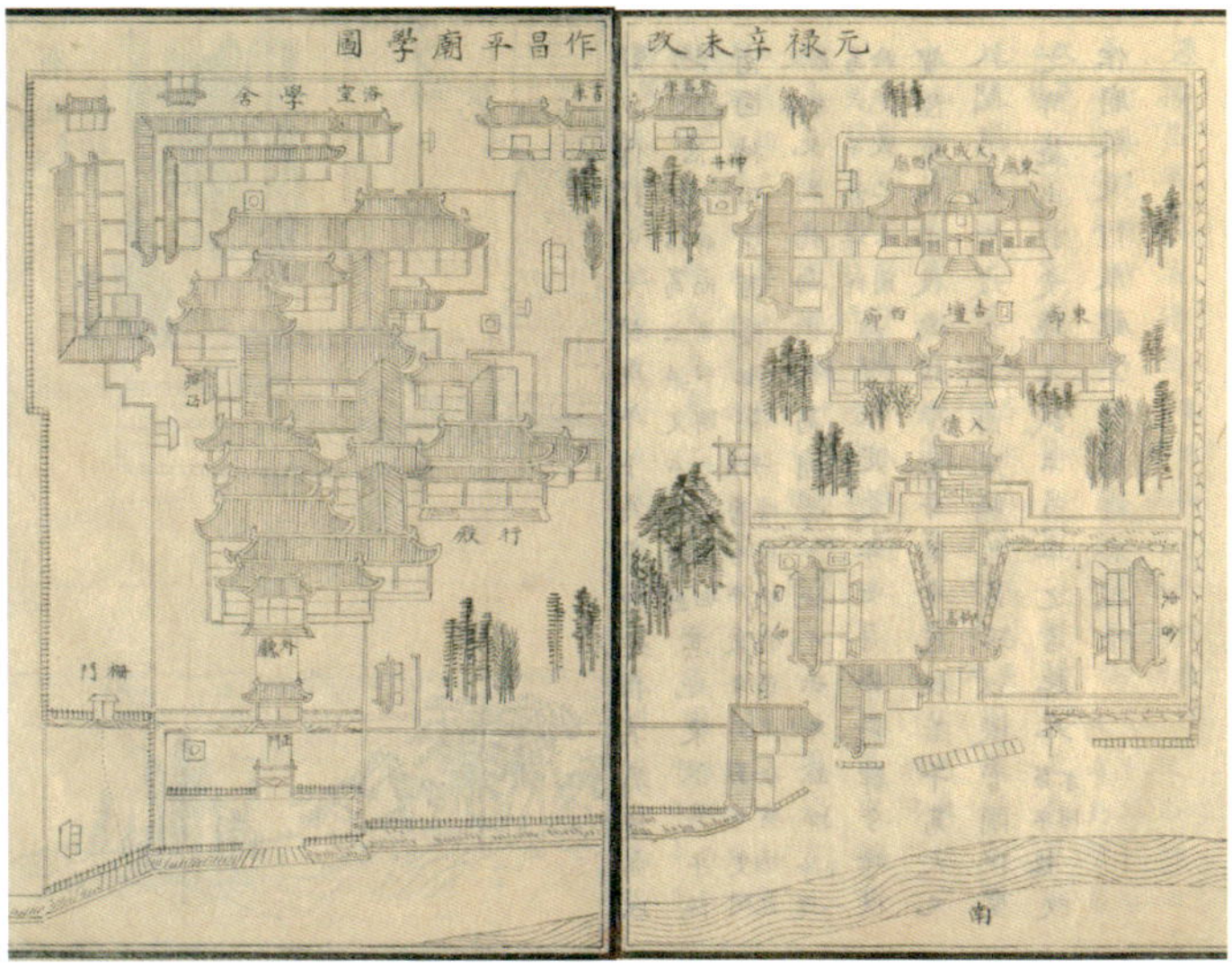


**元禄辛未改作昌平廟学図**

（犬塚遜『昌平志』（1818年写）国立国会図書館蔵）

昌平黌は1691（元禄4）年に上野から湯島に移転した。画面右側に孔子廟、左側に学舎が描かれる。両者の間に、書庫と祭器庫があった。

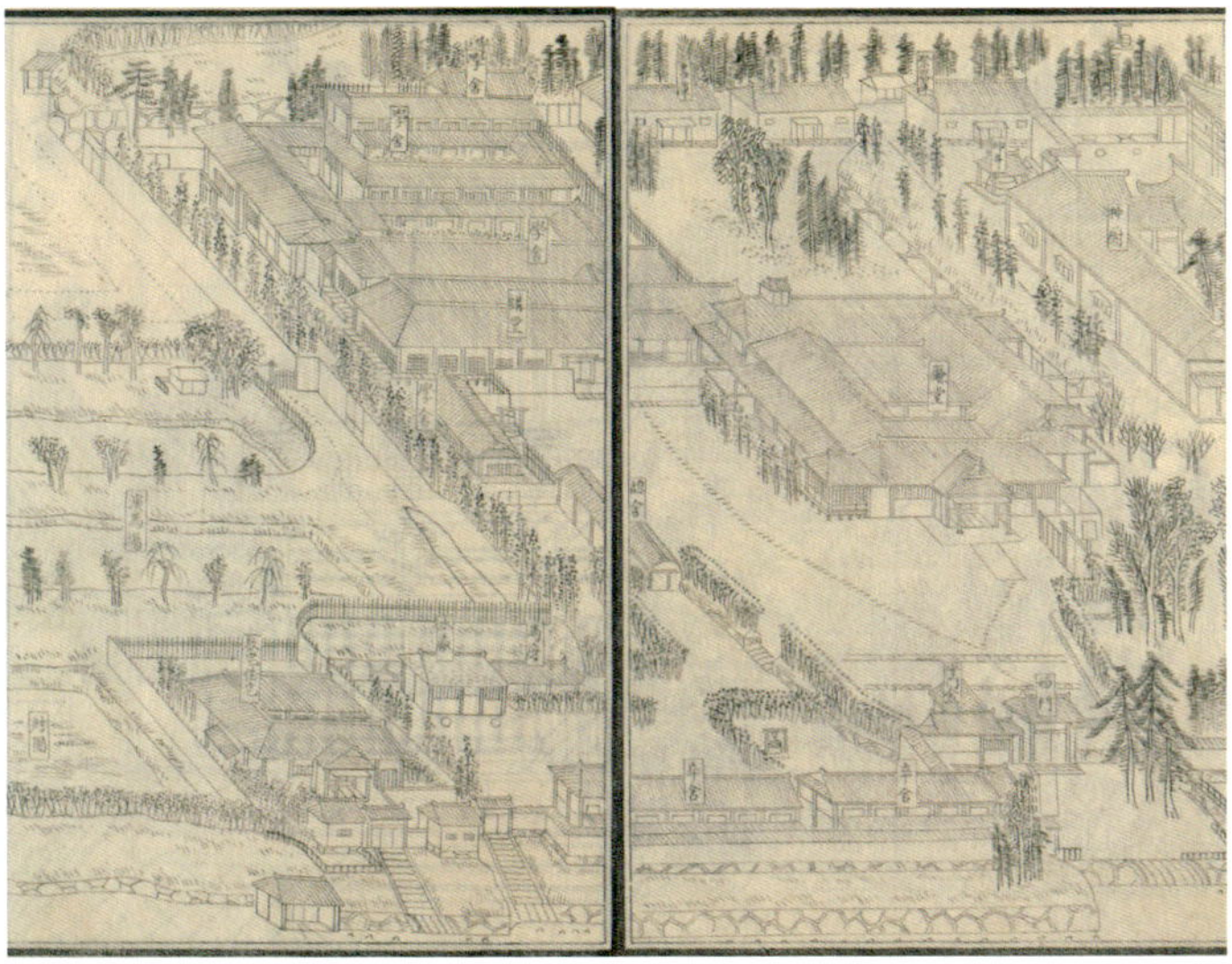

**寛政巳未改作廟学図**

（犬塚遜『昌平志』（1818年写）国立国会図書館蔵）

1799（寛政11）年の昌平坂学問所の様子。庁堂と講堂を中心にして、その背後に学舎と寄宿舎が連なっている。左手前には教官の住宅が見える。

## 2 開成学校

### 東大の前身❶ 洋学教育機関

東京大学に直結する開成学校は、一八五六（安政三）年に創設された蕃書調所《ばんしょしらべしょ》を起源とする。調所は、ペリー来航以来、外交文書・洋書翻訳と洋学研究の必要性が高まったことに応じて構想された。

場所は九段坂下の竹本正雅図書頭屋敷（現在の昭和館のあたり）が選ばれ、前年の安政大地震で傷んだ建物の修復が行われた。土蔵を書庫とし、天文方と紅葉山文庫から幕府所蔵の洋書が移された。教授二名、教授手伝七名でスタートし、翌年およそ一〇〇人の生徒（稽古人）が入学した。「講堂は幅三間、長さ七、八間の大広間で、句読教授が方々に机を控へて座つて居ると、入代り立代り稽古人が来て机の前に座る」という教室の様子を赤松大三郎が伝えている（『赤松則良半生談』東洋文庫）。

その後、アメリカ総領事ハリスの宿舎として場所を明け渡したため、九段上表六番地（和学講談所の一部を借用）、小川町（勘定奉行松平近直屋敷）を転々としたが、「比較的いと狭少なる邸地、且微々たる建物」ゆえに、一八六二（文久二）年、一ツ橋外護持院原（現在の共立女子大学あたり）に土地を得て、校舎および寄宿舎を新築した（川路寛堂編『川路聖謨之生涯』吉川弘文館、一九〇三年）。翌年五月二三日に開業式を迎えた。

この間、名称を洋書調所、ついで開成所と変えた。一八六四（元治元）年には規則を改正して、天文学、地理学、数学、物産学、精煉学、器械学、画学、活字術などの科学技術系諸学科を教える体制を整えた。敷地は日本橋川に沿って東へと拡張した。化学教師として招聘され、構内に住んだオランダ人ハラタマを一橋家徳川茂栄が訪ねた際に島霞谷が撮った写真に当時の建物が写っている。

新政府に接収されたあとは、一八六九年（明治二年正月）に開成学校として復興した。同年暮れには大学南校と名を改めた。その後、南校、第一大学区第一番中学と目まぐるしく改組がなされ、明治四年七月には、文部省が太政官に対して「学校ノ制作及ヒ衣食居室ニ至ル迄悉ク外国ニ擬倣」することを求めている（「東南校生徒成業見込ノ儀伺」『公文録』第一三八巻）。第一番中学改め開成学校（のち東京開成学校）に至って、ようやく洋学教育機関にふさわしい洋式の新校舎を神田錦町に建設し、軌道に乗った。一八七三（明治六）年一〇月九日の開業式には明治天皇が臨席した。

キャンパスは一ツ橋と神保町を結ぶ道の東側にあって（現在の学士会館あたり）、玄関は西面し、東西に木造二階の校舎が三棟並列して建てられ、その間を南北棟が連結し、ロの字型のプランとなった。教頭フルベッキの意見書によれば、三棟の校舎は英独仏の三か国語に対応するものであったという（『東京大学百年史』通史一）。また、寄宿舎を併設し、背後に運動場を設けた。向かい合う第一番中学の旧校舎は、開成学校と同時に開校した東京外国語学校に用いられた。のちに、その南側に隣接して大学博物場も建設された。これは動物学を講じたエドワード・モースの指導で実現した（『日本その日その日』講談社、二〇一三年）。（木下）

**東京第一大学区開成学校開業式之図**
（東京大学総合図書館蔵）
1873年10月9日、明治天皇を迎えて盛大に開業式が挙行された。洋学教育に寄せる明治政府の大きな期待がうかがわれる。

**島霞谷「幕府開成所内部」**
（慶応3年9月23日、個人蔵）
開成所絵図調出役を務めた島霞谷が1867（慶応3）年に撮影した開成所内部の写真。一橋徳川家当主徳川茂栄がオランダ人化学教師ハラタマを訪ねた時の撮影。

**開成学校鳥瞰図**
（『東京帝国大学五十年史』）
木造2階建て3棟並列の校舎が特徴的である。当初、3棟の校舎は英独仏語教育に対応したという。校舎の背後には運動場も用意された。

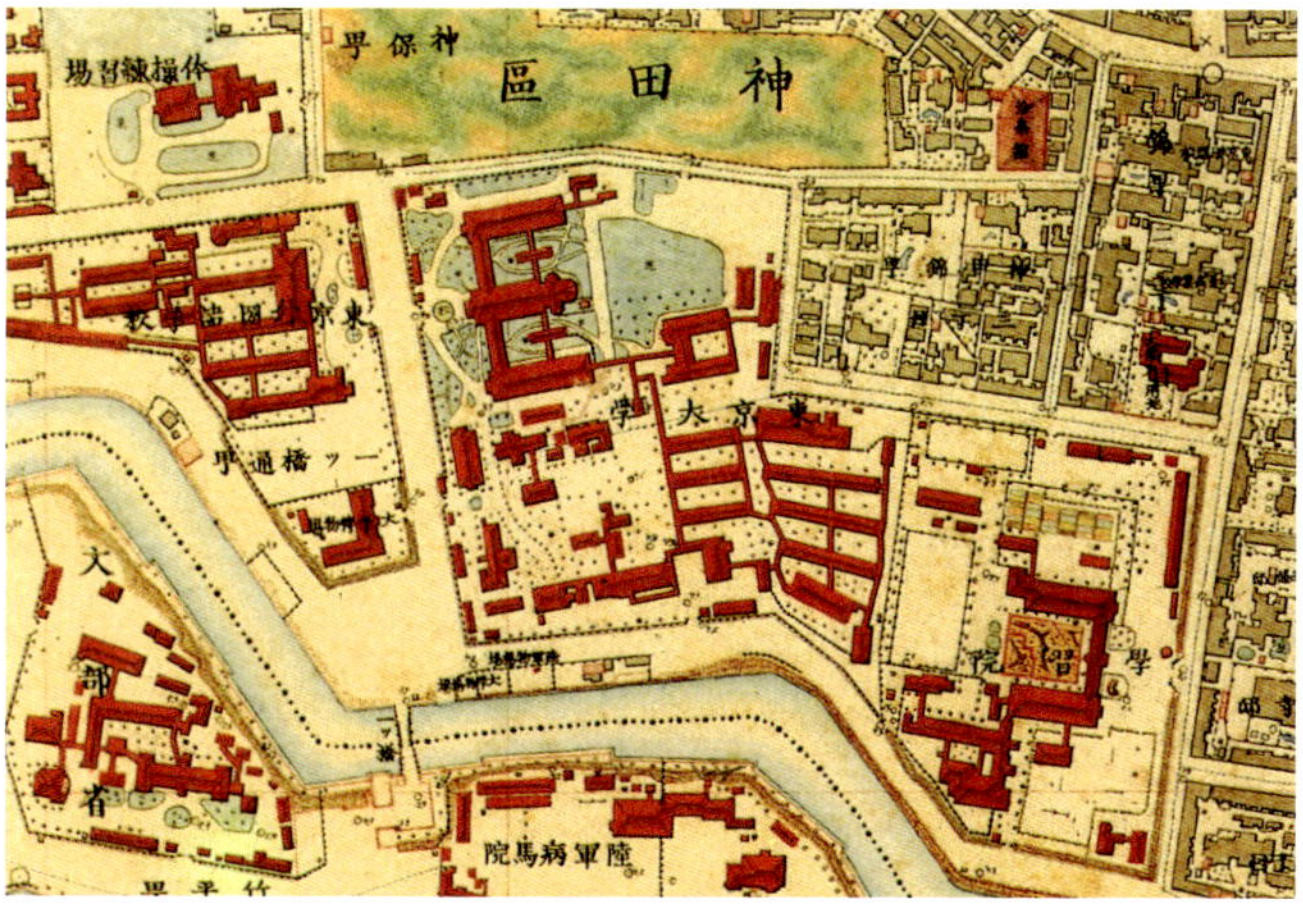

**東京大学法·文·理学部**
（東京府武蔵国麹町区大手町及神田区錦町近傍『五千分一東京図測量原図』明治16年3月）
東京大学創立後も、法文理学部が神田錦町に残っていた時期の地図。校舎の配置が正確に描かれている。一ツ橋を渡って北に延びる道の右側に校舎が展開する。

# 3 医学所
## 東大の前身❷ 医学教育機関

東京大学に直結する東京医学校は、一八五八（安政五）年に伊東玄朴ら八三人の蘭方医が出資して神田お玉ヶ池に開いた種痘所を起源とする。その後、火災に遭い、神田和泉橋通りに場所を移した。一八六〇（万延元）年に幕府に接収され、官立種痘所となった。翌年に西洋医学所と改称、さらに一八六三（文久三）年に単に医学所と称した。その名のとおり医学教育機関として発展し、松本良順が三代頭取を務めたころには、物理、化学、解剖、生理、病理、薬剤学、内科、外科の八科から成っていた。

石黒忠悳が入学したのは一八六五（慶応元）年、松本頭取の時期で、頭取の下に教授五人、助教授四人、事務長一人、事務員三人、学生は通学者三十余人、寄宿生三十余人という規模だった。内科、外科、薬学の書物を読むことに大半の時間を費やし、一八六八（慶応四）年までの在籍中、人体の解剖はわずか一度しかなく、犬猫の解剖ばかりだったと回想している（石黒忠悳『懐旧九十年』博文館、一九三六年）。

新政府は医学所を接収するとすぐに、横浜から軍事病院を神田川に近い津藩藤堂邸に移し、大病院とした。医学所もここに移り、医学校、病院、種痘館、黴毒院、薬園の五局から成る医学校兼病院となった。一八六九年（明治二年一二月）、大学校（旧昌平学校）を大学と改めたのに応じて、医学校を大学東校、開成学校を大学南校と改称した。湯島を起点に和泉橋が東方に、開成学校の所在する一ツ橋が南方にあったことに由来する。さらに、文部省の設立や学制の制定に応じて、東校、医学校、東京医学校と名を変えた。

石黒は大学東校に奉職し、大学少助教兼少舎長を務めた。当時の回想に、学校施設にふれたものがある。各藩から医学生を甲（有為の少年）と乙（すでに医職にある者）に分けて集め、甲を西寮、乙を東寮に入れ、石黒自身は東寮の二室に住み込んで教育にあたったという（前掲書）。

少し時代が下るが、明治六、七年ごろの構内図にも、東側に上級生用の寄宿舎、西側に下級生用の寄宿舎が配置されている。後者には「元観番長屋」という注釈があり、同じく病院の病室には「元お局長屋」という注釈がある。さらに、中心施設はふたつの玄関を有し、地理幾何講堂、ドイツ語講堂、ラテン語講堂、普通学講堂、日本人教師室、外人教師室、解剖室、標本室が廊下でつながっており、藤堂邸の表御殿を転用していたことがうかがわれる。病院はその背後にあるから、奥御殿の転用だろう。施設全体が濠で囲まれていた。

しかし、旧大名屋敷の転用には限界があり、教師と学生数が増加したこと、立地が低地で病院にはふさわしくない環境であることから、高台への移転が急務の課題となった。（木下）

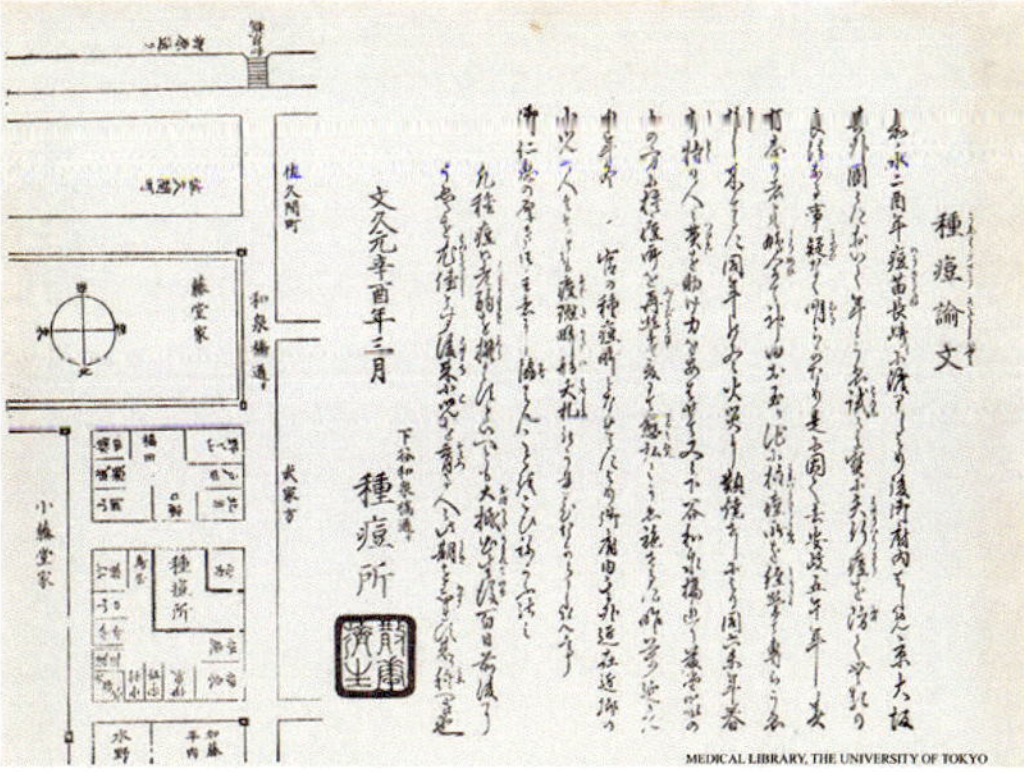

種痘諭文

文久元辛酉年三月

下谷和泉橋通
種痘所

MEDICAL LIBRARY, THE UNIVERSITY OF TOKYO

**種痘諭文1861（文久元）年**
（東京大学医学図書館蔵（複製）、原本は順天堂大学蔵）
官立となった種痘所が、文久元年に発行した種痘接種を勧める告知文。

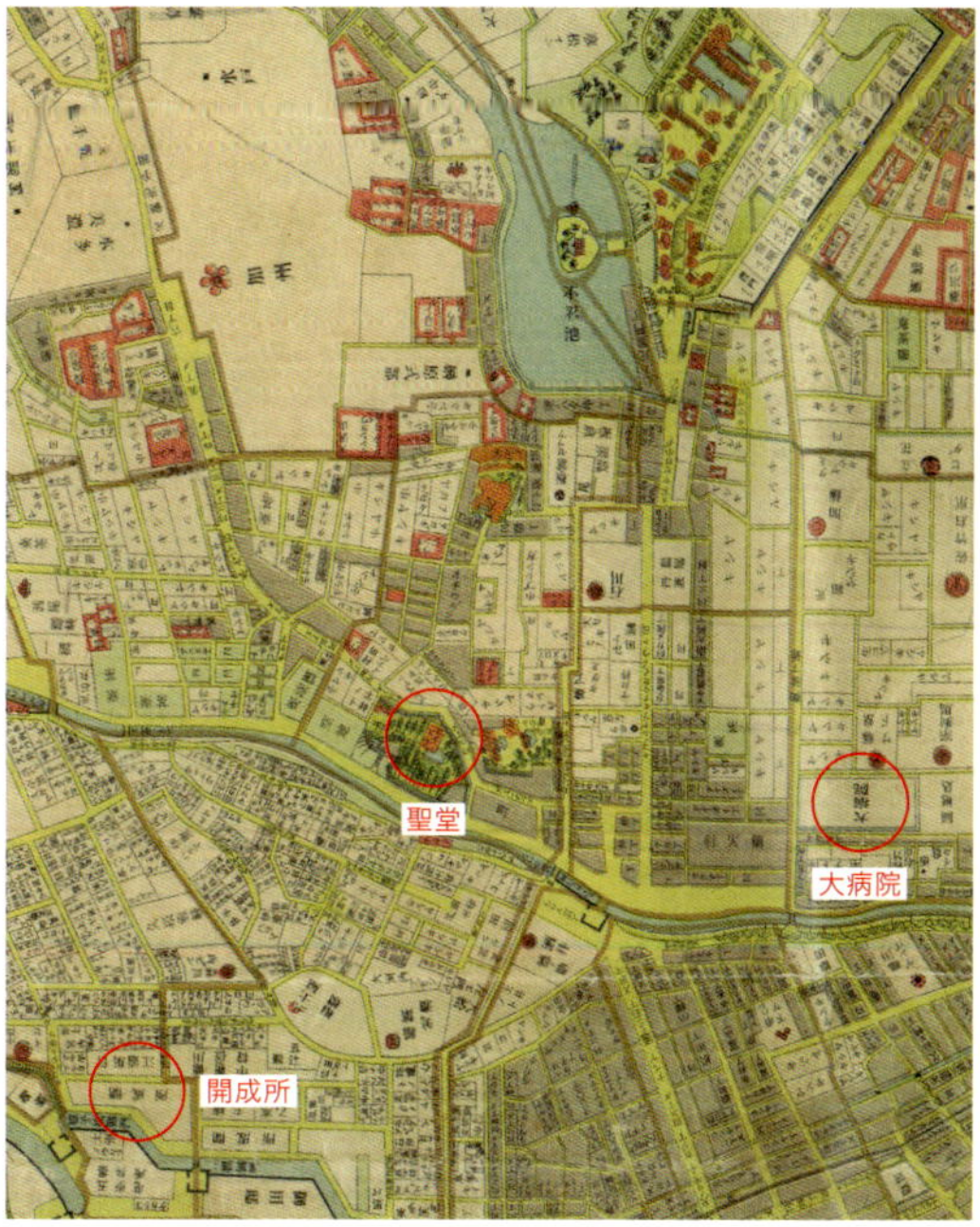


**聖堂（湯島）・医学校・開成学校の位置関係**
（『東京市史稿市街篇52附図』所収「明治4年 東京大絵図」部分をもとに作成）

**東京医学校構内図（明治6、7年）**
（『東京大学帝国大学法医学教室五十三年史』1943年）
堀に囲まれた元津藩藤堂邸を医学校兼病院に転用した。大名屋敷であった時の建物の用途も記されている。寄宿舎も併設した。

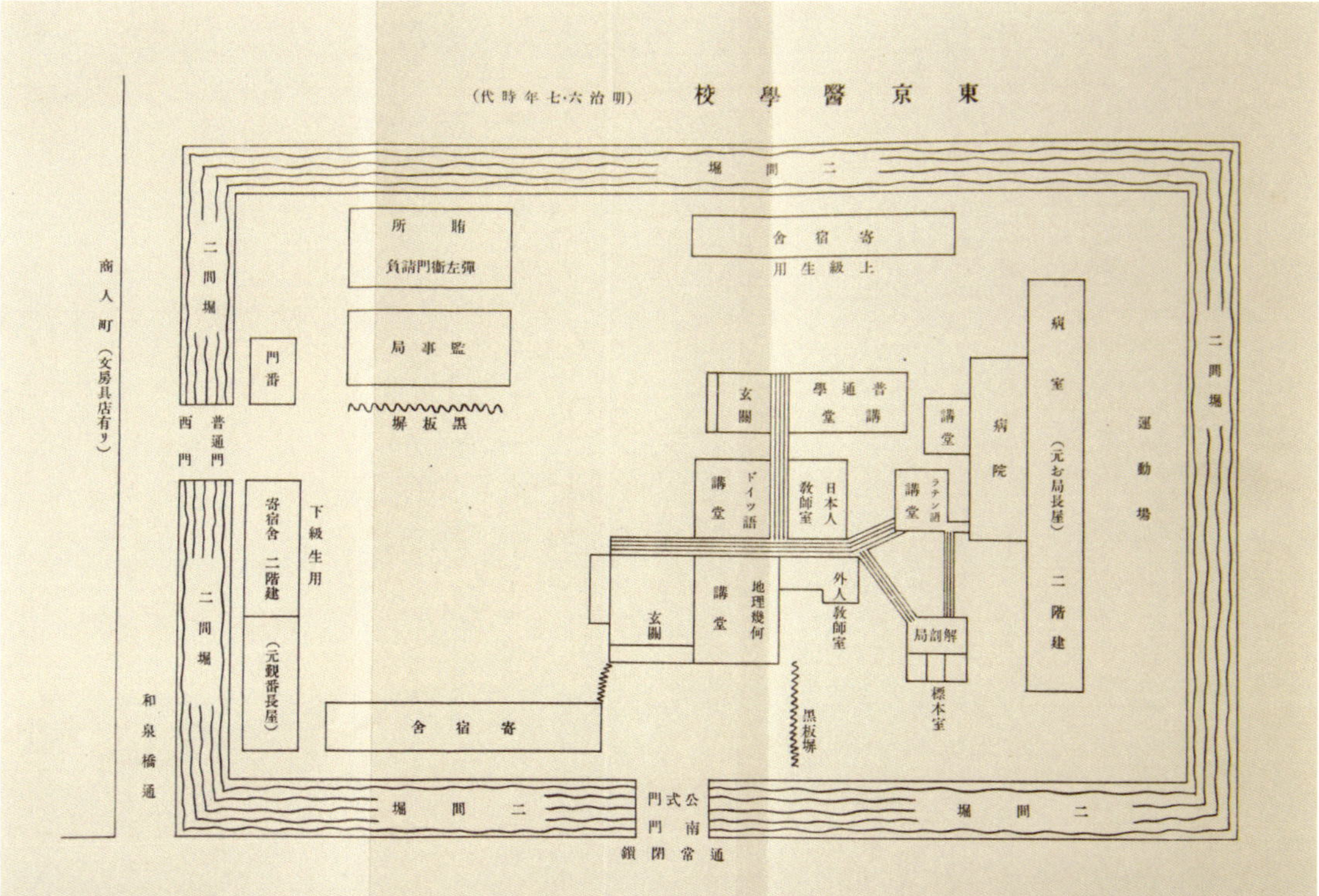

4

# 実現しなかった上野構想

## 校地の選定❶

旧武家屋敷を学校に転用して始まった近代高等教育は、その環境に対する課題を抱え、早くから理想とする校地を探し、移転を試みた。一八七〇（明治三）年五月、凹地にあった大学東校は、幕末の上野戦争で大部分を焼失した上野山内寛永寺境内へ、高燥で類焼火災の恐れがないとの観点から移転を願い出た。

ボードウィン[1]を上野に案内した一人である石黒忠悳（一八四五―一九四一）によると、「其設計の内には、今の車坂町邊から、山下、坂本まで、共頃下寺と稱した今日の汽車發着所一帶の地には一大浴療所を設け、鐵道が開通するに從ひ全國の温泉を其處に取寄せて湯治を爲し得る様なもあつたのです。それで山王臺即ち今の美術協會の所から鶯谷一帯の地に病院を建て、病院の散歩場から下谷淺草一帶を瞰下ろし得るやうにし、今の竹の臺邊には各教室を設け、谷中道の東側には大寄宿舎を建てるといふ雄大な計畫」（石黒忠悳『懐旧九十年』博文館、一九三六年）を構想したという。この移転計画は、「東京のような大都会には立派な公園というものがなくてはならない」（前掲書）とのボードウィンの建議で中止されたことはよく知られる。しかし、東京医学校（大学東校の後身）の本郷移転が決定する一八七四（明治七）年一一月まで、上野への移転計画は継続した。

ドイツ人医学教師ミュルレルは、一八七一（明治四）年八月、明治政府に招聘され来日する。ドイツ医学教育の普及とともに病院新設の指揮という主に二つの招聘理由があったこと、さらに校舎・病院の建設計画において、日本人の描く計画案に意見した経緯などが回顧録（『東京・医学』石橋長英他訳、一九七五年）に残されている。

一八七二（明治五）年には、卑湿な地にあった大学南校も校地を模索し始める。当初希望した駿河台が私有地であったことから、同年九月、大学東校とともに上野山内への建設計画を構想し、一八七三（明治六）年一月には許可を得た。

このように、上野山内一体を医学校・病院とした計画は一旦中止するも、一八七三（明治六）年前後から、大学東校・大学南校を集結させた壮大な構想へと推移した。しかし、周知の通り、上野建設計画は実現されていない。その理由として、一八七三年一一月、文部省から時の右大臣岩倉具視にあてた伺い書にみる経済面からの躊躇があったこと、さらに、一八七七（明治一〇）年八月に上野で開催された第一回内国勧業博覧会の開催主導者であった内務卿大久保利道の存在が大きかったことなど[2]が推測されている。（森）

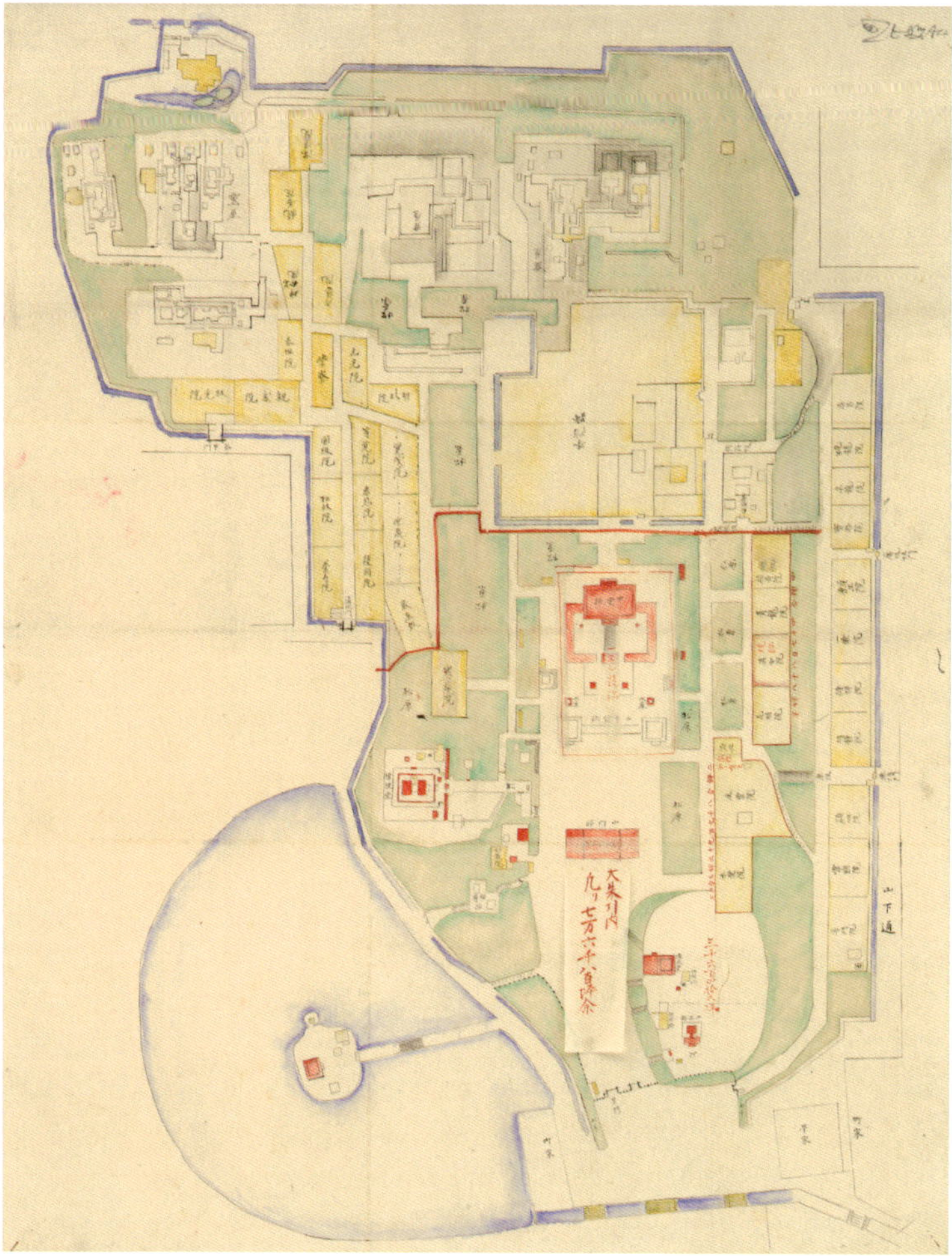

**大学東校上野移転計画図**
（東京大学医学図書館蔵）
図中、「大朱引内　凡ソ七万六千八百坪余」との記述あり。おそらくこの図が『懐旧九十年』の編者追記にある、「学内で此計画の図面の一部が発見された」図であろう。

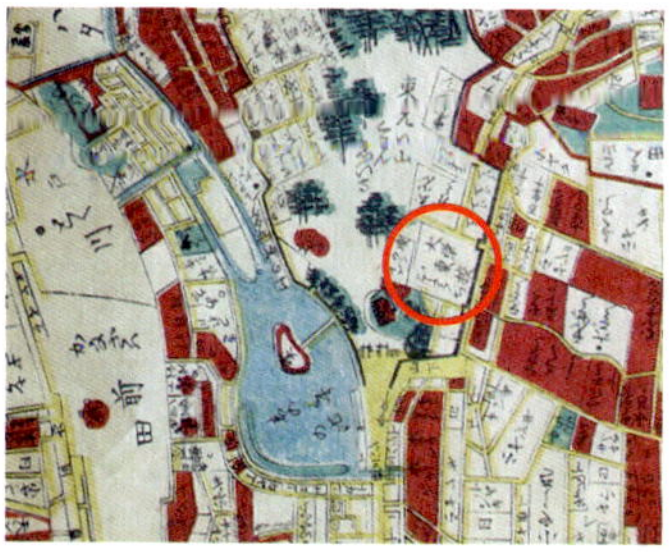

**上野山内大学東校用地**
（吉田屋文三郎（求版）「永福東京御絵図」1871年）
上野東叡山寛永寺中に「大学東校ごようち」と記された一角が確認でき、移転計画が具体化していたことがわかる。

**明治初年の上野寛永寺焼跡**
（『東京大学医学部百年史』）
幕末の上野戦争で、主要な伽藍を焼失し、壊滅的な打撃を受けた上野寛永寺の様子。この焼け跡に、大学東校さらには大学南校をも移転する壮大な構想が計画された。

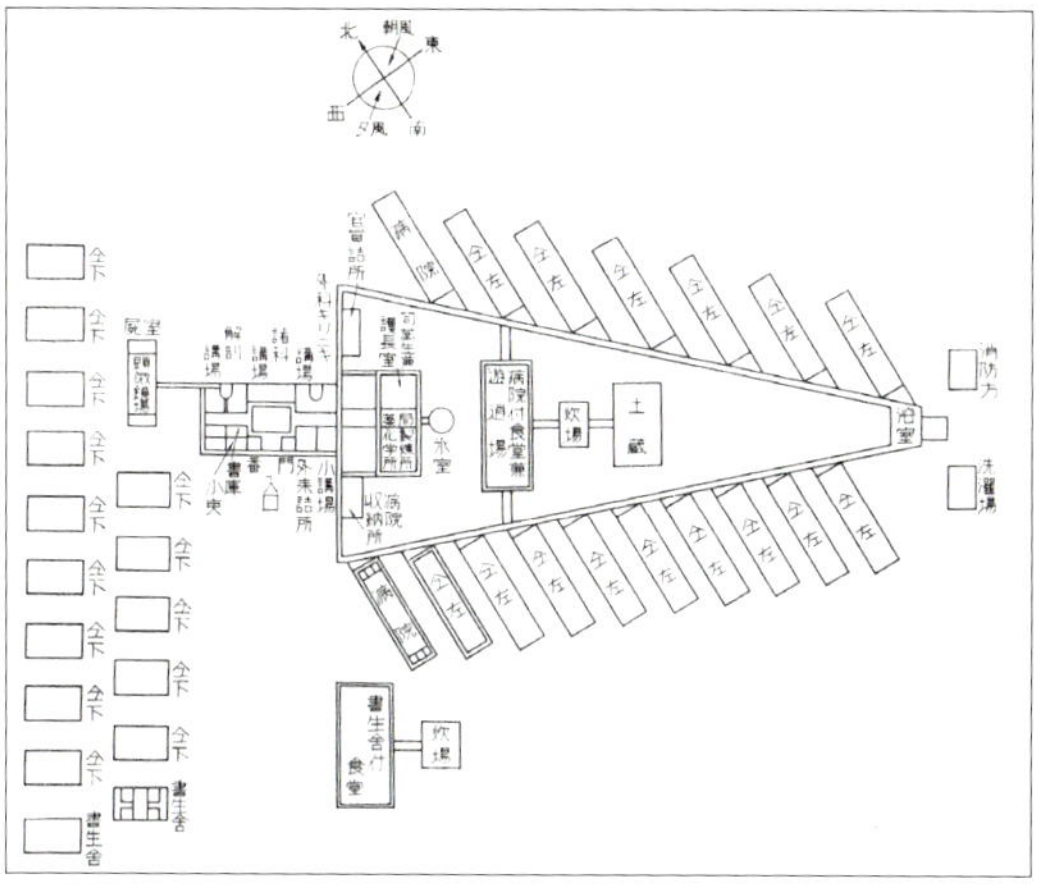

**東校新築絵図**
（『東京大学医学部百年史』　原典石黒忠悳旧蔵史料）
縮尺や地図上の配置は不明。しかし、『懐旧九十年』を参照すると、上野駅・鉄道開通に伴って、全国から温泉を取り寄せた湯治の導入案が、図中の「浴室」と関連するのか等、たいへん興味深い。

▶1 アントニウス・ボードウィン（1820-1885）オランダ人医師。1862年来日、長崎の医学校で講義と診察を行う。1869（明治2）年、明治政府はドイツ医学の受容を決定したが、ドイツ人教師の着任が遅れていた。1870（明治3）年、帰国途中の横浜にいたボードウィンは政府の要請を受け、10月までの3か月間、大学東校の教師を務めた。

▶2 田中正大「上野公園の成立」『造園雑誌』27（1）、pp.24-31、1963年

## 5 本郷移転までの紆余曲折

### 校地の選定❷

加賀藩邸は、一八六八（明治元）年の本郷春木町で出火した火災により、御殿を含む大部分を焼失した。隣接する大聖寺・富山各藩邸には被害が及ばなかった。一八七一（明治四）年、明治政府は、南の一部を前田家私邸とし、それ以外を上地する。さて、一八七四（明治七）年一一月の東京医学校移転決定まで、この本郷の地は、どのように扱われていたのであろうか。詳しくみると、三つの画期が存在したことがわかる。

一つは一八七一（明治四）年の上地直後であり、同年一〇月の兵部省伺い及び通達に見る、東京府囚獄用地とされた時期である。当時、兵部省は相当広い場所であればどこでも兵部省用地にしようとしたようで、本郷もその対象となった。しかし、通達には、以前開拓使からあった要望に、囚獄用地として東京府が必要であるため断った経緯から、おそらく今回も取得は難しいとある。実際のところ、一八七二（明治五）年には乞食・囚人の工作場として、ロシア皇太子来日時には、市中に浮浪する乞食の一時収容所として使われたことが記録されている。

この地が文部省用地となるのは、一八七三（明治六）年三月である。当時の文部卿大木喬任《たかとう》が、工業・鉱山・商業・農業といった実業に関する専門学校用地として、この東京府囚獄用地の引渡しを願い出た。伺い書によると、工業学校用地として取得した用地での計画が暗礁に乗り上げたため、別用地を探索中に本郷用地を見つけ、地勢高燥平坦で学校設立に相応しい地であり、これを専門学校用地として願い出るに至った経緯も記されている。これが許可され、本郷は文部省用地となる。

この頃、上野では前項に見た大学東校・大学南校の壮大な建設計画が構想されていた。この計画により上野山内の砲口学校建設用地を失った陸軍省は、この本郷文部省用地に目をつけ、一部分の取得を願い出た。しかし、陸軍省が希望した場所は、文部省も学校建設用地とした場所であり、協議は難航する。結局、陸軍省は北隣の元水戸藩邸（現・農学部の一部）を与えられ、元加賀藩邸は文部省用地として残された。

そして、上野から本郷へ、東京医学校の移転先が変更となった経緯は、キャンパス内にある相良知安[▼1]の巨大な記念碑文にうかがい知ることができる。一八七〇（明治三）年五月以来、紆余曲折を経ながらも継続検討され続けた上野移転を諦める代償の地が、本郷であったのである。（森）

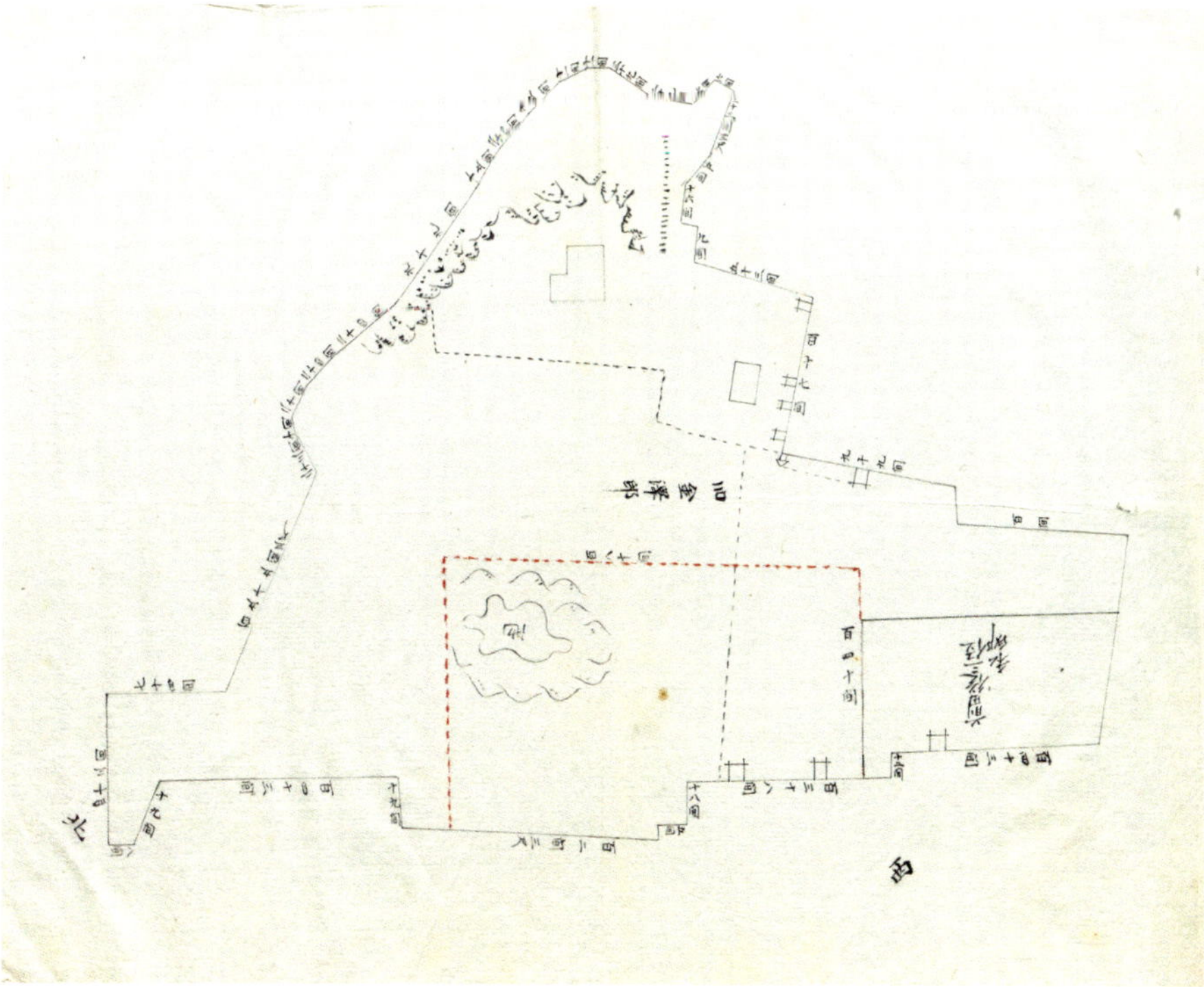

**陸軍省伺い添付図面**
（『公文録』第37巻、明治6年12月陸軍省伺ト）
陸軍省が求めた朱点線区域は、元加賀藩邸の育徳園（三四郎池）を含む御殿空間に重なる。文部省が引き渡し可能とした墨点区域は、東側の元大聖寺・富山藩邸と南側部分の2か所を指している。

「上野一帯ノ地ニ医学校及大学病院ヲ新築シ長橋ヲ不忍池ニ架シ以テ交通ニ便ナラシメントセリ而カモ一部ノ反對ニ遇ウテ果ス能ハス先生乃チ政府ニ逼リ其代償トシテ本郷ノ舊加賀藩邸ヲ得テ以テ醫学校建設地ニ充テンコトヲ請ヒ之ヲ許サル」 相良知安先生記念碑より一部抜粋。
昭和十年三月

**相良知安先生記念碑**
（撮影 森朋子）
相良の業績を顕彰し、1935（昭和10）年不忍池を見下ろす東大病院の後庭に、入澤達吉撰文、石黒忠悳題字により設置。2007年東大病院入院棟玄関前に移設。不遇な後半生を過ごした相良への鎮魂碑であるとも言われている。


**参考文献**
森朋子「東京医学校本郷移転再考―東京大学本郷キャンパス成立に関する研究　萌芽期」『日本都市計画学会論文集』52（3）、pp.895-900、2017年


▶1 相良知安（1836-1906）　1869（明治2）年医学校取調御用掛に任用されドイツ医学採用を進言し、1871（明治4）年ミュルレルとホフマンを招聘、わが国医学の発展に貢献した。文部省医務課長などに就任するも、後に更迭され不遇の後半生を送った。

## 6 東京医学校の本郷移転

一八七四（明治七）年一一月二四日、文部省より約三万坪が東京医学校に引渡される。早くも、一八七三（明治六）年六月には医学校から元富山・大聖寺藩邸を生徒養生所に借用したいとする願いが出されており、また外国人教師館も建設されていたことから、本郷用地は引渡し前からすでに使用されていた。

　引渡しを受けた「本郷用地内東京医学校建築地」（左頁）を、前項の「陸軍省伺い添付図面」と比べてみよう。陸軍省との交渉で文部省が引渡し可能とした二つの地の一つであり、生徒養生所として使用していた元富山・大聖寺藩邸ではなく、もう一方の南の地が東京医学校用地にあてられており、両省が学校用地と主張し続けた御殿空間（1章「5 加賀藩上屋敷」参照）ではなかった。東京医学校の本郷移転は、文部省が想定した当初計画にはなかったことが、ここからも推測される。

　引渡しを受けた東京医学校用地の形状は、いくどかの変更があった。一八七五（明治八）年一〇月の伺い書には、「東京医学校建設予定地」図中の甲を「開成学校共有の見込を以て返納」する代わり、乙を代地として求め、許可された。また、「開成学校新築教師館」、「モルレー氏居館」、「開成学校共有地」とされた甲・丙など、東京医学校地、開成学校共有地、医学校教師館、開成学校教師館が存在した。なお、開成学校共有地とされた甲は運動場に、丙は寄宿舎として後に整備されており、東京医学校建設当初から、キャンパスの必要機能を他学と共有する形で存在させようとしたことがわかる。

　さて、東京医学校は一八七六（明治九）年一一月から移転を始め、一二月一日に始まる新年度を本郷で迎えた。諸施設の整備は移転後も継続して進められ、一八七八（明治一一）年五月、〝医学部の象徴〟たる鉄門が落成する。そして、鉄門落成から一年待った一八七九（明治一二）年四月二二日、開成学校に遅れること五年あまりにしてようやく開業式が行われた。

　「東京大学医学部全図」は、明治一三年から一四年の医学部一覧に添付された図面で、当時の本郷キャンパスを詳細に伝える最も古い図と考えられる。鉄門に対峙して「本部」、その北側に「解剖学教場」、西側に「製薬学教場」、また「別課医学教場」とある建物は元富山藩の御殿である。この東部エリアは主に学校として利用され、南北の構内道路をまたぎ、西側には医院、その南側は寄宿舎が建てられた。（森）

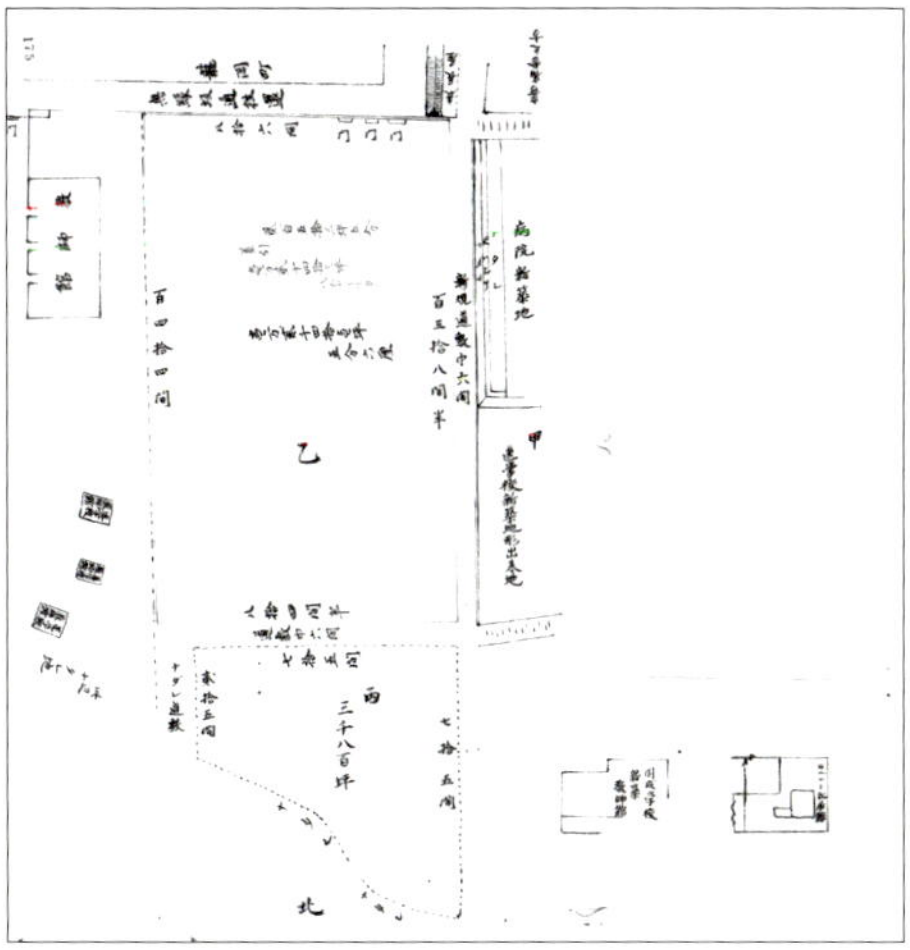

**東京医学校建設予定地**

（東京医学校『自明治7年1月至8年12月営繕本省願伺届諸方掛合回答』、東京大学総合図書館蔵）

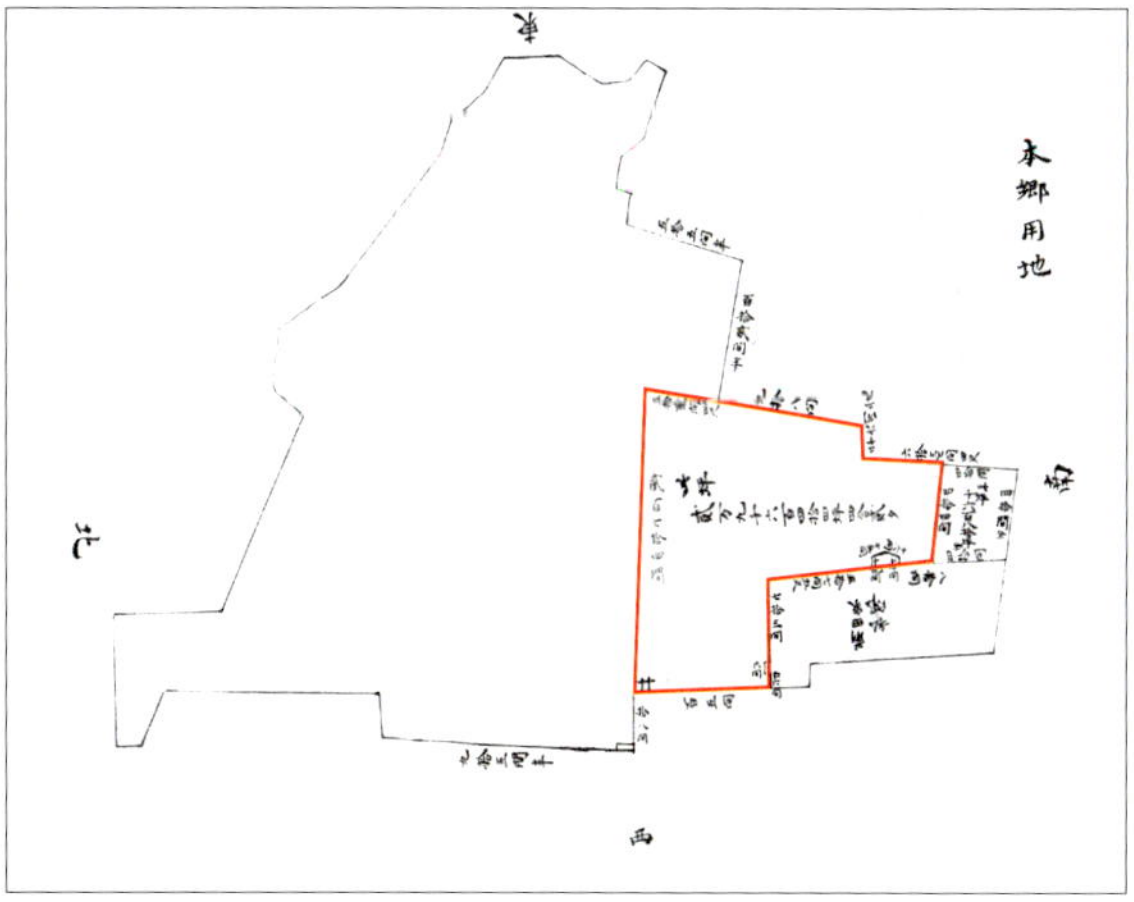


**本郷用地内東京医学校建築地**

（東京医学校『明治7年1月ヨリ8年12月ニ至ルノ営繕伺済』に加筆、東京大学総合図書館蔵）

図中、点線の枠内に「此坪　貳万九千六百四拾四坪四合貳タ」とあり。

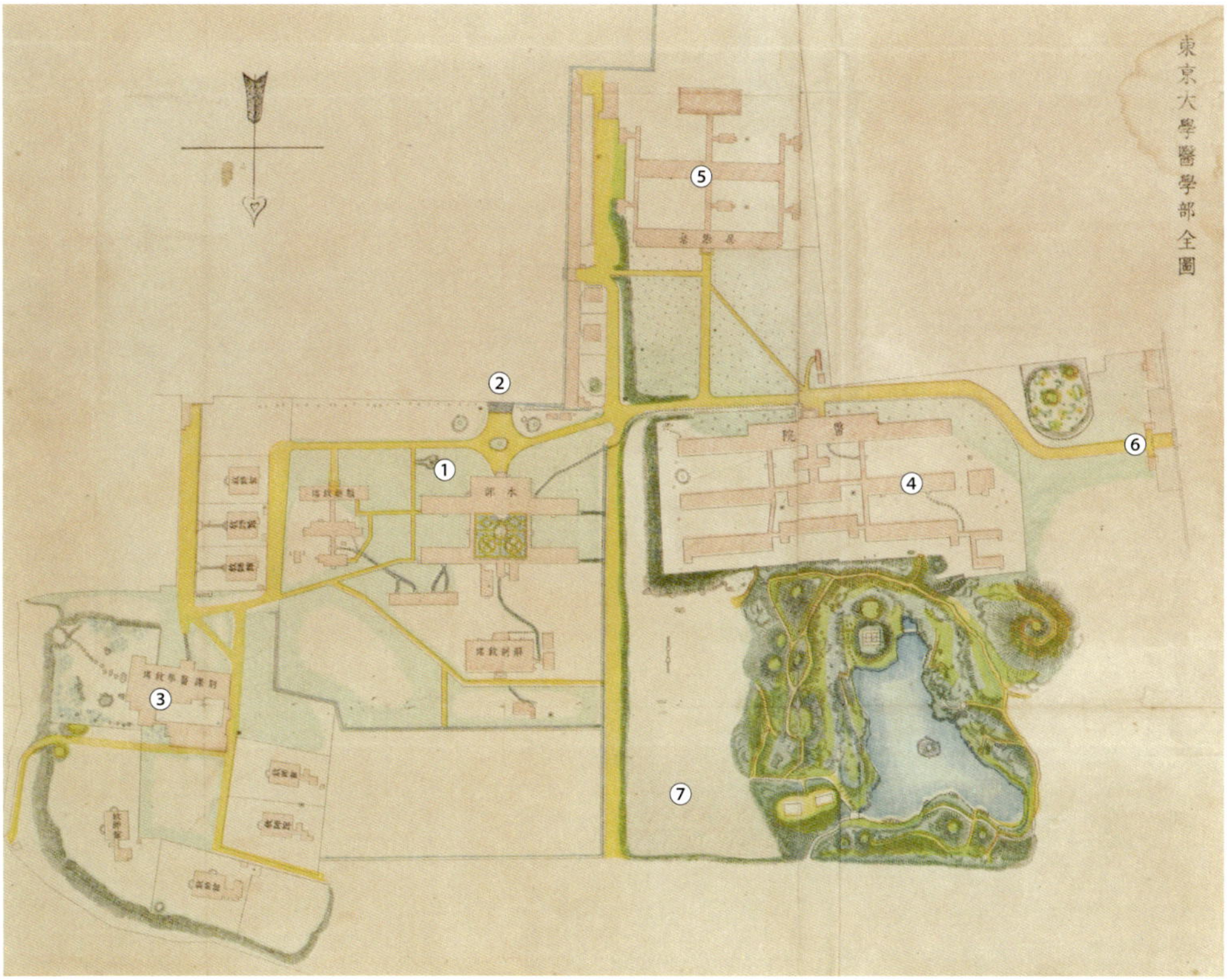


**東京大学医学部全図**

（東京大学医学図書館所蔵）

1880（明治13）年頃の本郷キャンパス。①本部（本館）、②鉄門、③別課医学教場（元富山藩邸の御殿を転用）、④医院、⑤寄宿舎、⑥赤門、⑦「東京医学校建設予定地」にて「甲 開成学校共有地」とされ、のちの運動場となる（加賀藩邸時代には馬場として使われていた）。

**参考文献**

森朋子「東京医学校本郷移転再考——東京大学本郷キャンパス成立に関する研究　萌芽期」『日本都市計画学会論文集』52(3)、pp.895-900、2017年

## 7 東京医学校本館

### 黎明期のキャンパス唯一の現存建物

「大学の時計台」と呼ばれた東京医学校本館は、現在の外来診療棟付近に位置し、東京医学校「本部」として中心的建物であった（前項「東京大学医学部全図」参照）。一八七五（明治八）年七月に起工し、途中建築費増額を得ながらも当初計画を全うできずに教師館を解剖場にあて、一八七六（明治九）年一一月大部分の完成をもって医学校が移転し、ここに現在に至る歴史の幕が開ける。

設計は当時中央官公庁営繕を主導した林忠恕で、擬洋風建築であった。正門（のちに鉄門に建て替えられる）から前庭の松を軸に左右対称に配された木造二階建ての和小屋、寄棟造、桟瓦葺きの和様工法ながら、屋上には時計塔がのり、正面玄関は四本の柱を配した半八角形のポーチ、その二階部分はバルコニーと、西洋的嗜好であった。時の大学総長は時計台下の階上室に座し、明治天皇の行幸時には時計台下の一室が便殿に充てられ、卒業式もここで行われた。

一九一一（明治四四）年、病院施設拡充のため、赤門脇と神田錦町に二分割して移築され、さらに一九六九年には赤門脇から小石川植物園内へと、本郷キャンパスから姿を消した（3章「8 医科大学校舎」参照）。しかし、その痕跡は、現在も本郷キャンパスに残されている。

一九九〇年の外来診療棟建設にともなう発掘調査で、基礎遺構が発見された（「医学校本館基礎遺構」）。建物外壁部は布基礎で川原石や破砕礫を根石として敷き詰め、その上に礎石が半間間隔で配置されていた。ポーチの柱と内部は正方形または長方形の堀方を配置し、外壁同様に根石を敷き詰めた上に礎石が据えられていた。堀方の深さはいずれも硬質地盤である関東ローム層まで掘り込まれているが、そこに江戸時代の遺構が重複しているときは、堀方幅を維持したまま遺構埋積土を掘削しローム層まで掘り込んでいる（「医学校本館基礎遺構平面図」）。布基礎は、江戸時代には土蔵建築など上屋荷重が大きい建物に特徴的な基礎工法で、伝統的な建築工法によって建設されたことを示している。赤門脇移築時の基礎遺構も、伊藤国際学術研究センター建設にともなう発掘調査で発見された。そこでは布基礎内に破砕礫を充填しその上に捨てコンクリートによる地業が施され、同じ上屋構造を持ちながらも近代化による基礎構造の変化をみることができる（「赤門脇移築時の基礎遺構」）。

現在、建物は総合研究博物館小石川分館として活用されている。一九七〇年には国の重要文化財に指定されており、本郷キャンパスの黎明期を伝える唯一の建物として、今後も大切に保存・活用されていく。（成瀬・森）

**東京医学校本館**
（東京大学医学図書館蔵）
1879（明治12）年撮影。時計塔が載った擬洋風の建物、その正面に松の木と門（鉄門）が写る。さほど大きくはない鉄門は門柱も鉄製で、細長い鉄棒を格子状にした一見華奢な扉であったが、丈夫な門にも見えたという。

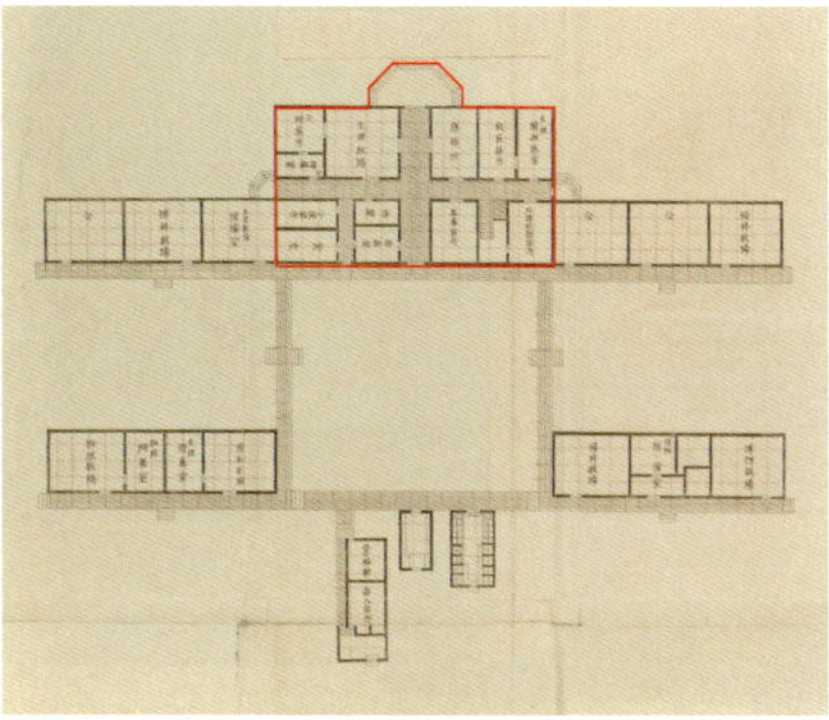

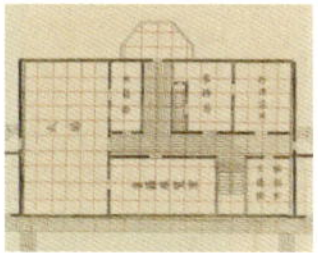

**東京大学医学部本部1階・2階平面図**
（東京大学医学図書館蔵）
1階平面図の上部分（赤枠部分）が本館である。プランは中廊下式で、2階の廊下はバルコニーに接続しており、自然光が入る計画になっている。「式場」と記された広い部屋は、卒業式に使われた。

**医学校本館基礎遺構**（10.医学部附属病院外来診療棟地点）

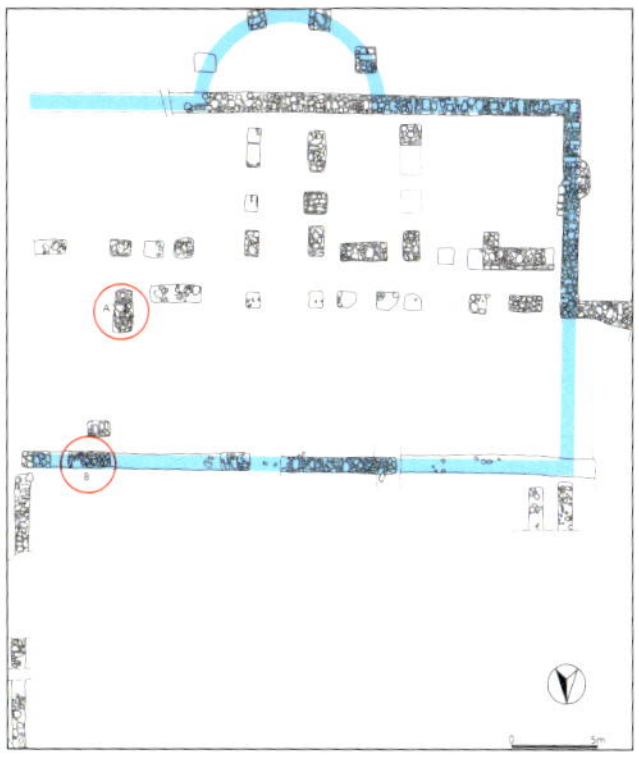

**医学校本館基礎遺構平面図**
図中の○部に江戸時代の地下室が重なり、Aでは関東ロームを求め、約2メートル掘り下げている。

**赤門脇移築時の基礎遺構**（93.伊藤国際学術研究センター地点）
基礎真下には江戸時代の遺構があり、土台が礎石からコンクリートに変化しても、関東ロームまで掘り下げる工法は変わらない。

※調査地点の番号は本書20頁を参照。

**参考文献**

入澤達吉「明治十年以後の東大医学部回顧談——雲荘随筆」『現代日本記録全集 4文明開化』瀬沼茂樹編、筑摩書房、1968年

## 8 神田錦町の東京大学と予備門

一八七三年（明治六）に天皇を迎えて開業式を行った開成学校は、法学、化学、工学の三学科（さらに暫定措置として諸藝学、鉱山学の二科）を設けてようやく専門教育機関の体制を整えた。これを機に、外国語による普通教育課程を開成学校から切り離し、外務省の独、魯（露）、清語学所を合併して外国語学校が新設され、開成学校が同じ神田錦町に新校舎を建てて移転したあとの旧校舎に入った。翌年には英語科を分離して東京英語学校を設置し、開成学校に進学する生徒の予備教育機関とした。

一八七七（明治一〇）年に東京大学が創設されると、東京英語学校は東京大学予備門と名を改めその管轄下に入った。これにより、予備門は東京大学三学部（法学部、理学部に加えて文学部が新設された）の校舎内に移転した。同年五月三日付けで東京大学法・理・文三学部綜理加藤弘之が文部大輔田中不二麻呂宛てに出した伺書では、三棟から成る校舎のうち、寄宿舎として使われてきた北棟一・二階と中棟二階を教場に使いたいと願い出ている。中棟一階や南棟の教場の窓から寄宿生徒の汚ない衣類が見えるのは見苦しいし、何よりも寄宿舎から火事を出すのが怖い。寄宿舎はあまり使われていない教師館のあたりに新築すべきと提案している（『東京帝国大学五十年史』）。

予備門の修業年限は四年（のちに三年）、課程を終え、試業を完了した生徒は法・理・文三学部のいずれかに入学することを許された。その後、一八八四（明治一七）年に法学部と文学部が、翌年に理学部が本郷に移転したため、神田錦町には予備門だけが残った。翌明治一九年には、帝国大学令（勅令）と中学校令が出され、それぞれ東京大学は帝国大学、予備門は第一高等中学校となり、両者は分離した。

ちなみに夏目漱石は一八八四（明治一七）年に一七歳で予備門に入学、在学中に第一高等中学校と変わり、一八八八（明治二一）年に卒業して帝国大学文科大学英文科に進学している。同級生がそのころの漱石の思い出を語ったエッセイにこんな光景が描写されている。

「勿論今のようなスポーツはやらなかったが、それでも予備門の運動場には機械体操の鉄棒があり、ボール投げもやっていた」「高い高いブランコが作られ、夏目君がそれに乗るのが一番上手であった」（龍口了信「予備門の頃」『漱石追想』岩波文庫）。

文部省は体操教育を重視し、予備門生徒にもこれを課した。『東京帝国大学五十年史』には校舎背後の運動場を写した写真が掲載されている。一八七九（明治一二）年に文部省はアメリカからリーランドを招聘し、予備門のすぐそばに体操伝習所を設置している（『体操伝習所一覧』一八八四年、国立国会図書館蔵）。

一八八九（明治二二）年に第一高等中学校は帝国大学を追うように本郷弥生町に移転、一八九四（明治二七）年の高等学校令によって第一高等学校となった。その後、一九三五（昭和一〇）年に東京帝国大学農学部と用地を交換し、駒場へ移った。（木下）

第一高等中學校正門（一ツ橋時代）

**一ツ橋時代の第一高等中学校正門**
（『第一高等学校六十年史』口絵）
東京開成学校の校舎を受け継いで、1889年まで使われた。正面玄関のファサードが改装されたが、車寄せの築山、正門脇の建物などはそのままだ。

第一高等中學校校舍裏面（一ツ橋時代）

**一ツ橋時代の第一高等中学校校庭**
（『東京帝国大学五十年史』）
校舎の背後から見た光景。開成学校時代から運動場が設けられた。運動器具らしきものが写っている。

**記念碑「東京大学発祥の地 」**
（撮影 木下直之）
千代田区神田錦町の学士会館正面玄関脇に1991年に建立された。

9

# 工部大学校

## 近代工業技術の教育機関

幕末維新のさなかである一八六三（文久三）年に英国へと密航し、工業技術修得の必要性を肌で感じた伊藤博文と山尾庸三は、帰国後の明治四年に工業技術の教育機関設立を建言する。それを受け、前年に設置された工部省を十寮一司体制に組織改革の結果、工部省内に教育機関である工学寮と測量司が設置される。

工学寮工学校（一八七七（明治一〇）年より工部大学校と改称）は明治五年の開校を目指し、生徒の募集を開始する。さらに虎ノ門に隣接する旧延岡藩内藤家屋敷跡（現在の千代田区霞が関三丁目）に校舎が計画され、マクヴェイン、アンダーソン設計による小学校、生徒館（寮生宿舎）、教師館（教官宿舎）の建設が始まるが、外国人教師の人選、来日の遅れにより、実際の開校は一八七三（明治六）年八月まで延期された。お堀端に建ち時計塔を持つ小学校の建築は、小林清親の錦絵「虎ノ門夕景」に描かれ、東京の新名所となった。

西洋における近代工業技術を修得する目的で設置された工学寮工学校であるため、計画当初より教育者として西洋人を雇うことが想定され、教師はヘンリー・ダイアーを中心としたグラスゴー大学のイギリス人工学者を中心に構成された。工学寮設立当初は、ダイアーらの構想により二年間の小学校教育を経た後、専門教育機関である大学校へと進学する計画であったため、まずは小学校の開校を目指していたが、開校の遅れとともに計画は変更されることとなる。大学校に予科を設け、小学校は繋がりの弱い基礎教育期間という位置づけとなり、実際に明治六年にいち早く開校したのは小学校ではなく大学校の予科であった。

さらに一八七七（明治一〇）年にはボアンヴィルの設計にかかる工部大学校本館が竣工するが、中央部に位置する講堂では電気工学科教師エアトンによる日本で初めての電灯点灯試験のほか、グラント将軍歓迎会や夜会など饗宴も開かれ、一八八三（明治一六）年に鹿鳴館が竣工するまでは東京の代表的な洋館建築であった。また、都検を務めたダイアーは机上での学習よりも製造品の実見や実習を重視したことから、学外での実地演習はもとより敷地内には博物場や実習場の実地教育の場が設けられた。同地には現在も記念碑が建つ。

一方、日本の近代高等工学教育のもう一つの流れとして、大学南校の流れをくむ東京大学理学部があった。技術官僚である士大夫育成を目的とした東京大学理学部（工芸学部）の教育は、工部大学校における教育方針とは異なるものであったが、帝国大学令により、一八八六（明治一九）年に両学校が合併し帝国大学工科大学となることで、一つの完成を迎える。（角田）

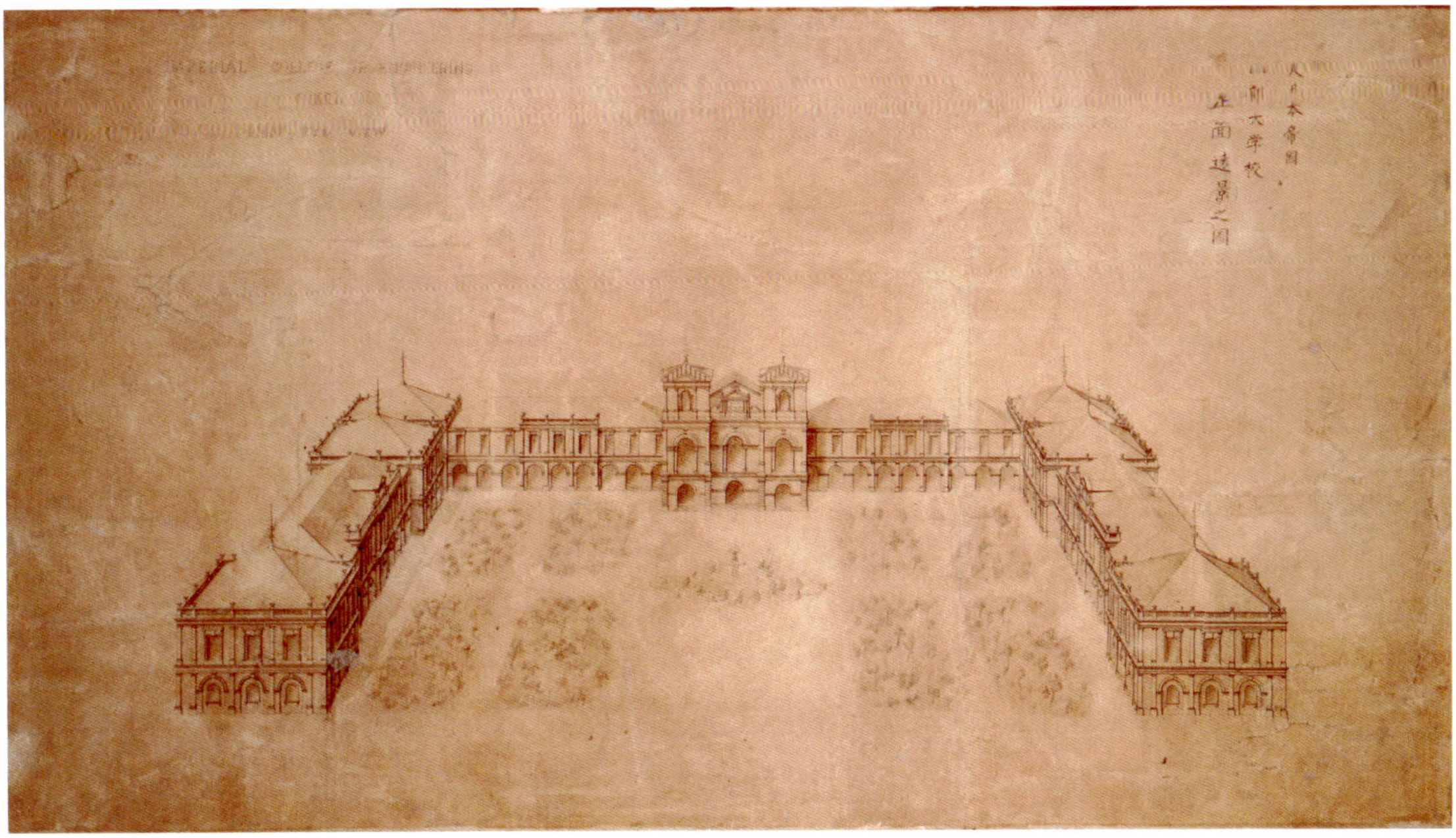


シャストール・ド・ボアンヴィル「工部大学校正面遠景之図」
（明治10年頃、東京大学大学院工学系研究科建築学専攻蔵）

工部大学校本館
（東京大学大学院工学系研究科建築学専攻蔵）

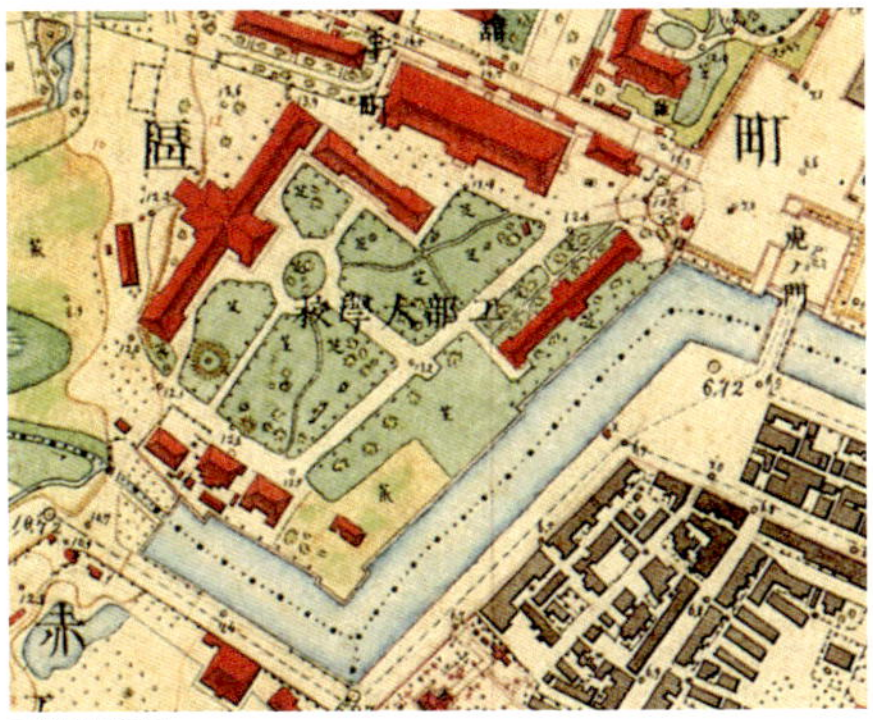


工部大学校
（東京府武蔵国芝区南佐久間町及愛宕町近傍『五千分一東京測量原図』1884（明治17）年7月）

工部大学校講堂内部
（東京大学大学院工学系研究科建築学専攻蔵）

**10**

# 外国人教師たちの本郷

「一八八三年頃の本郷キャンパス」（左頁中央）は、一八七六（明治九）年一一月の東京医学校の移転から、およそ六年後の様子を伝えている。元加賀藩邸を示す本郷元富士町には、三四郎池を挟み南側に東京大学医学部、北側に文部省用地と記され、主要な建物名称も記録されている。構内には外国人教師の居住地があり、彼らの日記に当時の様子が垣間見える。

『ベルツの日記』（トク・ベルツ編／菅沼竜太郎訳、岩波書店、一九七九年）で知られるエルヴィン・フォン・ベルツは、一八七六（明治九）年、東京医学校教師としてドイツから迎えられたお雇い外国人教師で、上野が見渡せる東の一角の教師館に暮らした。美しい庭を作り、旧富山藩の庭園を愛で、さらには「もと加賀の大名の私庭で、現在は使用されていないので、目立って荒れはてている」育徳園を医学部の管理から引き継いだという。現在、入院棟玄関前の植栽にごく一部の石が保存されている。

大森貝塚を発見したことで知られるアメリカの動物学者エドワード・モースは、東京大学のお雇い教師として一八七七（明治一〇）年に来日し、北側の文部省用地にある教師館に暮らした。モースは、二度の帰国を経て三度来日し、後年日記とスケッチをもとに、『日本その日』（科学知識普及会、一九二九年）をまとめている。自身の暮らす本郷文部省用地にも触れ、「立木と薮と、こんがらがった灌木との野生地であり、数百羽の烏が鳴き騒ぎ、あちらこちらに古井戸がある。ふたのしてない井戸もあるので、すこぶる危ない」と、当時の荒廃した旧加賀藩邸内の様子を描写した。

文部省用地北側は、新しい西洋教育の場へと次第に変化する。一八七八（明治一一）年には理学部観象台が新築され、わが国の代表的天文台である国立天文台の基礎が築かれた。一八七九（明治一二）年には教師館を増築して音楽取調掛官署が置かれ、内外音楽の取調等が行われた。この変化はモースの日記でも触れられており、教師館を増築した建物が音楽取調所と呼ばれ、これが後年上野に移転し、東京音楽学校、現在の東京藝術大学音楽学部へと発展した。星学（現在の天文学）・音楽といった西洋式教育が、この地で先駆的に始められたのである。（森）

**理学部観象台（明治11年）**
（『東京大学の百年』）
北側から撮られた写真であろう。中央に円形の観象台を持つ平面図が、国立公文書館に残されている。

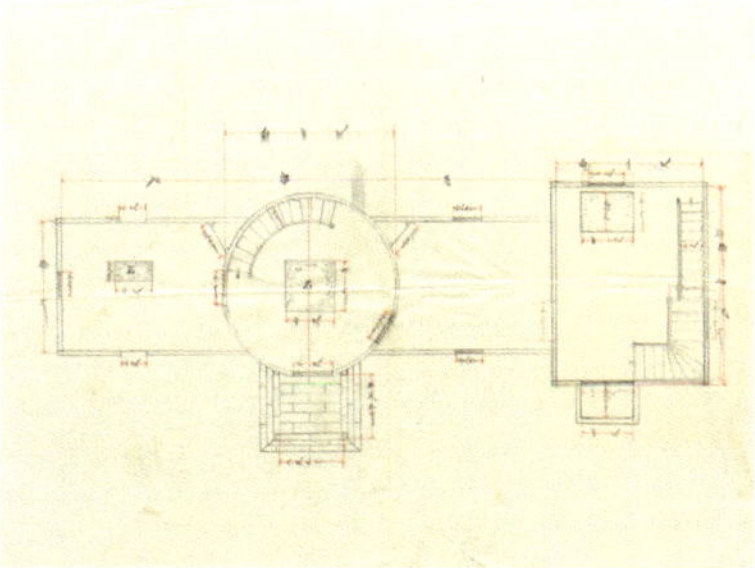

**理学部観象台平面図**
（『公文録』第99巻、明治11年1月-3月）
1878（明治11）年2月8日、文部省から出された観象台建設に関する伺い書に後日添付された図面である。

**1883年頃の本郷キャンパス**
（東京府武蔵国本郷区本郷元富士町近傍『五千分一東京図測量原図』1883（明治16）年5月）
東京医学校移転から約6年後の本郷キャンパス。南の医学部①・第一病院②、東には医学教師の教師館③、北には教師館④・観象台⑤・音楽取調所⑥がある。

**ベルツの庭**
（小川一眞『東京帝国大学』1900年、東京大学総合図書館蔵）
当時「ベルツの庭」と呼ばれた、ベルツが愛でた庭である。かつて富山藩の御殿があった付近で、おそらく元藩邸内の庭であろう。御殿は教場として利用されたが、撮影時点には育徳園へ移築されている。

**教師館**
（小川一眞『東京帝国大学』1900年、東京大学総合図書館蔵）
モースは、「巨大な瓦屋根、広い歩廊、戸口の上の奇妙な日本の彫刻、椰子、大きなバナナの木、竹、花の咲いた薔薇等のある前庭」は「非常に人の心を惹く」と描写した。写真の建物がモースの暮らしたものかどうかは定かではない。

**音楽取調掛**
（『東京音楽学校創立五十年記念』）
増築された南側から撮られた写真であろう。1879-1887年の間、本郷区文部省用地内第16番館が、国内外の音楽に関する音楽取調掛官署として使用された。

## 11 キャンパス回想
### モース、ベルツ、入澤達吉、馬場孤蝶、ケーベル

エドワード・モース（一八三八―一九二五）は東京大学理学部に動物学教師として雇われ、一八七七年に来日。当時、理学部は神田錦町にあったが、宿舎は旧加賀藩邸内に用意された。加賀屋敷の「大変化」は、一八八二年三度目の来日時の回想である。

先日の朝、私は加賀屋敷の主な門を写生した。堀の内側にある我々の家へ行くのに、我々はこの門を使用せず、住んでいる場所の近くの、より小さい門を使う。門構えの屋根は、大きな屋の棟があり、重々しく瓦が葺いてある。木部は濃い赤で塗られ、鉄の化粧表、棒その他は黒い。これは絵画的で、毎朝その前を通る時、私はしみじみと眺める。屋根を取巻く塀は非常に厚く、瓦とセメントで出来ていて、頑丈な石の土台の上に乗り、道路とは溝を間に立っている。塀の上には、写生図にある通り、屋根瓦が乗っている。（モース『日本その日』上・下、科学知識普及会、一九二九年）

一八八二年の日本（明治一五年）加賀屋敷には大変化が起っていた。前にドクタア・マレーが住んでいた家の後には、大学の建物の基礎を準備するために、大きな納屋が幾つか建ててある。ドクタア・マレーの家には大きなL字型がつけ加えられ、この建物は外国の音楽を教える学校になるのである。（前掲書）

＊

エルヴィン・ベルツ（一八四九―一九一三）は、二六歳の時に創立間もない東京医学校の内科医学教授として招聘される。ベルツの庭と呼ばれたほど日本庭園を慈しんだ。

今日、きめられた家へ引越しましたが、さしあたり前任者ヒルゲンドルフ博士の客分としてこの家へ迎えられたのです。この住居はいわゆる加賀屋敷、すなわち旧加賀侯の邸宅である大学の構内にあります。大名と称する昔の封建君主は、いずれも江戸にこのような屋敷をもっていましたので、当地にはこんなのが数百もあります。（……）あまりありがたくないのは、旧い見苦しい建物の中にある医学校の教室の状態で、引戸のある低い木造家屋が迷路《ラビリンス》のように組合わされているのです。もっともこれは、そのうちに新しい建物にかえるそうです。（明治九年六月二六日、トク・ベルツ編『ベルツの日記』菅沼竜太郎訳、岩波書店、一九七九年）

午前中、従来の庭のほかに、新しい大庭園の利用方法について、あれこれと計画を立てた。それはもと加賀の大名の私庭で、現在は使用されていないので、目立って荒れはてている。自分はこれを医学部の管理から引継ぎ、その代りにこれを手入れ保存するよう約束した。もちろん公園《パーク》を私有してゆくには、少なからぬ費用が徐々にかかってくる。しかし、自分は全く庭気違いなのだ。（明治一二年四月六日、前掲書）

＊＊

入澤達吉（一八六五―一九三八）は、一八八九（明治二二）年東京大学医学部を卒業。この回顧談は、東京大学医学部の歴史を詳

細に記述した貴重な史料である。

此時分の加賀屋敷、即ち今の大学構内は凡そ九万坪ある中に南の一隅に医学部の本館、病院、教場、寄宿舎などがあつて、其他は草茫々として居つて、狐が出ると云ふやうな有様であつた。今の運動場の所に矢張運動場があつたけれども、今よりズツト小さかつた。それから先は藪や叢で側のない古井戸などが沢山あつて、随分危険であつた。今の庭の池の端に黐の木があつて、私は黐の皮を剥いて、石の上で丹念に叩いて、黐を拵へて蟬や蜻蛉を捕つたことを記憶しています。（入澤達吉「明治十年以後の東大医学部回顧談」『雲荘随筆』大畑書店、一九三三年）

其頃今の赤門と森川町の正門の間にもう一つ門がありました。正門は御承知の通りズツト後に濱尾さん時代に出来たものであります。其正門と赤門の間にあつたもう一つの門を入つて突当ると、其処に栄螺山と云ふ高い山があつた。是は大正十二年の震災で焼けた彼の薬物教室などを造る時に皆切崩して仕舞つた。此の栄螺山に能く登つたことがある。眺望が佳くて品川の海まで見えた。（前掲書）

＊＊＊

馬場孤蝶（一八六九―一九四〇）は十歳で高知から上京し、池之端の忍岡小学校に学んだ。東京大学には進まず、のちに慶應義塾大学教授となった。これは、少年のころの思い出を『週刊朝日』一九二八年二月一二日号に寄稿した文章である。

明治十二、三年ごろは大学の構内には、医科即ち当時は医学部といっていたのがあったばかりで、この旧加賀邸の赤門寄りの方は、茫々たる薄原で、その草の間に、昔の井戸の跡なのであろうが、黒く塗った木を框《わく》にして、危険除けの目印にしてあるのが幾つとなく見えるのがひどく寂しく感ぜられた。門をはいって右手寄りには、椿が一杯生えた円形の小山があって、冬になると、よく鵯がかしわの腹を木の間から見せた。其所は、加賀騒動のなかの浅尾という悪女中を蛇責にして埋めたところだという俗伝があった。けれどもそれは古墳の跡らしかった。（馬場孤蝶「古き東京を思ひ出て」『明治の東京』中央公論社、一九四二年）

＊＊＊

ラファエル・ケーベル（一八四八―一九二三）は一八九三年に来日し、一九一四年まで二一年にわたって東京帝国大学文科大学哲学教師として教鞭を執った。帝国大学キャンパス整備を厳しく批判した。

日本における一切の物にしたゝか『海外風』の色彩を与えんとするところの純然たる虚栄心はまた、彼らが誇り顔に『研究室《ゼミナール》』と称え『実験室』と呼ぶところの、そうしてそのうちには何ものもなくまた何事もなされざる、醜悪なる建物を築造せんがために、大学構内における古い美しい樹木を伐り倒すに至らしめた。あたかも兵営のように見ゆる全然無用なる建築に対して場所を作るために、樹木を伐るということは、私の観るところに従えば、単に愚昧で乱暴で野蛮なばかりでなく、更にまた一種の殺人に等しい行為である。――その構内においてこのような事が、純然たる虚栄心と阿諛を事とする従僕根性の猿真似とからのみなされ、そうしてそれが寛恕されるような学府は『慈母《アルマ・マーテル》』の名に価しない。それは『苛酷な継母』であり、なおその上に兄弟殺しである、――何となればそれは我らの兄弟なる、尊ぶべき樹木を殺すから。（『ケーベル博士随筆集』岩波書店、一九二八年）

（森）

**「明治4年 東京大絵図」にみる東大の前身校**
（『東京市史稿市街篇52附図』所収「明治4年 東京大絵図」部分をもとに作成）

第3章

# 本郷キャンパスの成立

東京医学校は、一八七七（明治一〇）年東京大学医学部に改組された時には本郷へ移転していた。神田和泉橋から高台の広い校地を求めたのだが、当初の候補地上野がご破算になったために、次善の地本郷へ移ったのである。神田錦町にあった東京大学三学部（法・理・文）も手狭になったため新たな校地を求め、本郷へと次々と移転することになる。

一八七九（明治一二）年に、文部省は御雇外国人、工部大学校教授ジョサイア・コンドルに東京大学のキャンパス計画を依頼している。現存するその鳥瞰パースは、およそ旧加賀藩邸の敷地には見えないから、移転予定地を想定しないで依頼したようだ。その建築群のなかの一部が法学部・文学部校舎として本郷に建設されて、一八八四（明治一七）年に完成し移転を完了した。

東京大学の本郷移転が進みつつあったとき、日本の高等教育制度は大きな転機を迎える。従来、司法省の法学校、工部省の工部大学校、農商務省の東京農林学校、というように、各政府機関は個別に専門家養成のために学校を立ち上げて経営していた。それが明治一〇年代末になると、文部省の管理下へ移され、最終的には一八八六（明治一九）年三月の「帝国大学令」によって、文部省管下の「帝国大学」という名称の総合大学へと再編成されたのである。

この制度改革は首相伊藤博文の主導によったものという。伊藤は、一八八一（明治一四）年の政変以来、明治維新以来に開始された政府による諸事業を整理し、新しく近代的君主制下に再編成することを積極的に進めており、学校体系の創出もそのなかの大きなものの一つであった。文部大臣森有禮は、伊藤の指揮のもとで、具体的な作業に当たったのである。この帝国大学令で示された大学制度は、これ以後長い間維持されていくことになる。

法律家を養成する司法省明法寮は、司法省敷地内（旧信濃松本藩邸、麹町区永楽町）にあった。法学校をへて一八八四（明治一七）年に文部省に移管され東京法学校となり、翌年には東京大学法学部に合併された。

工学を教える工部省工学寮は、一八七七（明治一〇）年に工部大学校となって、虎ノ門に洋館群からなる本格的なキャンパスを建設した。一八八五（明治一八）年に文部省に移管され、東京大学の工芸学部と合併、翌年に帝国大学工科大学となった。

工科大学と理科大学は、一八八八（明治二一）年に本郷に新しい校舎を完成させて移転し、ようやく法科大学・医科大学・工科大学・文科大学・理科大学の五つの分科大学の校舎が一つのキャンパスに集結したのである。

医科大学は一八七六（明治九）年以来本郷にあって、キャンパスの南東に敷地をもち、鉄門を南に開いていた。法文科大学校舎は西側の中仙道（本郷通り）に面する。また工科大学本館はキャンパスの北西部に位置して南を向いていた。理科大学本館は、医科大学の奥の北東部にあって、南を向いていた。各分科大学は広い本郷の文部省用地において、点々と独立して校舎を構えたのであって、全体を統御するような配置計画があったようにはとても思えない。およそ「総合大学」というキャンパスの体裁ではなかった。ジョサイア・コンドルが描いたキャンパス計画案が活かされることはまったくなかった。また、「本部」という建物もどこにも建設されなかった。キャンパスの中心、という概念はそもそも最初からなかった、と言うべきである。したがって、門も医科大学の門が「無縁坂上正門」（鉄門）であり、法・文科大学と工科大学の間の西側に開いた門が「仮正門」とされたのである。大学全体の「正門」と呼べるような門がない、というきわめて散漫な状況であった（赤門が「正門」と呼ばれていたようだが、焼け残った加賀藩邸時代の「正門」に擬えたと言うべきだろう。ただし、各分科大学（後の学部）は、この時の校舎を中心に施設を暫時増設してゆくのであって、その位置は現代にまで続く各学部の強い地政学的根拠ともなっている）。

なお、一八九〇（明治二三）年には農商務省の東京農林学校が帝国大学に包摂されて、農科大学となるが、キャンパスは駒場のままで移動することはなかった（現在地に移るのは第一高等学校と敷地交換をした一九三五（昭和一〇）年のことである）。（藤井）

# 1 ジョサイア・コンドルによる東京大学設計図

コンドル（一八五二―一九二〇）はイギリス人の建築家。一八七六（明治九）一〇月一八日に日本政府の招聘に応じ五か年の雇用契約を結んだ。翌年一月来日、二五歳だった。同月二八日より工部大学校造家学科教授、工部省営繕局顧問となった。工部大学校での建築教育に並行して、翌年から、上野博物館、開拓使物産売捌所、延遼館修繕・家具設計などの設計を次々と委嘱された。

東京大学校舎の設計は一八七九（明治一二）年に委嘱された。その結果、五年後の一八八四（明治一七）年にその一部が東京大学法学部・文学部の校舎として竣工した。当初の全体計画は、全体透視図と、英国The Builder誌の同年一二月号に掲載された記事「Tokio University, Japan」に付された一階平面図によってかろうじて知ることができる。

透視図は、広々とした田園に一群の建築が置かれていて、全体を囲む塀や柵がない、リアリティの希薄な図である。敷地を特定しない設計委嘱であったのだろう。イギリス内陸部の地形は、日本のような棚田、段々畑と全く異なって、ゆるいマウンドが連続して展開する。敷地が特定されていないので、彼の故国の地形が背景となったのだろう。

建物は、中央部分から両翼が前方に折れて出て、背後に施設が張り出すH型の平面をとる。おそらく、同時代のイギリスの大学のカレッジに倣ったと推定される。中央部の中心奥に副学長（Vice President）室があって、そこが中央入口であることがわかり、その両側に各学科の教室、教授室、講義室などが並んでいる。食堂、チャペル、背後にドーミトリーが設けられればカレッジそのものである。

The Builder誌の記事によれば、東京大学には、theoreticalとtechnicalの両分野があり、前者は、法律、文学、言語の各学科からなり、後者は、地質学、冶金、生物学、植物学、数学、物理学、土木工学、機械工学、建築学（当時は造家学）、天文学からなる。そして、医学と小規模な病院が設けられる予定という。この学科群構成は、一八八一（明治一四）年段階の東京大学の学部・学科構成とほぼ同じである。化学がないのは書き落としだろう。また、建築（Architecture）が入っているのは、コンドルの自己主張だろうか。

図面を見てみると、前方右側に言語学の教室群（日本語・中国語・フランス語・ドイツ語・英語）、中央部分と左側に理学系教室群（物理・化学・生物・数学）が配置されている。右側の背後は、図書室・閲覧室・医学図書室さらに講堂があり、左側背後はすべてが博物館の施設群である。左右のタワーは天文台、物理実験室である。他の分野の教室などは掲載されなかった二階に置かれていたのだろう。（藤井）

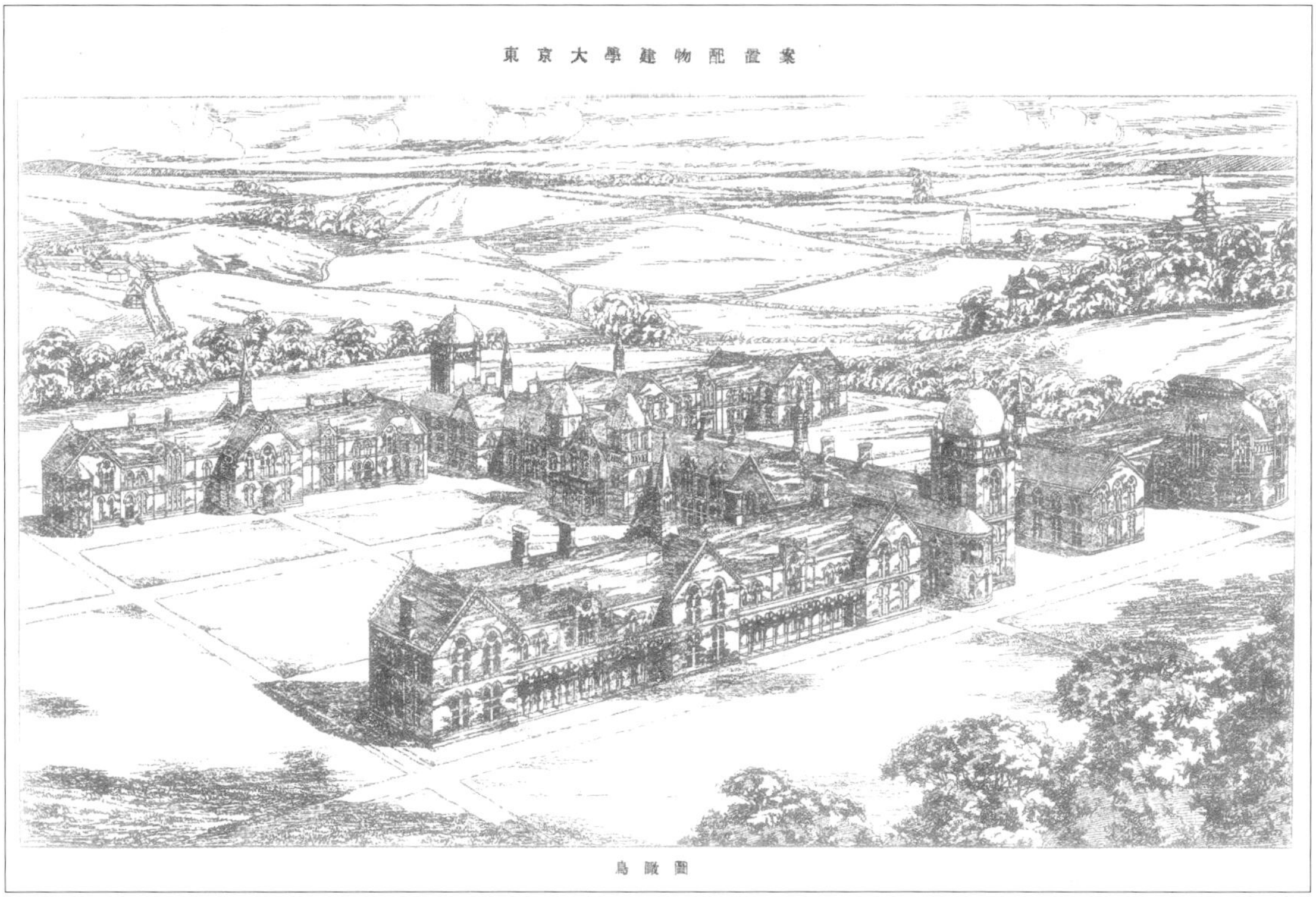


**ジョサイア・コンドルによる東京大学建物配置案**
(『コンドル博士遺作集』)

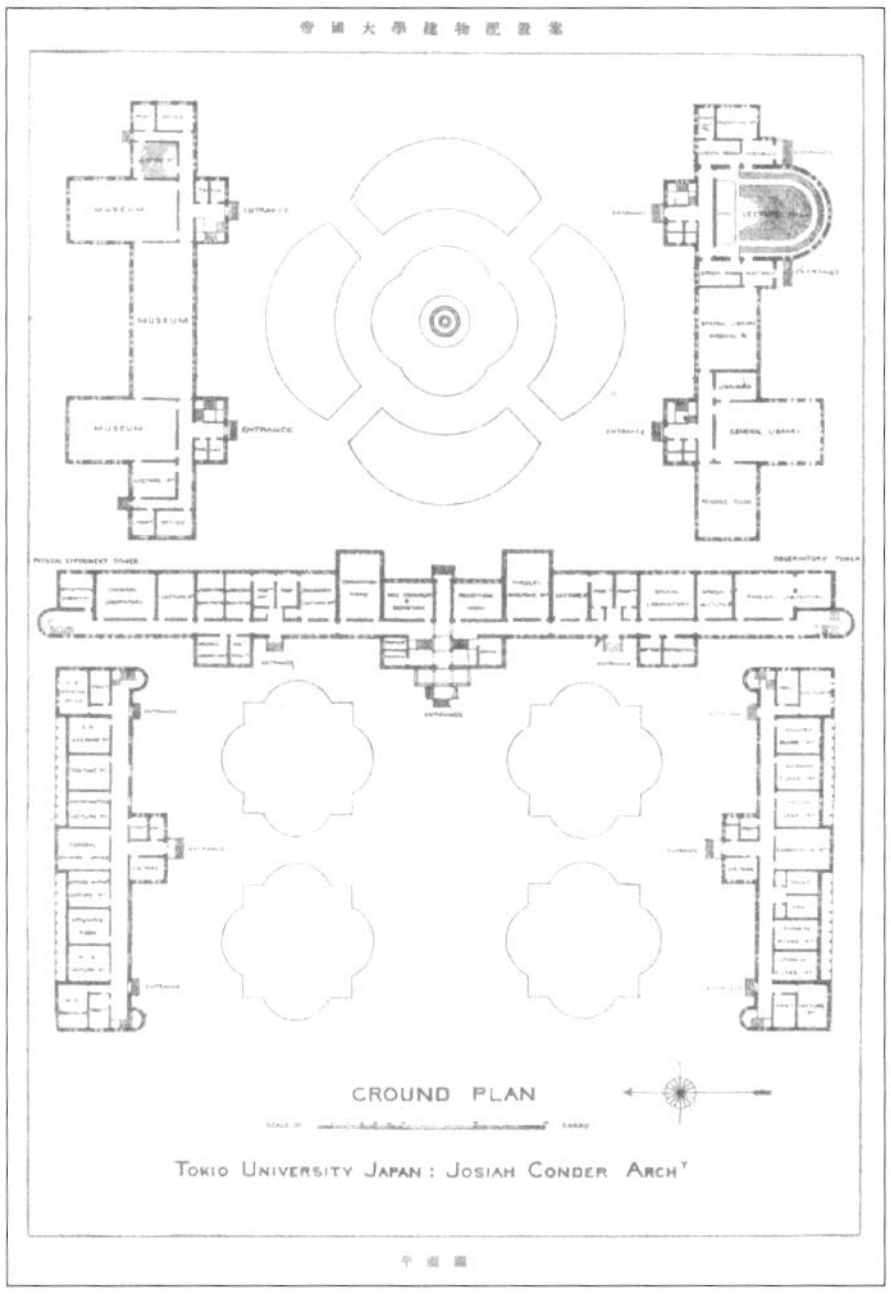


**東京大学校舎1階平面図**
(The Builder, Vol.47, 1884)

**参考文献**
コンドル博士記念表彰会編『コンドル博士遺作集』1932年
*The Builder*, Vol.47, 1884 (Jul-Dec).

# 2 帝国大学の誕生

## 各所から本郷へ、キャンパス成立へ

すでに触れられてきたように、東京大学の前身学校の成立過程は複雑である。とりあえず、一八七七（明治一〇）年に、東京医学校と開成学校が統合されて、文部省所管の東京大学が誕生した。構成は、法学部、文学部、理学部、医学部の四学部である。他方、専門技能をもつ官吏を必要とした行政機関は、それぞれ専門学校を立ち上げていった。司法省は法学校（明治八年）、工部省は工部大学校（明治一〇年）、開拓使は札幌農学校（明治九年）、農商務省は駒場農学校（明治一一年）、東京山林学校（明治一五年、明治一九年に合併して東京農林学校）というように。

一八八六（明治一九）年の帝国大学令は、伊藤博文らの政府首脳が、東京大学が国家の官僚養成のために十分機能していないことに不満をもったための学制改革であった。東京大学を核にして成立した帝国大学は、もともとの法・文・理・医の四つの学部に法学校を統合、さらに工部大学校を統合して、法科、医科、工科、文科、理科の五つの分科大学からなる（明治二三年に東京農林学校を吸収して農科大学とする）。

筆頭分科大学とされた法科大学の卒業生には、高級官僚への無試験任用の特権が認められた、というように法科大学に特別な位置が与えられた。これは帝国大学が国家のために機能する大学であるように、という政府の強い要請に従うものだった。

キャンパスは、文部省用地として与えられた本郷に集結していった。東京医学校は一八七六（明治九）年には本郷に校舎を構えており、その後ジョサイア・コンドルによる東京大学計画などが進められ、実際に一八八四（明治一七）年にはコンドルの設計案をもとに法学部・文学部校舎が竣工した。工科大学と理科大学校舎は一八八八（明治二一）年に竣工し、本郷への移転を完了した。校舎の設計者は、工科大学は工部大学校初代卒業生辰野金吾であり、理科大学は文部省営繕の山口半六による。医科大学は擬洋風、コンドルのものはゴチック様式、辰野のものは、それに範をとったゴチック様式、山口のものはルネサンス様式、というようにまちまちであって、明治初期における西洋建築の受容過程をそのまま見ることができると考えてもよさそうだ。全体としては、およそ一つの大学とはとてもいえないバラバラの状態であった。（藤井）

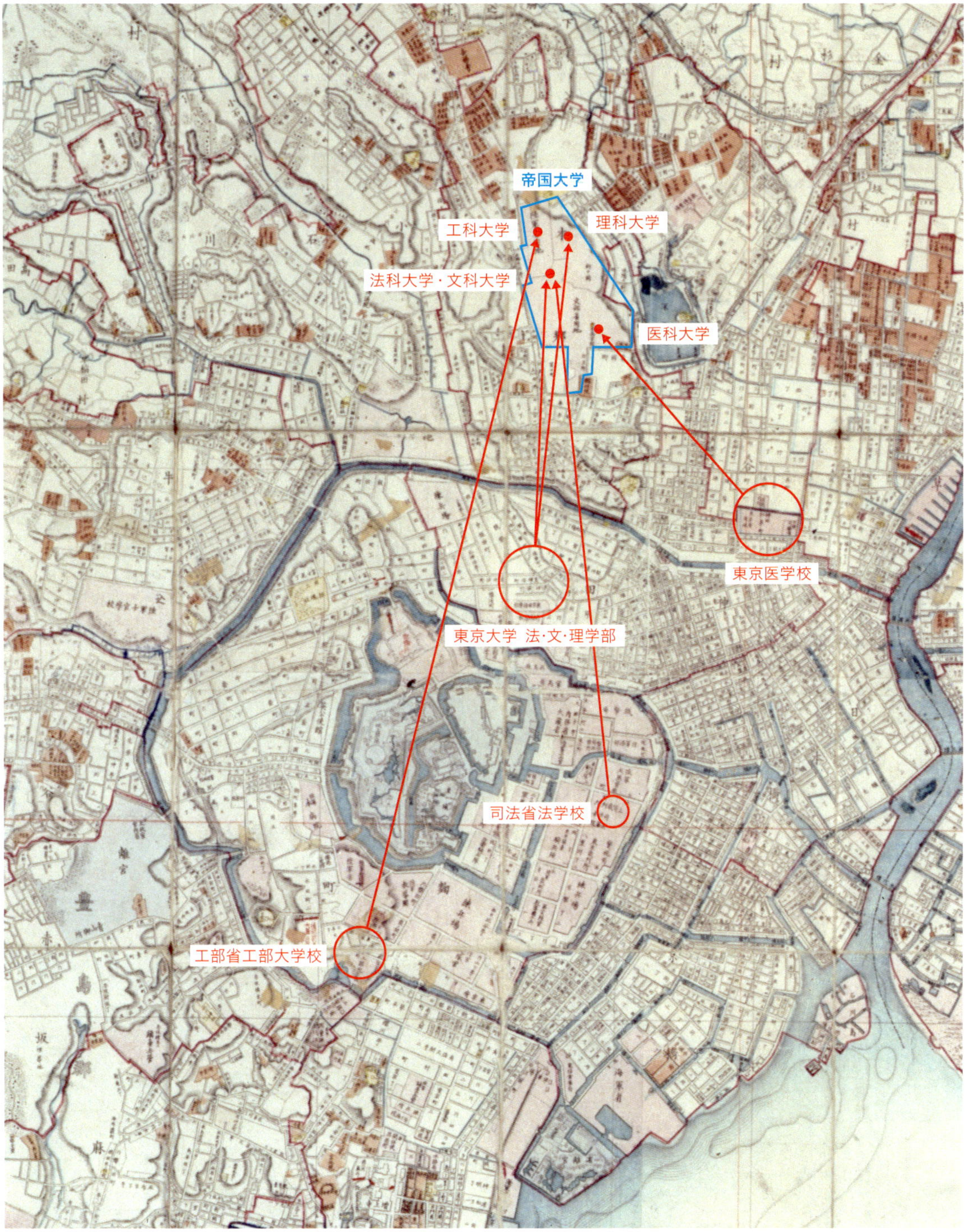


**前身学校の位置関係（「明治11年東京全図」をもとに作成）**
東京医学校は神田和泉町（現在の秋葉原東側）、東京大学法・文・理学部は神田錦町（現在の学士会館周辺）、司法省法学校は麹町区永楽町（現在の大手町・丸の内付近）、工部省工部大学校は現在の千代田区霞が関三丁目から本郷に移転してきた。

**参考文献**

天野郁夫『帝国大学――近代日本のエリート養成装置』中央公論新社、2017年

3

# 法文科大学校舎

## 最初の煉瓦校舎

当初、東京大学の法学部・文学部の校舎として本郷に建設された。竣工は一八八四（明治一七）年八月、煉瓦造二階建。J・コンドルの東京大学計画の表側の一列だけが切り出されて実現したのであった。すでに本郷に建設されていた医学部校舎は木造だったが、こちらは煉瓦造であり、本郷通り（旧中山道）に面して南北に長く、関東大震災（一九二三年）で破損、焼失するまで、四〇年にわたって東京大学（後の帝国大学、東京帝国大学）の西側の顔となった。

建築の様式は、初期のゴシック様式を基調とした一九世紀ヴィクトリアン・ゴシックであって、尖頭アーチを描く窓のかたち、正面入口上に設けられるバラ窓のモチーフなどにその特徴がよくうかがわれる。建築端部に多角形の張り出しを設けるのも、いかにもヴィクトリアン・ゴシックらしい、という。

施設部所蔵の図面（明治三〇年頃作成）によると、一階は八つの教室（各室の面積は五五坪～七〇坪程度）が中心に置かれ、南端に法科学長室、法文事務室、教員扣《ひかえ》室、北端に精神物理学教室があった。二階はやはり五つの教室が主体であり、南端に文科大学長室、北側半分を史料編纂掛室、法制聚編纂室が占めていた。史料編纂掛が文科大学内に設置されたのが一八九五（明治二八）年であり、教室を史料編纂掛室に変更したようだ。大部分の面積が教室に使われていた。興味深いのは教員用の部屋が「教員扣室」とされていることである。一八九一（明治二四）年にはお雇い外国人を含めて法学部に教授・助教授が一六名、文学部に教授一三名、総計二九名の教授が在職していたのだが、教員のための個室は準備されていなかった。教員控室の面積は六〇坪ほどであり、一人あたりの使用面積は一坪程度であったから、各教員は机を一つ使えるほどの状態だった。図書館は当初この校舎内部に間借りしていて、南隣に建物が竣工、移転した明治二六年からは、そこが教員・学生の勉学、研究の場となった。法文の校舎と図書館はセットであった。（藤井）

**法科大学の講義風景**（1908（**明治41**）**年頃**）
（『明治41年法科大学卒業アルバム』東京大学文書館）

**法文科大学の外観**
（小川一眞『東京帝国大学』1900年、東京大学総合図書館）

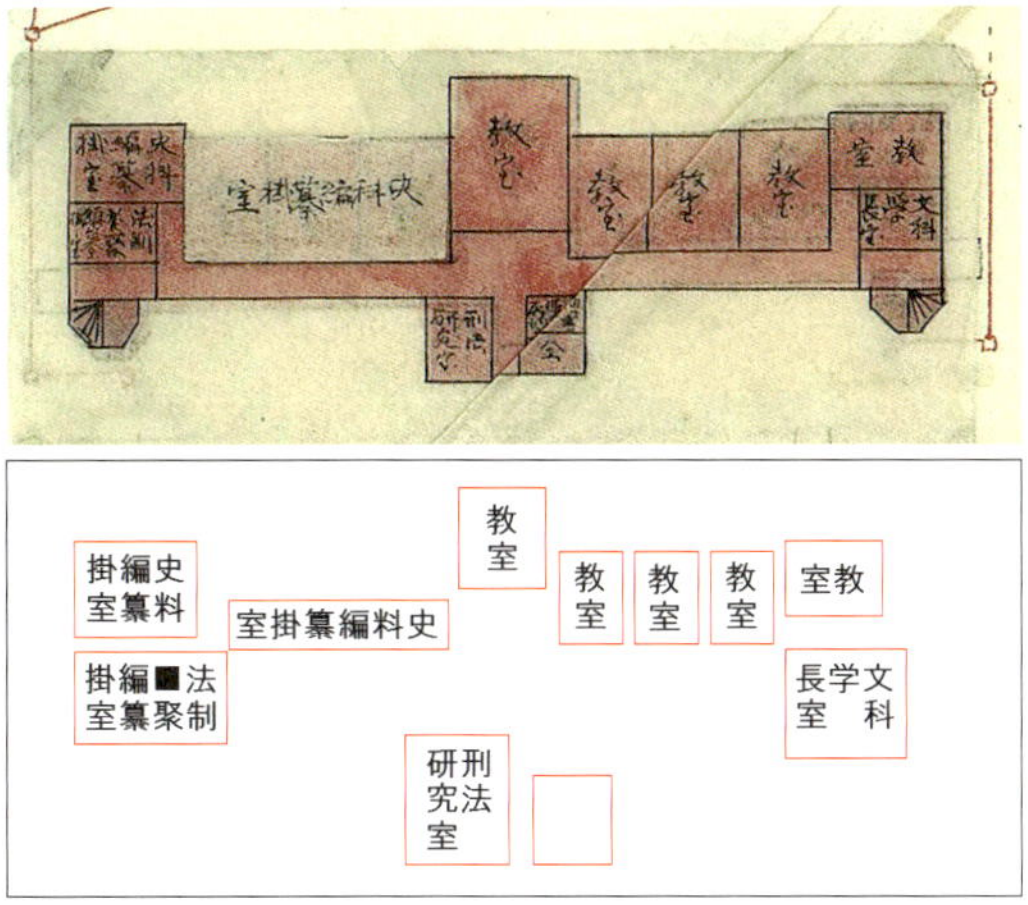


**2階平面図（明治30年頃）**
（「帝国大学建物全体配置之図」部分、東京大学施設部蔵）

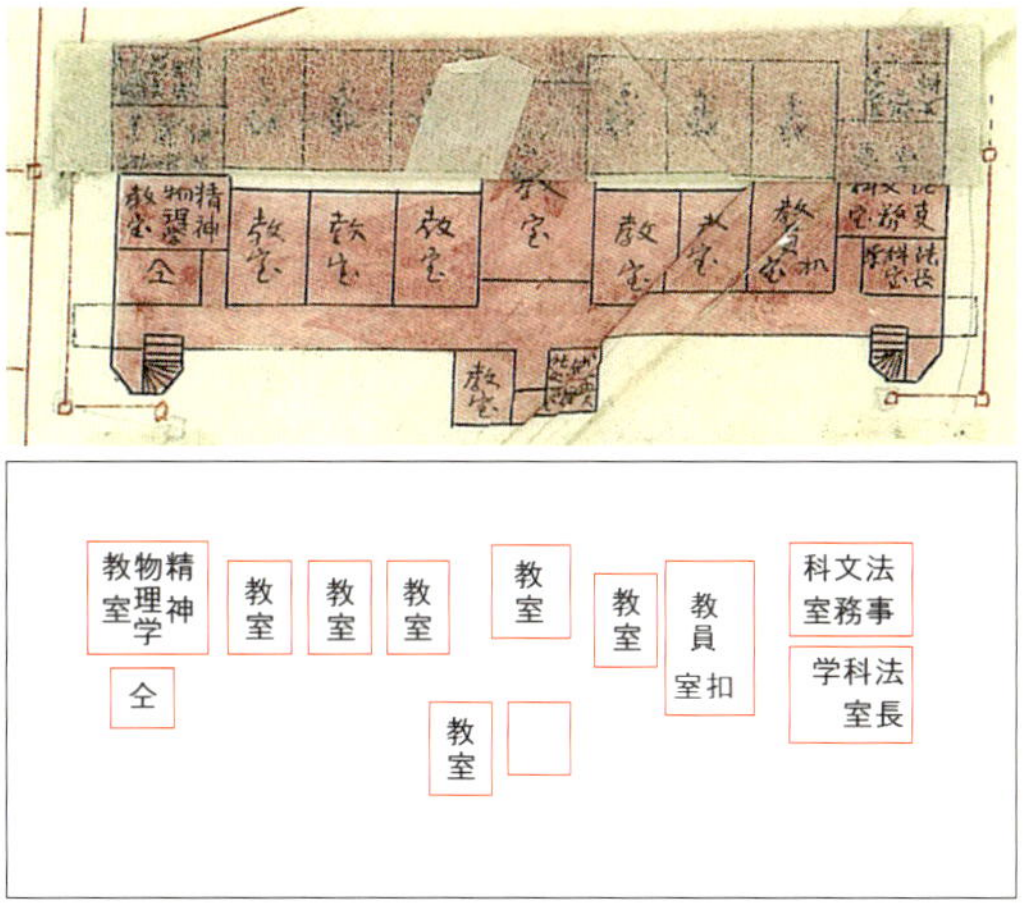


**1階平面図（明治30年頃）**
（「帝国大学建物全体配置之図」部分、東京大学施設部蔵）


**参考文献**
鈴木博之「スクラッチ・タイル・ゴシックの系譜——本郷キャンパスの様式」『東京大学本郷キャンパスの百年』東京大学総合研究資料館、1988年

4

# 工科大学本館

## 辰野金吾の最初期の作品

一八七六（明治九）年一一月の東京医学校移転に引き続き、一八八四（明治一七）年九月に東京大学法学部・文学部校舎が竣工、一八八五年九月に理学部が移転することで、翌年の帝国大学発足時に東京大学の法・文・理・医の四学部は本郷に拠点を移し、名実ともに新たな教育が始められた。かたや工学教育を担う帝国大学工科大学は東京大学工芸学部と工部大学校が合併し設立されるが、肝心の校舎が存在しなかった。

東京大学工芸学部は理学部から一八八五（明治一八）年一二月に独立はしているが、これは工科大学発足に向けた準備のための学部にすぎず、実態を持つものではない。そもそも理学部の校舎建設自体が予算の都合で法文学部よりも着工が五年近くも遅れており、理学部の新校舎は建設途中であり、間借りすることも難しい。

一方の工部大学校は旧延岡藩内藤屋敷地に一群の校舎を構えていたが、文部省に移管され、帝国大学工科大学となる工部大学校が工部省廃省後も引き続きこの地を占有することは難しく、帝国大学敷地である本郷の地に、工科大学の校舎を新たに構える必要がある。明治一九年六月に工科大学の建設が決定、翌月には建設予定地に建つ教師館四棟を撤去する。

旧東京大学出身の古市公威によると、「而して本郷に於ける帝国大学の校舎は、法・理・文・医四分科大学に於て使用し、工科大学を容るるの余地なかりしを以て、暫く虎の門内旧工部大学校を其の校舎に充てたりしが、明治一九年八月文部省は新たに工科大学校舎を本郷の構内に建築すべく着手し、同二一年七月落成を告げ、同月虎の門より移転を完了せり」（『古市公威』二二〇頁）と述べており、本郷の地に辰野金吾設計による工科大学本館が竣工するまでは、東京大学工芸学部出身者も旧工部大学校校舎を利用していた。工部大学校関係者はこの校舎が教育的配慮に満ちていることを誇りに思っていたため、合併反対の理由の一つには、この校舎を離れて工学教育の実が上がるはずはないと考えていたことがあった。一方の旧東京大学出身者にとっても、旧工部大学校の校舎を使うこと自体に抵抗がなかったはずはない。しかし校舎が無いという事実は変わらず、結局、工科大学本館が一八八八（明治二一）年七月の仮竣工、一二月の本竣工を迎え、本郷の帝国大学内に移転するまで、旧工部大学校校舎が工科大学校舎として使用された。

開学二年後にようやく建設された工科大学本館は、工部大学校第一期卒業生である辰野金吾のなかでも最初期の作品であり、ロンドン留学から帰国後の初めての大きな仕事であった。煉瓦造二階建で白い隅石を配し、平面は広い中庭を囲むロの字型をとる。正面入口の両側の円塔や背面の時計塔など、イギリス式ゴシック建築を基本としながらも、矩計の窓が多数設けられた折衷した様式であり、恩師でもあるジョサイア・コンドルにより計画された初期本郷キャンパスに色を添えた。一九二三（大正一二）年の関東大震災により被害を受けたことから取り壊され、同地には一九三五（昭和一〇）年に工科大学のデザインを尊重した内田祥三設計による工学部一号館が建設される。（角田）

**工科大学本館**（1888（**明治21**）**年竣工、辰野金吾設計**）（東京大学大学院工学系研究科建築学専攻蔵）

左／**工科大学本館被災写真**（**中庭より1**）　右／**工科大学本館被災写真**（**中庭より2**）
（東京大学総合研究博物館小石川分館蔵）

**工科大学本館エントランス**
（小川一眞『東京帝国大学』1900年、東京大学総合図書館蔵）

**工科大学本館被災写真**（**鳥瞰写真**）
（東京大学総合研究博物館小石川分館蔵）

**参考文献**
故古市男爵記念事業会 編『古市公威』1937年

5

# 理科大学

## 文部省技師・山口半六設計の建築

帝国大学設立に向けて東京大学理学部（理科大学）も医学部、法学部・文学部に続き一八八五（明治一八）年九月に本郷に移転するが、予算の都合で着工が遅れていた新校舎が未完成であったことから、帝国大学理科大学開校当初は医科大学校舎付近の既存校舎に分散して配置された。これは理科大学には医科大学に併置する学科が多いことから、新校舎建設までの仮校舎としての便宜上の判断であろう。

理科大学は文部省技師山口半六の設計により化学実験室として計画され、一八八五（明治一八）年着工、一八八八年に竣工する。山口半六は大学南校修学後、古市公威らとともに文部省官費留学生としてフランスのパリ中央工芸学校に留学し、建築学、土木工学を修学する。さらにフランス、日本での実務後、明治一八年に文部省技師となり、理科大学の設計に携わることとなる。

そもそも理科大学の新校舎建設は法文科大学新校舎と同時期に進められる予定であったが、物価の高騰や政府の財政難により遅れたため、当初の予定通りに進められていれば、山口が設計に携わらなかった可能性も高い。そのためか平面計画は山口の設計ではなく、当時医学部教授であった薬学者長井長義が自身の留学先であったベルリン大学の化学者ホフマンの教室を手本として、同じくベルリンに留学し、帰国後皇居造営に携わる松ヶ崎萬長に計画されたものであったという。廊下が狭いと不評もあったというが、二つの中庭を囲むように各室が配置され、一階二階ともに中央に講堂を配し、他にも一階には教授室や教場を、二階には図書室や実験室が計画されており、実験設備を備えた建築であったことがわかる。

ジョサイア・コンドル、辰野金吾とイギリス式ゴシック建築で構成されつつある初期本郷キャンパスにおいて、山口の設計した理科大学の建築は様式的装飾の少ない趣の異なるものであったといえよう。さらに、敷地北東部に位置していることもあり、落ち着いた印象を与える。丈夫な建築と評されていたが、一九二三（大正一二）年の関東大震災の被害により取り壊された。（角田）

**理科大学本館**
（『明治二十一年撮影全東京展望写真帖』）

**理科大学本館**

（小川一眞『東京帝国大学』1900年、東京大学総合図書館蔵）

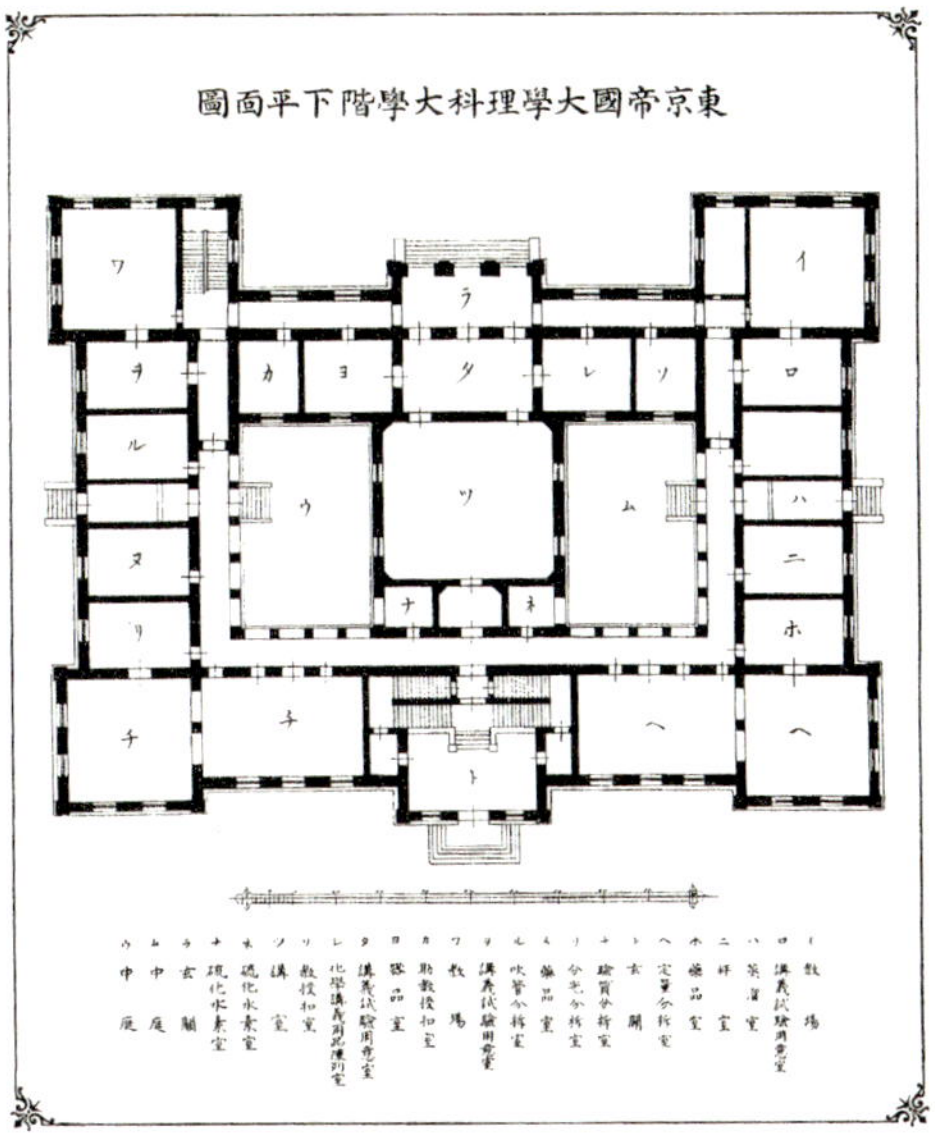


**東京帝国大学理科大学階下平面図**

（山口半六『山口博士建築図集』）

**理科大学本館**

（『東京帝国大学五十年史』）

**参考文献**

坂本勝比古『日本の建築　明治大正昭和５　商都のデザイン』三省堂、1980年

中村元編『「日本最初の建築家」山口半六――資料・覚え書き』増補版、東方研究会、1993年

## 6 図書館と講堂

### キャンパス内共用建物の建設

東京大学は、神田錦町の法・理・文学部の校舎と本郷の医学部においては、それぞれ内部に図書館を持っていた。一八八三（明治一六）年末には、三学部の和漢書六万八〇九五冊、洋書四万六二五五冊に達し、医学部では和漢書一万一五六冊、洋書二万一二八九冊あったという。

法学部・文学部が校舎を新築して本郷に移った一八八四（明治一七）年八月、図書館も本郷に移転したが、校舎の二階を間借りした。新図書館の起工は一八九〇（明治二三）年、竣工は一八九二（明治二五）年八月、実際に移転したのは翌年五月、図書の移転は七月初めだった。位置は法文科大学校舎の南側で、東西に長い煉瓦造だった。広い閲覧室と三層の書架を備えていた。文部省営繕の設計だが、近年発見された建設時の金属プレートには「文部技師山口半六・久留正道」の名が刻まれていて設計者が確定した（「9 文部省営繕課」参照）。この時蔵書は二〇万冊に及んだ。すでにみたように法文科大学の校舎内には、教員や学生の勉学、研究用の場所はなかったから、図書館の利用頻度は高かったに違いない（法文学部の学生が図書館で勉強するのは現在まで続く長い伝統である）。

閲覧室は学内最大の部屋だった。後述するように、図書館竣工以後は、学内の公式的な式典、創立記念式典、卒業式はここを式場とした。

これより少し後に創立された官立学校の図書館を見てみよう。多くの図書館が閲覧室と書房のセットであったが、名古屋高等工業学校（一九〇七（明治四〇）年竣工）、第八高等学校（一九〇八（明治四一）年竣工）、米沢高等工業学校（一九一三（大正二）年竣工）では、閲覧室を設けず書房を講堂に付設していた。広い閲覧室を設けようとするならば、講堂と兼用することが最も合理的な判断だったのではないか。講堂が式典用の施設であるならば、使用は年に数日に限られただろうから、そのほかの日は図書閲覧室として使用したのである。

実は、図書閲覧室を講堂と兼用する方式は、すでに一八七七（明治一〇）年に竣工した工部大学校の校舎もそうだった。校舎群中央の大建築は、Library ともHall とも呼ばれ、工部大学校時代には、「講堂」とも「広堂」とも「中堂」とも呼ばれていた。Hall に「講堂」との語が充てられたのは明治中期以降のようで、ヘボンの『和英語林集成』第三版（明治一九年）では「Kodo 講堂」の英訳語として「Lecture-room」とする（医学部で講義室を「講堂」と呼ぶことが多いのは古い伝統を守っていることのようだ）。

本郷キャンパスの図書館は、閲覧室を講堂と兼用する、という意味においては、工部大学校の方式を選んだと言うべきだし、しばらく後の官立学校の形式のさきがけとなったともいえる。

東京大学で、独立した講堂（大講堂）の建設が決まるのは一九二一（大正一〇）年のことであり、費用は完全に学外からの寄付に頼ったのである。

この図書館は、一九二三（大正一二）年九月の関東大震災で、多くの蔵書とともに焼失した。（藤井）

**図書館外観**(『東京帝国大学五十年史』)

**図書館閲覧室**
(小川一眞『東京帝国大学』1900年、東京大学総合図書館蔵)

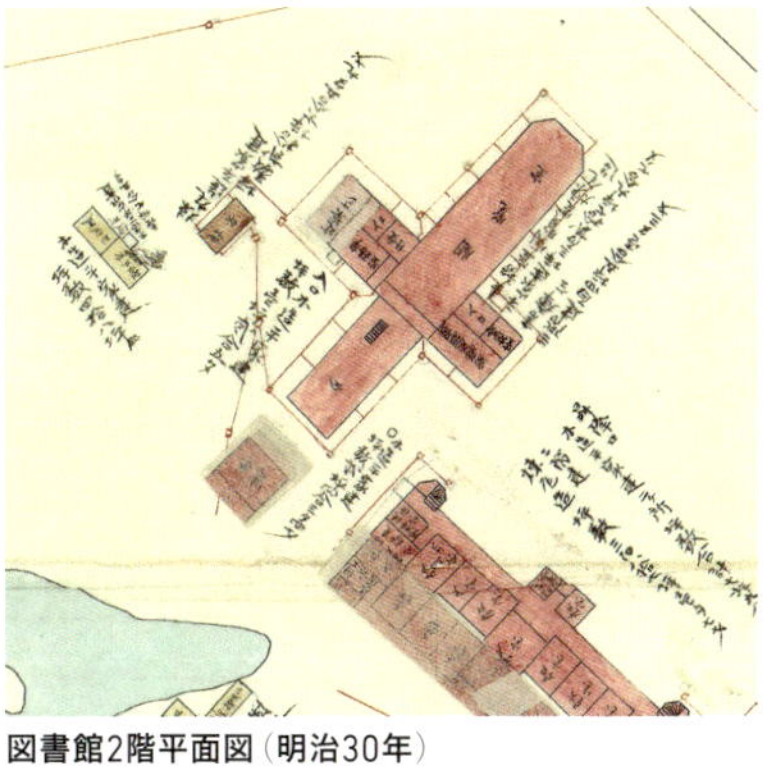

**図書館2階平面図**(明治30年)
(「東京帝国大学土地建物調」東京大学施設部蔵)

**参考文献**
滝沢正順「工部大学校書房の研究 1-3」『図書館界』40(1, 3, 4)、1988年
宮本雅明『日本の大学キャンパス成立史』九州大学出版会、1989年
河村俊太郎『東京帝国大学図書館——図書館システムと蔵書・部局・教員』東京大学出版会、2016年

## 7 農科大学

### 駒場キャンパスの前身

一八七四（明治七）年、内務省は勧農政策のもと内藤新宿に設置された試験場（現在の新宿御苑）に教育の場である学校（農事修学場）を開校することとなるが、敷地の関係で駒場への移転が決定し、一八七八（明治一一）年に農学校が開校する。駒場農学校の開校に伴い、木造平屋下見板張の教場、寄宿舎、教師館などが建設された。鉤型の校舎に渡り廊下で一棟が連結する教場には、階段状講義室が三室設置されていた。同時期に存在していたもう一つの農学校である札幌農学校と比べると、学生数も設置の背景も異なるため建築の規模は異なるが、いずれもアメリカの建築様式を採用していることがわかる。一八八一（明治一四）年には新たに設置された農商務省管轄となる。

一方、一八七七（明治一〇）年に西ヶ原に設置された樹木試験場においても教育の場が求められ、一八八二（明治一五）年ドイツで林学を学び帰国した松野礀《はざま》の尽力により、林学研究のための学校である東京山林学校が農商務省に開校する。

一八八六（明治一九）年にはこの駒場農学校、東京山林学校ともに農商務省の直轄となり、さらに両校を合併する形を経て、東京農林学校が設置される。そこで文部大臣森有禮は、同年に制定された帝国大学令において、農科大学の設置も構想するが実現に至らず、この両校の合併は農科大学設置に向けた準備の第一歩となった。東京農林学校の敷地は旧駒場農学校の敷地を使用したことから、校舎類も旧駒場農学校のものであった。

一八九〇（明治二三）年、帝国大学を所管する文部大臣および東京農林学校を所管する農商務大臣の尽力により、東京農林学校は帝国大学に合併し農科大学となり、文部省の所管となった。開校当初は旧農林学校の教育制度を継承していたことから、変わらず旧駒場農学校の校舎を使用するが、一八九七（明治三〇）年に農科大学講堂が焼失し、主要部分が失われる。

この火災を受け、広大な敷地を持つ農科大学は敷地の再整備を兼ねつつ一八九九（明治三二）年より順次校舎の建設を進め、一九〇一（明治三四）年には農学教室が、一九〇四（明治三七）年には林学教室が建設され、また一九〇三（明治三六）年には従来の正門が東南の通用門の位置に移される。それまで旧駒場農学校の施設を補完するようにキャンパスは増築を行ってきたが、この火災により初めて農科大学としてのキャンパス計画が行われたといえるであろう。（角田）

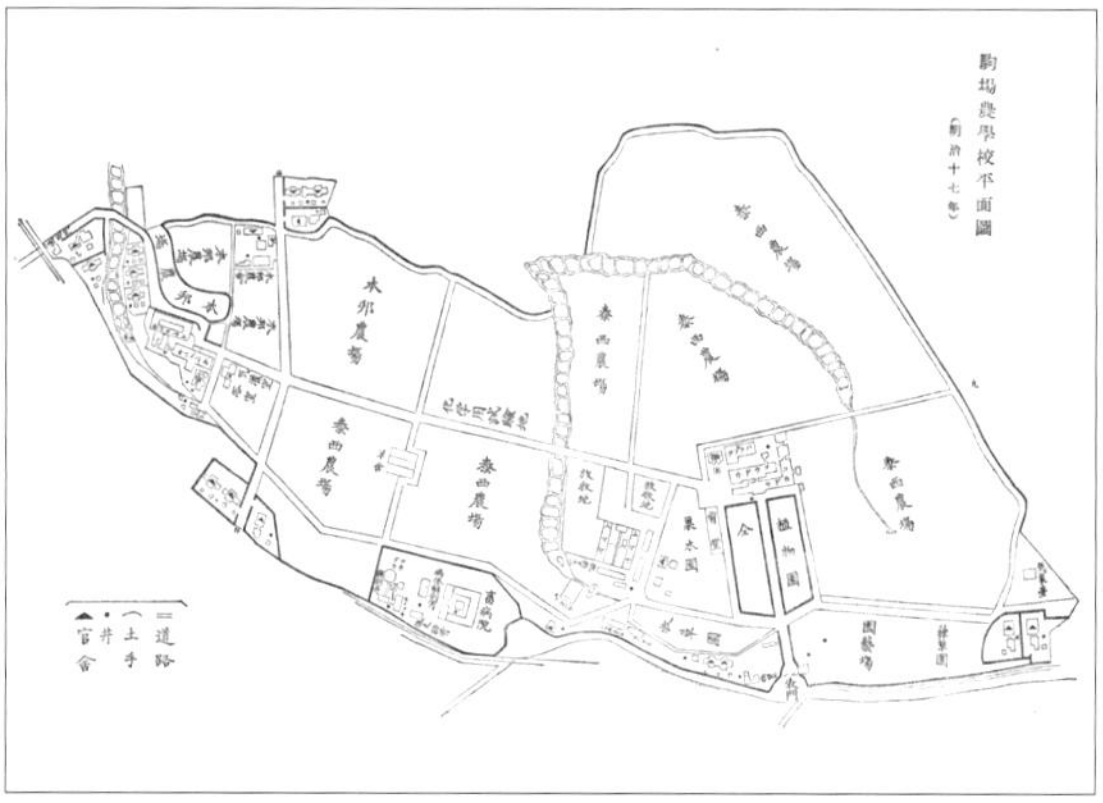

**駒場農学校平面図**
（『東京帝国大学五十年史』）

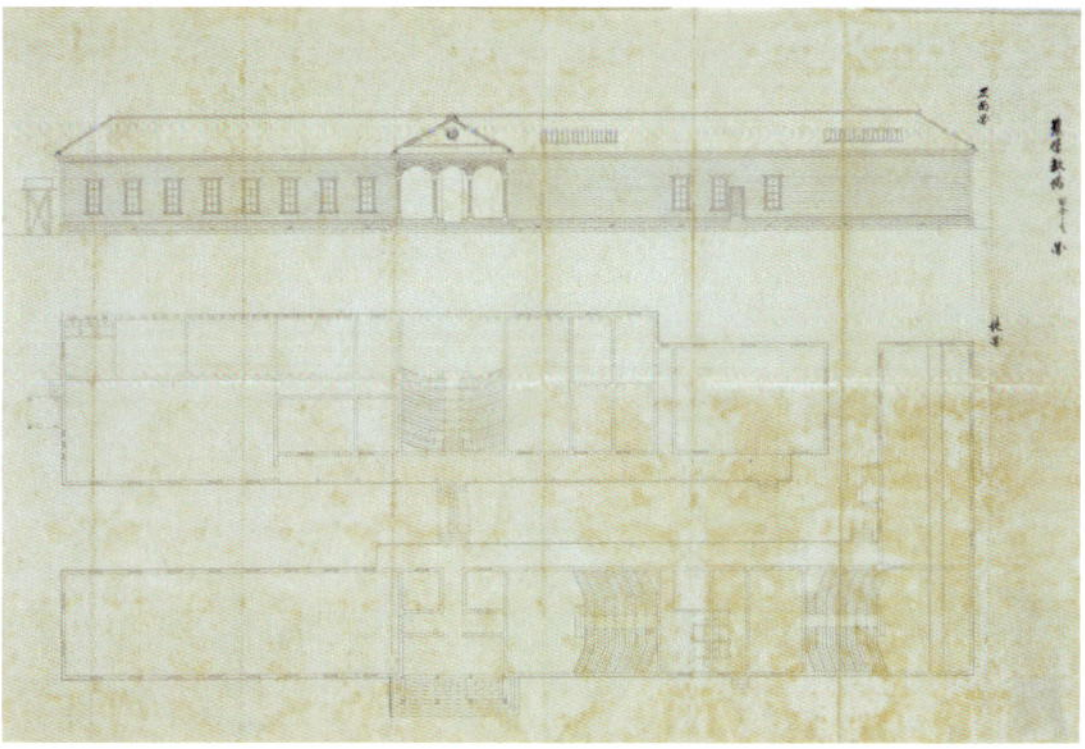

**農学教場図**（1877（明治10）年、公文附属の図）
（国立公文書館蔵）

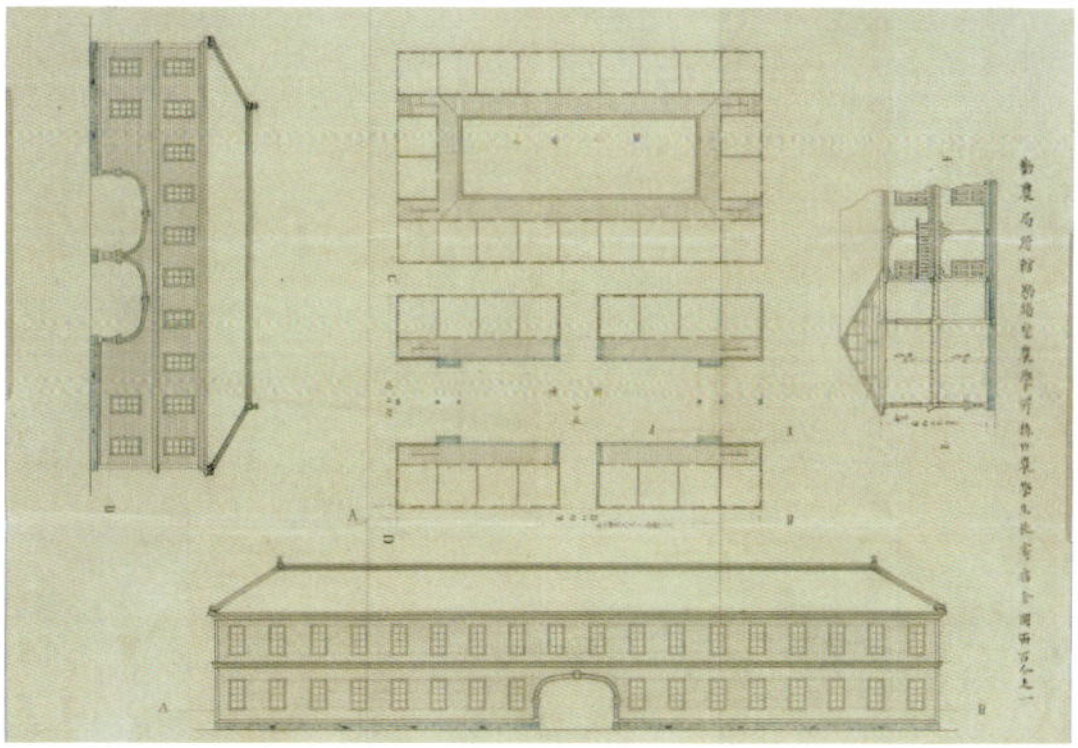

**農学生徒寄宿舎図面**（1877（明治10）年、公文附属の図）
（国立公文書館蔵）

**農科大学農学教室**（1901（明治34）年竣工）
（小川一眞『東京帝国大学』1904年、東京大学総合図書館蔵）

**農科大学林学教室**（1904（明治37）年竣工）
（小川一眞『東京帝国大学』1904年、東京大学総合図書館蔵）

**8**
# 医科大学校舎
## 病室と教室の止むことない増築

東京医学校は、本郷移転後も病室・教室の増築が止むことはなかった。平屋建て三棟の病院は入院希望者の急増に耐えきれず、一八八三（明治一六）年九月に寄宿舎を閉鎖して病室にあてた。寄宿舎は、地方出身の学生のために必要な施設で、一八八六（明治一九）年九月、法・文・理学部本郷移転を機に新たに建てられるも、一八九九（明治三二）年には内科病室とするために閉鎖される。さらに、校舎・病院の位置を入れ替える計画が立てられ、一八九三（明治二六）年より実施に移されてゆく。当初病院のあった育徳園南の山の上と、本部・教室のあった山の下を入れ替え、山の上に基礎医学、山の下に臨床医学という思い切った構想であった。山の上では、旧病院跡地に加え、赤門を入り左側の空地に基礎医学教室を計画し、この時、金沢兼六園の築山と同名の栄螺《さざい》山は姿を消した。

この山の上の煉瓦造二階建の基礎医学教室群は、統一の取れた総合的建築美を誇る景観を形成した。特に東西方向に一列のケヤキ並木を挟み、法医学、解剖学、病理学教室、他方に薬学教室が並ぶ景観は、多くの人の目を楽しませたという。また、一九〇七（明治四〇）年四月に崖下を切り開き建てられたベルツ・スクリバの胸像（現在は、北へ六〇メートル移設）も、赤煉瓦建築群とケヤキ並木によく調和し、絵画・写真の対象になった。ちなみに、このケヤキ並木は第一病院の前の垣根に植えた小さな木が成長したもので、現在の医学部本館前広場から薬学ゲート間のケヤキ並木に継承されている。前田邸と第一医院の間の道に意図的に植えられた、現在でいうところの街路樹であり、本郷キャンパス最古の並木である。

入れ替え計画の中で、明治三〇年代には鉄門の鉄の門扉が木戸に置き換えられ、一九一一（明治四四）年、「時計台」と親しまれた旧東京医学校本館も、前半分を赤門脇、後ろ半分を神田錦町に移築し、それぞれ史料編纂掛、学士会館として使われるようになった。赤門脇への移築は、山口孝吉（後の初代営繕課長）が担当した。赤門を意識したか赤色の壁や、塔屋・車寄せ上の手摺の形状変更など、外観を大きく変えた移築であった。一方、学士会館の方は、旧意匠を継承して移築されるも、まもなく焼失する。赤門脇の建物は、一九六五（昭和四〇）年の解体、一九六九（昭和四四）年の小石川植物園への移築後、一九七〇（昭和四五）年に国の重要文化財に指定され、現在東京大学総合研究博物館小石川分館として活用されている。（森）

**関東大震災前の赤門周辺（大正14年頃）**
（「大正14年卒業アルバム」東京大学医学図書館蔵）
赤門奥右手に写るのが、旧東京医学校本部の前半分を移築し、史料編纂掛として使用された建物。小石川植物園内に移築後、国の重要文化財に指定され、現在は東京大学総合研究博物館小石川分館として活用されている。

**ケヤキ並木の由来**
（金沢大学蔵）
左が第一医院、右が前田邸。第一病院の垣根に植えた小さな木が成長し、ケヤキ並木となったことは、入澤達吉が触れている。

**医科大学外観（1911（明治44）年頃）**
（『東京帝国大学五十年史』）
現在の薬学ゲート付近から赤門方向を見る。左より薬学教室、法医学教室、解剖学教室。真ん中のケヤキ並木が、左の写真にあるケヤキが成長し、現在も継承する本郷キャンパス最古のケヤキ並木である。


**参考文献**
入沢達吉「明治十年以後の東大医学部回顧談——雲荘随筆」『現代日本記録全集 4文明開化』瀬沼茂樹編、筑摩書房、1968年（原著、白揚社、1935年）

# 9 文部省営繕課

## 山口半六と久留正道

森有禮の文部大臣就任により一八八六（明治一九）年になると帝国大学令、中学校令などの学校令が公布され、学校体系が整備されるが、それにともない各地で学校建設ラッシュが始まる。特にナンバースクールと称される高等中学校は、全国に五校設置され、この高等中学校への進学が帝国大学入学の第一歩であった。そして、これら高等中学校の設計に携わったのは文部省技師の山口半六と久留正道である。

山口半六は官費留学生としてフランスに留学後、国内外での実務経験を経て一八八五（明治一八）年四月より文部省雇となる。また久留正道は一八八一（明治一四）年に帝国大学工科大学造家学科を卒業後工部省技師となるが、一八八六（明治一九）年一一月に文部省技師となった。山口同様に高等工学教育を受け文部省技師となった久留の入省は、学校令による学校整備のためであろう。二人は一八八七（明治二〇）年には会計局技師となり、一八九〇（明治二三）年には山口が会計課建築掛の長となった。一八九二（明治二五）年二月に山口は肺病を理由に文部省を辞任し、静養のため須磨へ転居するため、二人が共に学校建築に携わったのは五年強に過ぎないが、実に多くの設計を行っている。

建築掛が設置された一八九〇（明治二三）年当時の位階は、山口半六と工科大学教授辰野金吾共に従六位であり、二五年には山口が先に正六位になっていることからも高い地位であることがうかがえる。ちなみに文部省に建築課が設置されたのは一九〇〇（明治三三）年のことであったため、初代課長は久留正道であるが、実質的には建築掛長の山口半六が初代に位置づけられる。

山口半六・久留正道設計による学校建築として、第一高等中学校（明治二二年二月竣工）煉瓦造二階建、第二高等中学校（明治二四年一〇月竣工）木造二階建、第三高等中学校（明治二二年九月竣工）煉瓦造二階建、第四高等中学校（明治二四年七月竣工）煉瓦造二階建、第五高等中学校（明治二二年一二月竣工）煉瓦造二階建、東京音楽学校本館（奏楽堂）（一八九〇（明治二三）年五月竣工）木造二階建などがある。

近年の総合図書館新館建設にともなう発掘調査により、金属製の箱がレンガ基礎より発見され、内部の金属プレートには「工事監督　文部三等技師従六位　山口半六／設計　文部四等技師正七位　久留正道」という刻印が確認された。これにより、長年設計者が特定できなかった帝国大学図書室（明治二三年着工、明治二五年竣工）が、同時期の学校建築と同じく山口半六と久留正道の文部省コンビによる設計であることが明らかとなった。また、このような形態の定礎箱は他に類をみず、明治期の建築施工を知る上でも興味深い。

山口の設計による理科大学や山口と久留コンビの設計にかかわる各地の旧制高等中学校、東京音楽学校本館（奏楽堂）と比較すると、ゴシック建築要素が強く、周辺の建築との調和を意識して設計されていることが解る。この帝国大学図書室は一九二三（大正一二）年の関東大震災による破損、類焼により多くの本を焼失し使用不可能となるが、ロックフェラー二世の寄付を受け、一九二五（大正一四）年に現在の総合図書館が着工する。（角田）

**解体時の定礎箱発見状況**
（東京大学施設部蔵）
定礎箱の存在を想定していなかったため、解体時に一部破損した。

**定礎箱（表面・裏面）**
（東京大学附属図書館蔵）

工事監督　文部三等技師従六位　山口半六
設　計　文部四等技師正七位　久留正道
製　図　雇　東（欠損）
工事担任　雇　神　敬三郎

東京市本郷区本郷元富士町一番地
帝国大学図書室
煉瓦造三階建
百四坪五合壹勺三寸
煉瓦造平屋建
三百貳拾七坪三合五勺壹寸
明治廿三年起工

**山口半六肖像**（『「日本最初の建築家」山口半六』）


**参考文献**
坂本勝比古『日本の建築　明治大正昭和５　商都のデザイン』三省堂、1980年
中村元編『「日本最初の建築家」山口半六——資料・覚え書き』増補版、東方研究会、1993年

# 10 明治天皇の卒業式行幸

天皇が大学の卒業式に臨幸したのは遠い過去の出来事である。一九一八（大正七）年の卒業式の臨幸が最後だったから、ちょうど百年も前のことになる（その後、昭和一五年に皇紀二六〇〇年記念事業で一度だけ天皇臨幸がある）。大学の卒業式が近代国家を造り上げる人材の門出である、という認識ゆえに、天皇の臨幸が恒例となり盛大な式典が催されたのである。

大学への天皇の臨幸は早くに実現していた。開成学校の開業式（明治六年一〇月九日）、東京大学医学部の開業式（明治一二年四月二二日）がそれである。帝国大学への初回の臨幸は一八八六（明治一九）年一〇月二九日のことで、帝国大学令の発布に関する一連の行事の一つである。天皇は午前八時半に帝国大学の「武辺坂上正門」（医科大学の正門、いわゆる鉄門、武辺坂は無縁坂のこと）から入御、皇族、文部大臣森有禮、帝国大学総長渡邊洪基、評議官、書記官、分科大学長、教頭、教授、助教授、外国人教師、その他の職員らがフロックコート着用で門内に並び、学生、生徒は門外に整列して天皇を迎えた。総長の先導で、各教室、実験室、寄宿舎、医院、図書館（当時は法文科大学校舎の二階）を巡覧し、法文科大学校舎楼上（二階）にて休憩。その後、総長の案内で、本郷通正門（赤門）より出て、小石川の植物園に向かった。

天皇が卒業式に初めて臨幸したのは一八八九（明治二二）年のことである。式典場は新築なった工科大学中庭であった。天皇は仮正門から入御し、前回と同様に教職員が門内で、学生は門外で整列して天皇を迎えた。式典ののちに、工科大学の教室、実験室、給水工事、および理科大学各教室、実験室、評品室の巡覧があった。その後、工科大学楼上（二階）でご休憩、武辺坂上正門より還御した。

次回の天皇の臨幸は一八九九（明治三二）年の卒業式であり、この年から優等生に恩賜銀時計が下贈される制度が始まった。天皇はその後、明治三三、三四、三六年、大正二、三年を除き毎年臨幸したのである。

天皇の臨幸時の経路図（明治一九年）が遺されている（宮内庁書陵部蔵）。当時のキャンパス図を下敷きにして、その上に朱線で進退の経路が引かれている。本郷キャンパス内に最も早く校舎を建てた医科大学の正門が最重要な門であって「正門」として認識されていたようだ。しかし、中仙道側の赤門も「本郷通正門」というから、もう一つの正門であったのである。また、一八八九（明治二二）年には、「森川町通仮正門」からの入御というから、天皇の臨幸には「正門」は必須の要件ではなかったようだ。

（藤井）

**明治天皇臨幸**（1912（**明治45**）**年7月10日の卒業式**）
（「大正元年卒業アルバム」東京大学医学図書館蔵）
明治天皇は、明治45年6月竣工したばかりの正門を、翌月の卒業式で初めて通過した。皮肉にも、これが最後の臨幸となり、最後の正門通過であった。

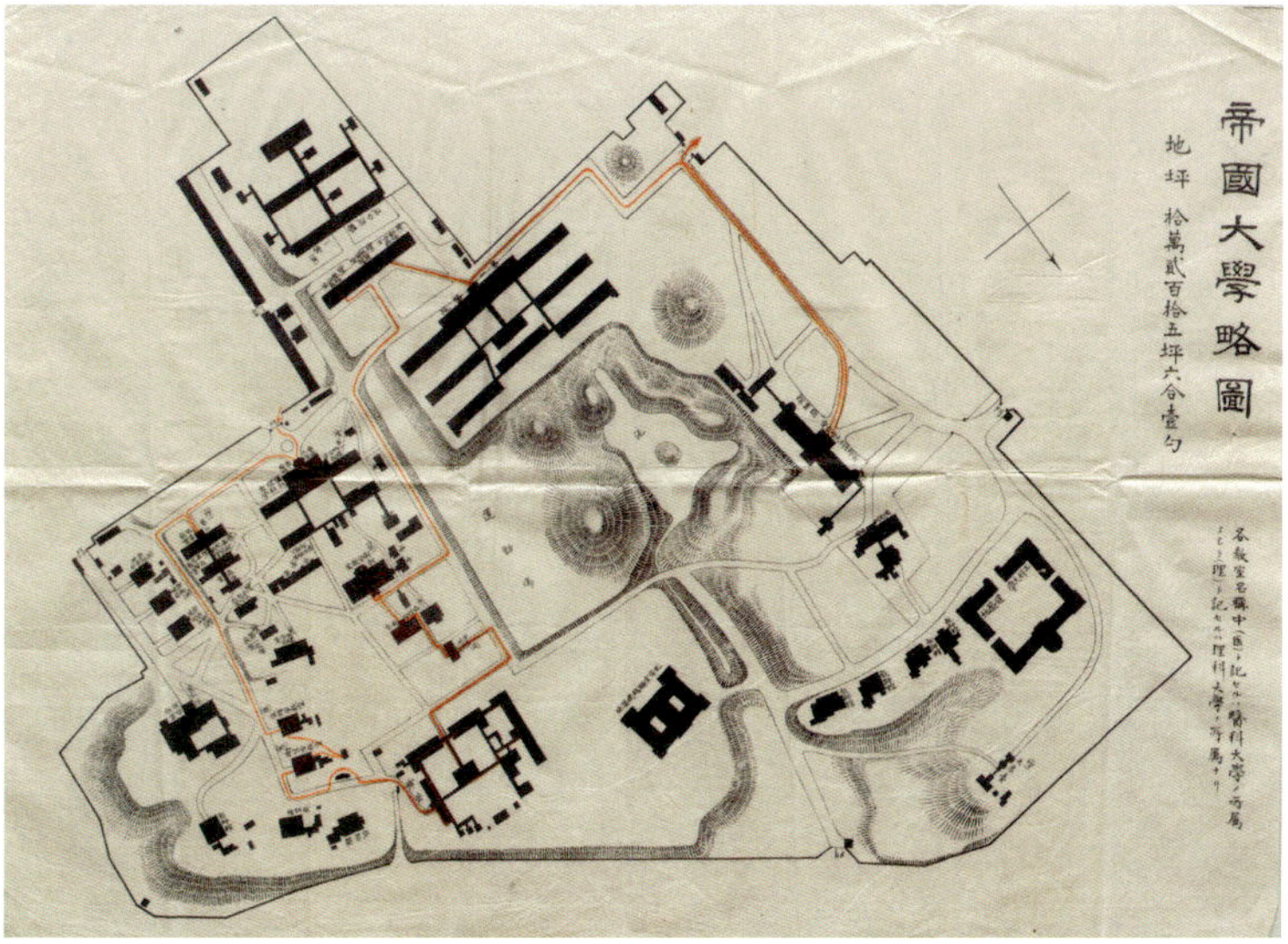


**天皇の臨幸時の経路図**（1886（**明治19**）**年**）
（『幸啓録3　明治19年』宮内庁書陵部蔵）
天皇の行幸経路が朱線で引かれている。

## 11 赤門

### 東京大学の「顔」

赤門は将軍家より迎え入れた溶姫の御殿の正門（正しくは御守殿門、一八二七年建造）ゆえに、当人が亡くなれば取り壊されるべきものであったが、溶姫は明治維新を迎えて一八六八年（慶応四年五月）まで生きたため、それを免れた。明治元年と改元された同じ年の一〇月二七日、天皇は氷川神社参拝に向かう途上、前田邸で休憩している。旧御守殿門から入り、右に折れて御物見と呼ばれた建物に入った。この順路に合わせて門内の石畳が敷き直されたとされるから、前田邸の門としてなお機能していた。

それがいつから赤門と呼ばれるようになったかははっきりしない。一八八四年に法学部・文学部が神田一ツ橋から本郷に移るまで、キャンパスの中心は医学部本館であり、龍岡町通から入る鉄門（一八七九年建造）が実質的な正門であった。「この旧加賀邸の赤門寄りの方は、茫々たる薄原で、その草の間に、昔の井戸の跡なのであろうが、黒く塗った木を框にして、危険除けの目印にしてあるのが幾つとなく見えるのが、ひどく寂しく感ぜられた」と、一八八〇年頃のキャンパス西側地区の荒れ果てた様子を馬場孤蝶が書き残している（『明治の東京』）。

簿冊『文部省往復 明治十八年分 二冊ノ内甲号』（一八八五年、東京大学文書館蔵）には「本学事務所法文学部内ニ移転ニ付当分西赤門（本郷六丁目ニ面セルモノ）ヲ東京大学ノ正門トアイ定メ」という文書があり、大学の中心が本郷通側に移ることで、それまでは西門と呼ばれていた赤門が正門の地位を得たことがわかる。

その後、赤門には「帝国大学」という表札が取り付けられた。一九〇〇年に赤門左右の練塀を修繕し、一九〇三年には西に一五メートルほど移動する工事が行われた。これらの工事は、大学が赤門を保存に価するものと明確に認識していたことを示す。

明治末年になると、歴史的評価が加わる。史蹟名勝天然紀念物保存協会が東京市内の大名屋敷を探索した時、赤門のほかに薩摩藩邸表門、鳥取藩邸宅表門（東京国立博物館構内に現存）、福岡藩邸長屋など遺構は数えるほどしかなかった。赤門は東京市の史蹟とされ（『東京府史蹟』に「東京帝国大学赤門」として写真掲載）、また絵葉書でも「東京名所」としてしばしば紹介されるようになった。一九二三年の関東大震災で被災したが、間もなく修復がなされ、二六年には元どおりの姿によみがえった。

一九三一年の国宝指定は歴史的建造物としての価値が評価されたものである。戦後の文化財保護法の制定によって、重要文化財に指定し直され今日に至っている。正門を差し置いて、今なお東京大学の「顔」であり続けている（木下）。

**赤門を通過する明治天皇の行列**
（歌川広重（三代）「東京名勝本郷之風景」 東京大学史料編纂所蔵）
明治元年（1868）10月27日、氷川神社参拝に向かう途上、明治天皇は前田邸で休憩した。赤門を入ってすぐ右手に移築されていた「御物見」が会場に使われた。

**赤門**
（小川一眞『東京帝国大学』1900年、東京大学総合図書館蔵）
1900年のパリ万国博覧会に向けて製作された写真集『東京帝国大学』に収められた赤門。まだ建設当初に位置にある姿を伝える。

**東京名所となった赤門**
（手採色絵葉書「（東京名所）東京帝国大学」東京大学総合研究博物館蔵）
明治末年になると歴史的価値が認められ、東京名所として絵葉書も出回った。背後に、旧東京医学校本館の姿が見える。

**参考文献**
馬場孤蝶『明治の東京』中央公論社、1942年
東京府編『東京府史蹟』洪洋社、1919年

**12**

# キャンパス近代化の空間装置

## 門・広場・街路

東京大学施設部には、開学以来の本郷キャンパスの構内配置図が残されており、キャンパス空間の全体像の変遷過程をたどることができる。この図面を頼りに、現在の本郷キャンパスの原型がどのように形成されたかを追跡してみよう。

一八八六（明治一九）年の「帝国大学平面図」は、帝国大学が成立し、法科・医科・文科・工科・理科の各分科大学が本郷に集結した当時の様子である。旧大聖寺藩邸跡に鉄門と医科大学本館、隣接する富山藩邸跡に教師館等、西の一段高い台地上の加賀藩邸跡（育徳園の南側）に医院が置かれ、これら旧東京大学医学部の一連の施設がキャンパス全体の空間的重心を成している。理科大学は鉄門から見て医科大学の奥に、また法・文・工科は育徳園の西と北、旧加賀藩邸跡に門とともに散漫に配置されている。キャンパス全体に、さしたる計画的意図は感じられない。

変化の兆しは一八九六（明治二九）年前後の配置図に現れる。本郷通り沿い、ほぼ現在の正門に近い位置に「仮正門」が設けられ、そこから工科本館、図書館に向けて直線上の園路が配されているが、同時に、仮正門から東に一直線に新たな幅員の広い園路が伸びている。これがすなわち、今の本郷キャンパスを象徴する主軸線、正門から安田講堂に至る銀杏並木の原型である。また、法文科の本館と教室棟、図書館、工科大学が共有する、広大でスクエアな広場状の空間が現れている。

このとき、従前のキャンパスの重心であった医科大学一帯とはあきらかに性格のことなる空間が出現していたと見るべきだろう。鉄門が事実上医科大学本館の正面玄関の性格が濃かったのに対して、仮正門は法・文科、工科、図書館を結びつけ統合する要になっている。そして、仮正門をくぐった直後に現れる広場状の空間は、単に各建物の前庭という役割を超えて、そこに面する建物群を統合して総合大学の表玄関としての意味を発する空間装置であると言える（4章「1 大講堂と銀杏並木」参照）。

ここに、あたかも分科大学の寄せ集めのごとき空間であった本郷キャンパスが、総合大学として自己完結した近代的キャンパスへとモデルチェンジし、同時にその空間的重心が鉄門付近から現在の正門付近へと移っていく転換点を見てとることができよう。

仮正門から「仮」がとれて「正門」となった直後の図面が一九一二―一三（大正元―二）年「東京帝国大学平面図」である。正門から伸びる直線園路沿いには、法・文科の建物や講堂（八角講堂）が建ち並び、もはや園路というより街路としての空間的性格を強めている。医科大学本体は台地上の加賀藩邸跡に移り、鉄門はすでに裏門の印象である。散在する各分科大学の建物と前庭を園路で結ぶ古めかしいスタイルの面影は、ほぼ失われている。

これよりのち、関東大震災前後の内田祥三の計画によって、広場や街路といった外部空間にキャンパス全体を統合し象徴する秩序としての役割がより強力に与えられ、キャンパス空間全体の近代化が完成を見ることになる。（中井）

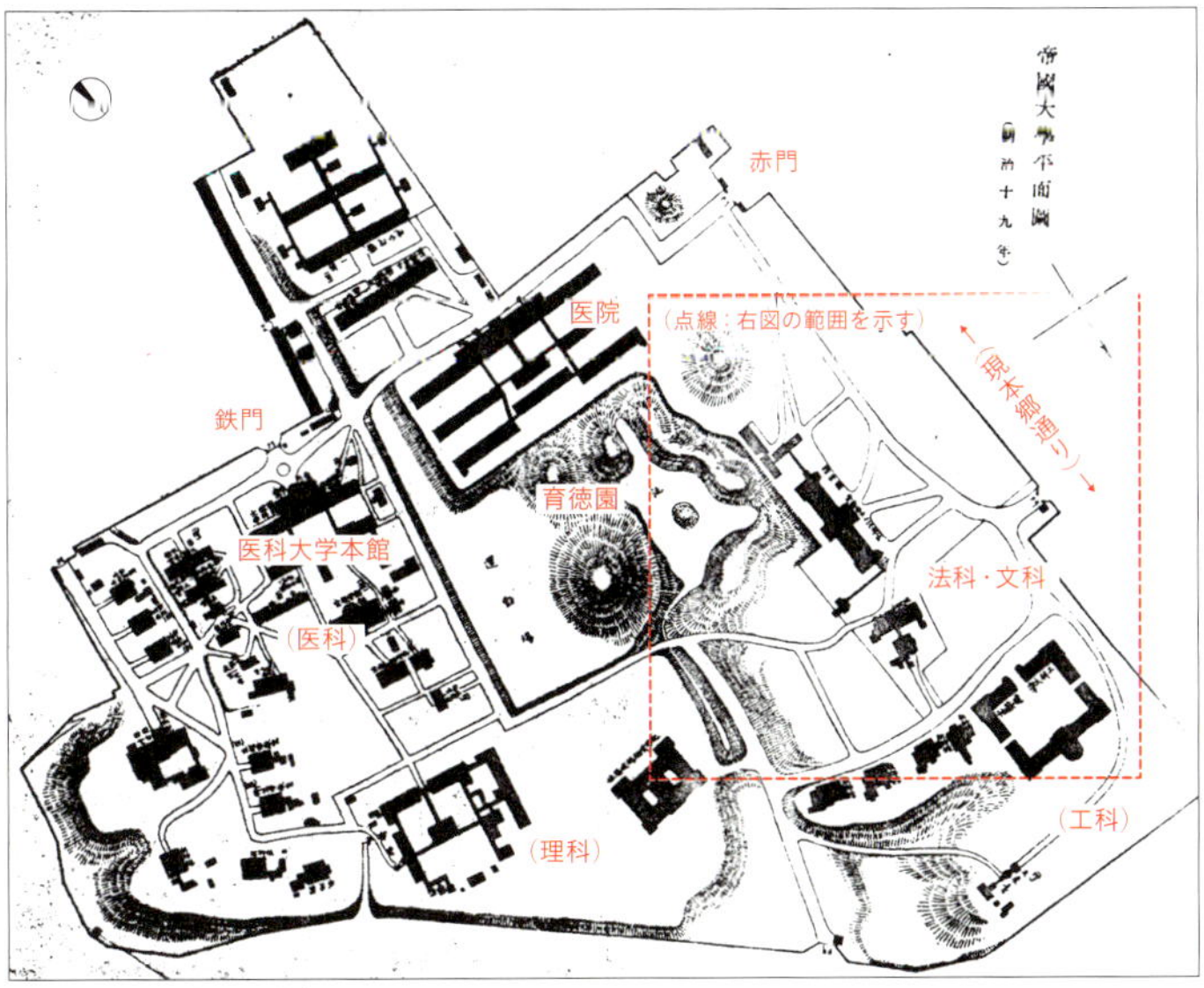


**1886(明治19)年の構内配置図**
(「帝國大學平面圖」東京大学施設部蔵)

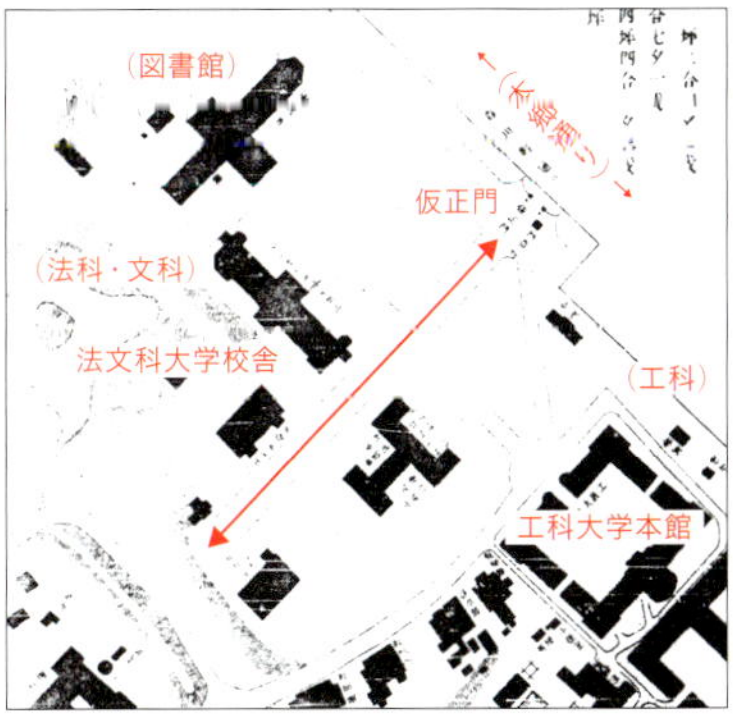


**1896-97(明治29-30)年の構内配置図**
(「帝國大學略圖」東京大学施設部蔵)
仮正門に向かう主軸線の原型が現れる。

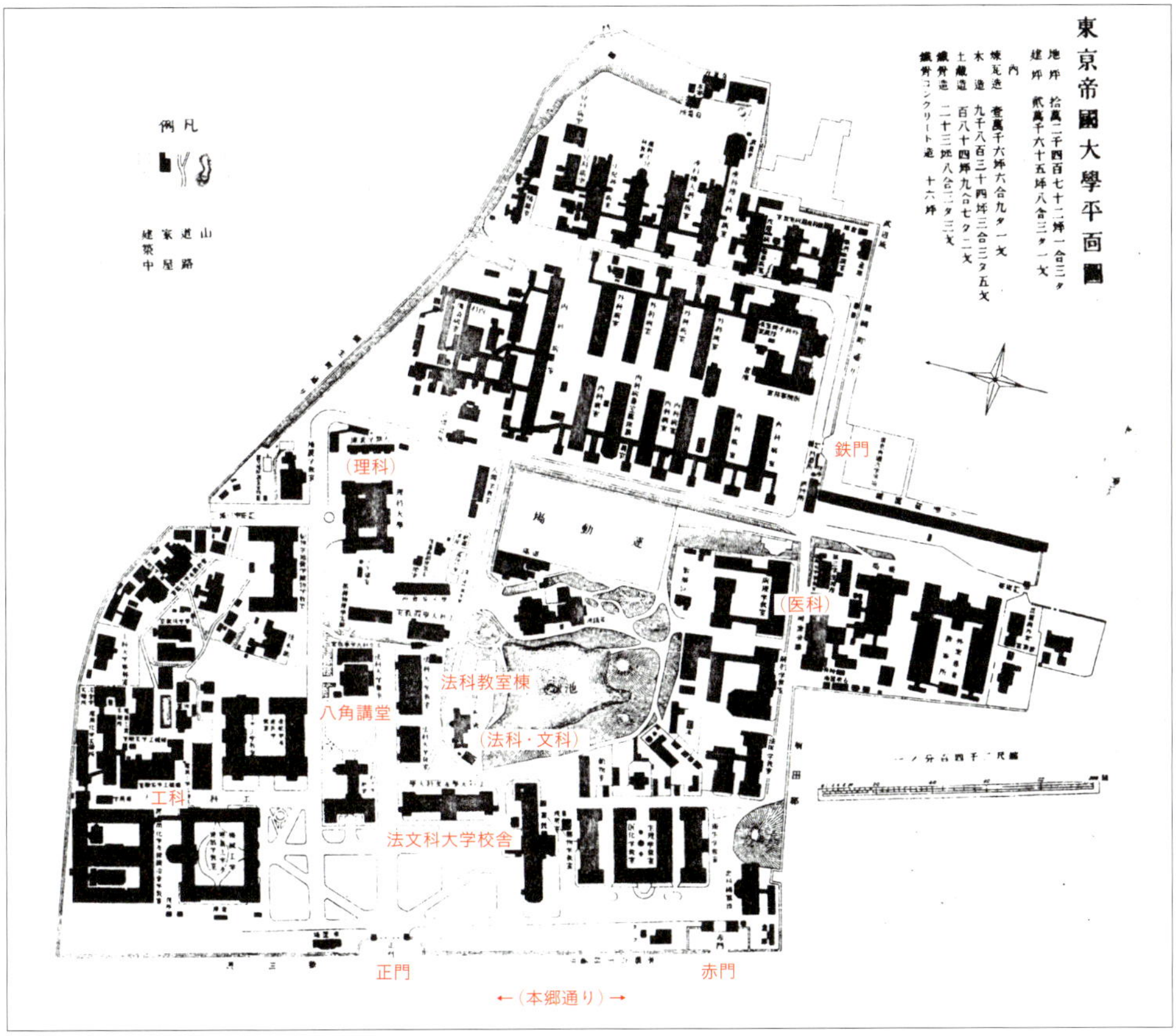


**大正元-2年の構内配置図**
(「東京帝國大學平面圖」東京大学施設部蔵)

Front view of the Colleges of Law and Literature.
法文科大學正面

Library
圖書館

**工科大学・理科大学動物学及地質学教室・法文科大学正面・図書館**
（小川一眞『東京帝国大学』1904年、東京大学総合図書館蔵）

東京帝国大学は、1900（明治33）年４月にフランス・パリにおいて開催された万国大博覧会に、校舎や設備を撮影して出品した。これらの写真は、当時の東京帝国大学を記録する唯一の史料として、撮影した小川一眞によりアルバムとして編纂・発行された。さらに、1904（明治37）年アメリカ・セントルイスにて開催された万国博覧会にも出品され、同じくアルバムも更新され、小川一眞により編纂・発行された。当時の東京帝国大学を知る貴重な史料となって今日に残されている。（森）

# 13 三四郎が歩く

## 小説に描かれた風景

夏目漱石の『三四郎』は一九〇八（明治四一）年に朝日新聞に連載され、翌年、春陽堂より刊行された。主人公の小川三四郎は熊本の高等学校を卒業し、東京帝国大学文科大学に入学した。冒頭、東京に向かう車中で、日本が日露戦争（一九〇四―〇五）に勝って一等国になったという会話が交わされるから、新聞の読者にとって『三四郎』の世界は同時代であったとわかる。

新学期は九月一一日に始まった。ところがいつまで経っても講義が始まらないので、仕方なく大学講内をうろつき、池のほとりで美禰子に出会う。その時に、三四郎が目にした風景をここに引用する。挿絵は新聞連載時の名取春仙によるもの。建物の配置図と照らし合わせながら読むと興味深い。

それは、漱石自身が目にした風景であったはずだ。一九〇三年から〇七年まで英文科講師を務め、本郷キャンパスで教鞭を執ったからだ。それはまた、一九〇〇年に刊行された写真集『東京帝国大学』に記録された風景でもある。

なお、『三四郎』では「池」としか語られない。やがてそれが「三四郎池」と呼ばれるようになるのは、およそ半世紀後のことである。（木下）

＊

学年は九月十一日に始まった。三四郎は正直に午前十時半ごろ学校へ行ってみたが、玄関前の掲示場に講義の時間割りがあるばかりで学生は一人もいない。自分の聞くべき分だけを手帳に書きとめて、それから事務室へ寄ったら、さすがに事務員だけは出ていた。講義はいつから始まりますかと聞くと、九月十一日から始まると言っている。すましたものである。でも、どの部屋を見ても講義がないようですがと尋ねると、それは先生がいないからだと答えた。三四郎はなるほどと思って事務室を出た。裏へ回って、大きな欅の下から高い空をのぞいたら、普通の空よりも明らかに見えた。熊笹の中を水ぎわへおりて、例の椎の木の所まで来て、またしゃがんだ。あの女がもう一ぺん通ればいいくらいに考えて、たびたび丘の上をながめたが、丘の上には人影もしなかった。三四郎はそれが当然だと考えた。けれどもやはりしゃがんでいた。すると、午砲が鳴ったんで驚いて下宿へ帰った。

**「三四郎」連載第12回挿絵**
（「朝日新聞」明治41年9月12日）

翌日は正八時に学校へ行った。正門をはいると、とっつきの大通りの左右に植えてある銀杏の並木が目についた。銀杏が向こうの方で尽きるあたりから、だらだら坂に下がって、正門のきわに立った三四郎から見ると、坂の向こうにある理科大学は二階の一部しか出ていない。その屋根のうしろに朝日を受けた上野の森が遠く輝いている。日は正面にある。三四郎はこの奥行のある景色を愉快に感じた。

銀杏の並木がこちら側で尽きる右手には法文科大学がある。左手には少しさがって博物の教室がある。建築は双方ともに同じで、細長い窓の上に、三角にとがった屋根が突き出している。その三角の縁に当る赤煉瓦と黒い屋根のつぎめの所が細い石の直線でできている。そうしてその石の色が少し青味を帯びて、すぐ下にくるはでな赤煉瓦に一種の趣を添えている。そうしてこの長い窓と、高い三角が横にいくつも続いている。三四郎はこのあいだ野々宮君の説を聞いてから以来、急にこの建物をありがたく思っていたが、けさは、この意見が野々宮君の意見でなくって、初手から自分の持説であるような気がしだした。ことに博物室が法文科と一直線に並んでいないで、少し奥へ引っ込んでいるところが不規則で妙だと思った。こんど野々宮君に会ったら自分の発明としてこの説を持ち出そうと考えた。

「三四郎」連載第13回挿絵
（「朝日新聞」明治41年9月13日）

「三四郎」連載第27回挿絵
（「朝日新聞」明治41年9月28日）

法文科の右のはずれから半町ほど前へ突き出している図書館にも感服した。よくわからないがなんでも同じ建築だろうと考えられる。その赤い壁につけて、大きな棕櫚の木を五、六本植えたところが大いにいい。左手のずっと奥にある工科大学は封建時代の西洋のお城から割り出したように見えた。まっ四角にできあがっている。窓も四角である。ただ四すみと入口が丸い。これは櫓を形取ったんだろう。お城だけにしっかりしている。法文科みたように倒れそうでない。なんだか背の低い相撲取りに似ている。

三四郎は見渡すかぎり見渡して、このほかにもまだ目に入らない建物がたくさんあることを勘定に入れて、どことなく雄大な感じを起こした。「学問の府はこうなくってはならない。こういう構えがあればこそ研究もできる。えらいものだ」——三四郎は大学者になったような心持ちがした。

けれども教室へはいってみたら、鐘は鳴っても先生は来なかった。その代り学生も出て来ない。次の時間もそのとおりであった。三四郎は癇癪を起こして教場を出た。そうして念のために池の周囲を二へんばかり回って下宿へ帰った。（夏目漱石『三四郎』）

# 14 鷗外と漱石が目にした本郷界隈

鷗外森林太郎は一八六二（文久二）年生まれ、漱石夏目金之助は一八六七（慶応三）年生まれだから、明治の文豪として並び称されるふたりには五歳の年齢差がある。ともに東京大学に学んだが、在学時期が異なり、ふたりの目にしたキャンパスの姿も大きく異なる。

鷗外は一二歳で神田和泉橋通りにあった医学校予科（のち東京医学校）に入学、本郷に移ったあと、一八八一年にわずか一九歳で東京大学医学部を卒業した。すぐに軍医の道を歩み出し、ドイツに留学した。「舞姫」は帰国後間もない二八歳の時の作品だが、小説家として旺盛な執筆活動を始めるのはさらに二〇年後である。「青年」（一九一〇年）や「雁」（一九一一年）に若き日に目にした本郷の風景が描かれている。

一方の漱石は一七歳で大学予備門予科に入学、第一高等中学校を経て、一八九〇年に帝国大学文科大学英文科に入学した。九三年に卒業、松山、熊本、ロンドン留学を経て、再び帝国大学英文科講師として本郷に戻るのはちょうど十年後の一九〇三年である。翌々年に「吾輩は猫である」を書いて小説家デビュー、一九〇七年には大学を辞して朝日新聞社に入社した。その翌年に同紙に連載した「三四郎」で、主人公の三四郎に漱石が経験した大学構内および本郷界隈を歩き回らせている（前項参照）。

すなわち、鷗外も漱石も一九一〇年代に小説家としての活動を展開したが、鷗外の描く本郷は明治期のキャンパス整備以前であり、漱石のそれは整備以後ということになる。しかし、共通するのは、本郷という土地の高さと根津や不忍池の低さ、東京大学をめぐる高低差だろう。

鷗外の「雁」は一八八〇年の出来事という設定、主人公の医学生岡田は鉄門の前に下宿し、その散歩コースは「寂しい無縁坂を降りて、藍染川のお歯黒のような水の流れ込む不忍の池の北側を廻って、上野の山をぶらつく」か、「大学の中を抜けて赤門に出」てから本郷通りを歩いて神田明神に向かった。岡田を気にする女は無縁坂の途中に暮らす美しい妾である。「青年」では、田舎から上京したばかりの青年が根津権現上の洋館に住む作家を訪ねる。時間つぶしに坂道を下る途中で「国なんぞにはこんな哀れな所はない」という感想をもらす。他方、漱石の「三四郎」は、団子坂の上から目にした谷底の群集が「眼が疲れるほど不規則に蠢いている」光景を描いている。

「三四郎」は日露戦争後という時代設定だから、「雁」の時代からは三〇年近くが過ぎている。この間に東京大学は本郷台地に屹立した。散歩に出た岡田が赤門を出て右に曲がらなかったのは古本屋が一軒しかなかったからだが、三四郎は野々宮と「左右に本屋と雑誌屋が沢山ある」本郷の「四角近く」をぶらぶらと歩く。大学を中心に学生街が成立したことがわかる。あたかも舞台が回るように根津遊郭が姿を消し、洲崎へと移転して行ったのは一八八八年だった。根津に入り浸った安達という大学生が退学させられたことを、鷗外は「ウィタ・セクスアリス」（一九〇九年）に書き留めている。（木下）

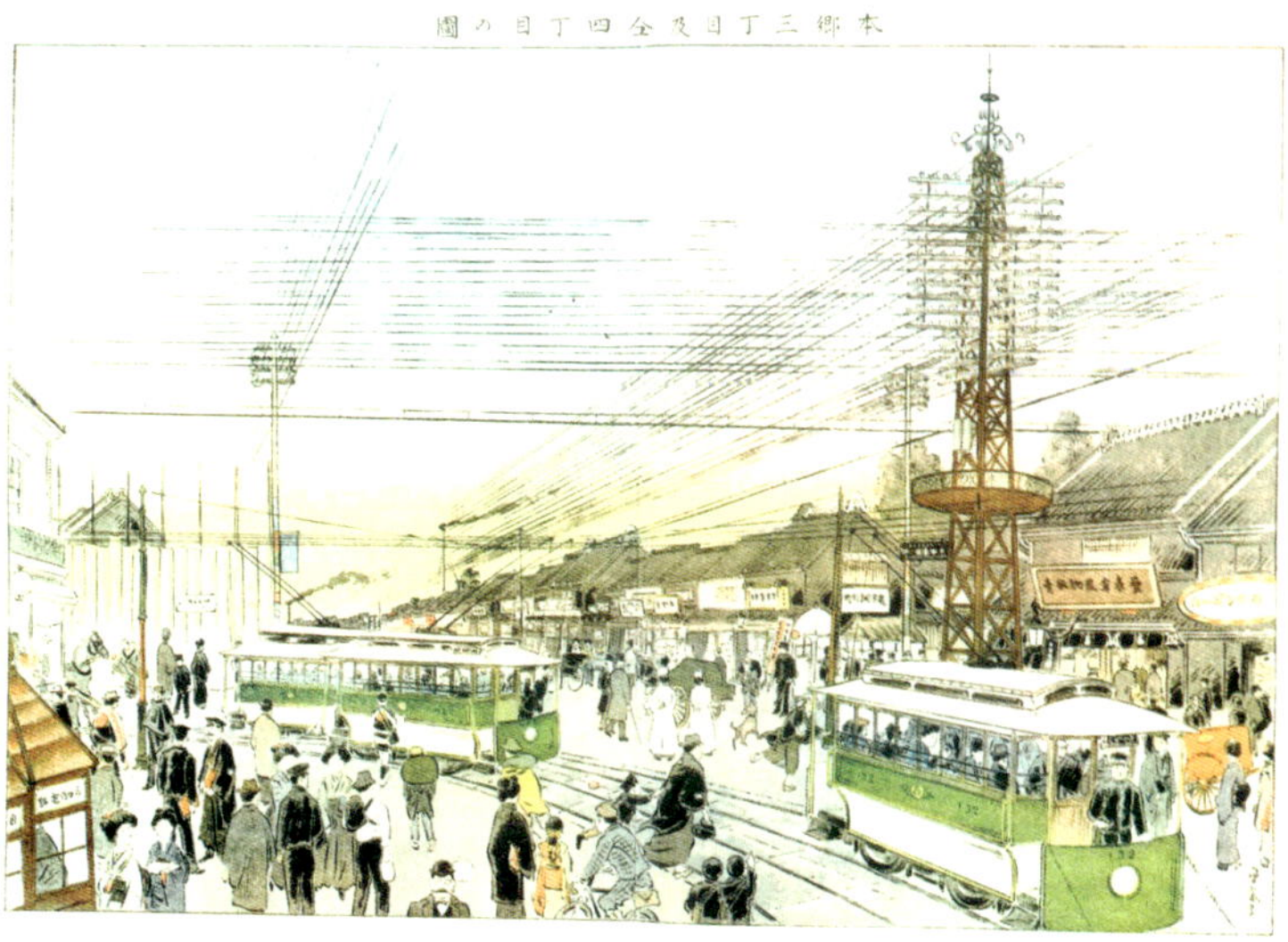


**本郷三丁目及同四丁目の図**
（『臨時増刊風俗画報 新撰東京名所図会第四九編　本郷区之部其二』東陽堂、1907年）
東京帝国大学を避けて、路面電車が敷設された。本郷三丁目で春日通りに曲がった。1913年になって帝大前を通り、追分まで延長された。

**本郷界隈**
（石黒敬章編『明治・大正・昭和東京写真大集成』新潮社、2001年）
本郷通りか森川町通りを撮った絵葉書。画面中央に、人力車に乗る帝大生の姿がある。商店が建ち並び、左手前には書籍雑誌販売の世界堂が見える。

**織田一磨「本郷龍岡町」**（1917年）
旧加賀藩邸の長屋に添った坂道を手前に下っていくと鉄門に出る。現在もこの長屋の礎石が残っている。通用門に渡した石橋の痕跡もわかる。

## 15 銅像

### キャンパスに点在する肖像彫刻

銅像とは、偉人を顕彰・追慕するための肖像彫刻の俗称である。その人物がはじめから実在しない場合もあるが、おおむね実在の人物に捧げられて建設される。

本郷キャンパスにはおよそ一五体（農学部を含めると一七体）の銅像が屋外に立っており、教師の在職二五年を記念して建てられたものが多い。ついで退職を機とするものになるだろうが、いずれも同僚や教え子などの有志が浄財を集めて建設したのであり、大学が公金を投じてつくったわけではない。

屋外ばかりでなく、屋内の各所にも数多く存在するが、大学の備品ではないため一元的に管理されていない。ゆえに、その時々の管理者の判断次第で簡単に場所を変える。世代が代わり、銅像の当人が誰であるのかがわからなくなった時が危機である。

近年では、キャンパスの再開発の波にあおられて移動を余儀なくされた銅像が何体もある。建立当初から場所を動いていない銅像の方が少数派である。

逆に、移設されたことで注目を集めるようになった場合もあり、工学部一号館前庭のコンドル像とウェスト像は広場整備にうまく取り込まれた成功例だろう。

それぞれの設置場所をキャンパス地図に落とすと、医学部と工学部の校舎近くに偏って存在していることがわかる。実際、屋内の銅像を含めた総数のうち、大半を医学部と工学部の教師が占めている。もともと両学部は教師数が多いということもあるが、それ以上に、そこには医学教育および工学教育における師弟関係のあり方が反映しているに違いない。

本人の容貌に似せてつくる絵や彫刻を肖像という。それらは本人の身代わりと見なされる。すなわち不在の代替物であるから、本人ゆかりの場所に置かれるのは当然である。したがって、屋外ならば、校舎を背に、あるいは校舎を眺めるように立っている。

とりわけ明治期のお雇い外国人医師たち、ミュルレル、スクリバ、ベルツらは病院を遠望する地に建てられた。彼らの蒔いた種の実りを見守りつづけるように。

ひとり濱尾新像だけが、三四郎池を背に、安田講堂前広場を眺めるような位置にあって例外的である。等身をはるかに超える大きさも、座像であることも特異だ。これは濱尾が総長を二度にわたって務めたという大学史上の評価とからんでおり、それゆえにどの校舎からも遠い、キャンパスの中心に置かれたのだろう。現キャンパスの構想を立てたのも濱尾だった。（木下）

**コンドル像除幕式**

（『コンドル博士遺作集』）

ジョサイア・コンドルは工部大学校の教師として来日、日本の建築教育に多大な貢献をした。その功績を讃えた銅像の除幕式が、1922年4月14日に工学部前庭で執り行われた。

左上／**濱尾新像**
右上／**ベルツ像**（**左**）**とスクリバ像**（**右**）
左上／**ミュルレル像**
右下／**ウエスト像**（すべて撮影木下直之）

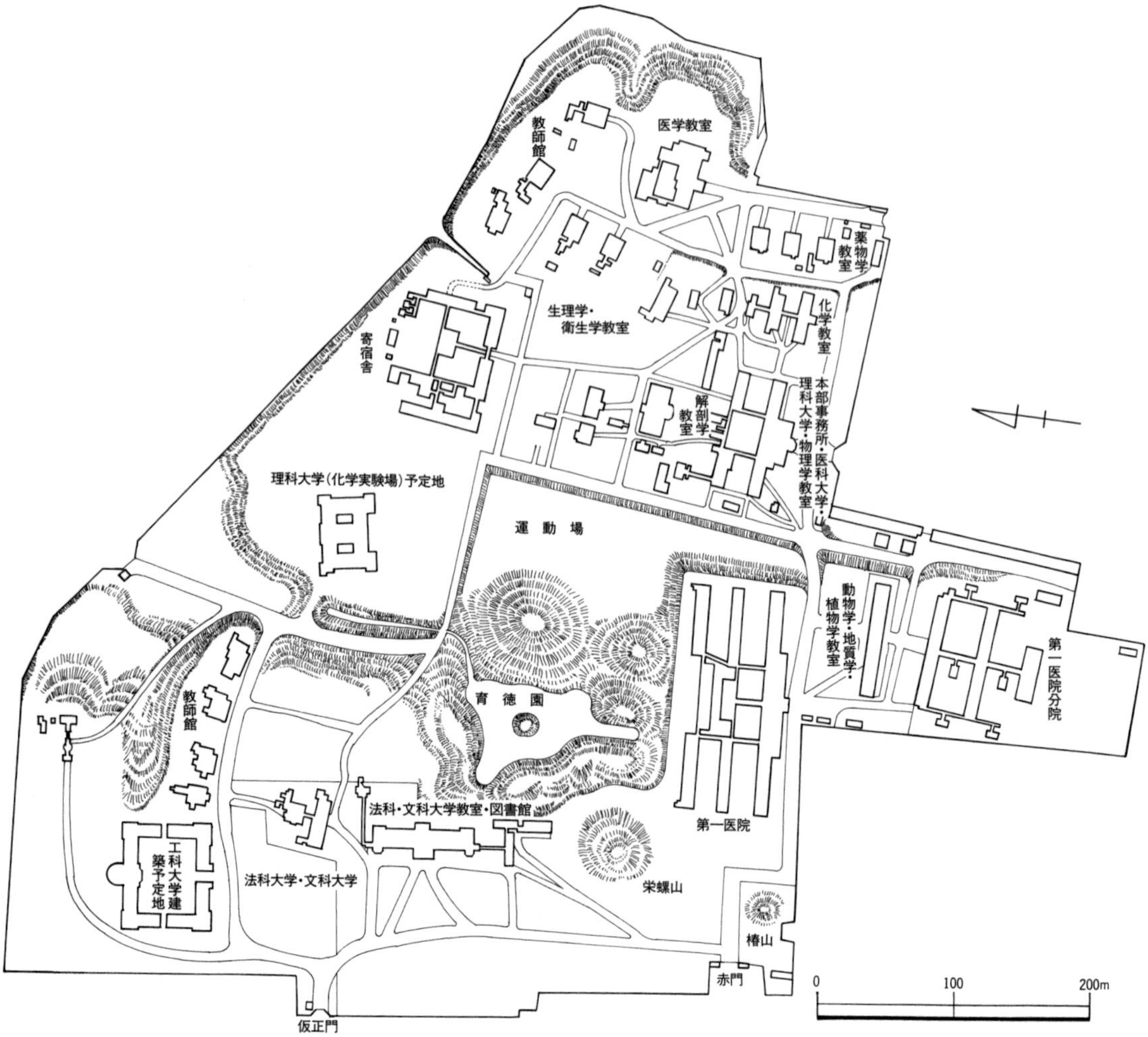


1886（明治19）年のキャンパス

第4章

# 本郷キャンパスの整備と拡充

一八八七（明治二〇）年頃、法科大学、医科大学、工科大学、文科大学、理科大学の五つの分科大学が集結したとき、実に散漫な状態であった本郷キャンパスも、明治末年から大正に入ることになると、随分に建て込んできた。以降でその経過を追ってみる。

一八九二（明治二五）年に図書館、翌年（明治二六）に法文科大学校舎の北側に理科大学博物学・動物学・地質学教室が置かれ、西側の本郷通りを正面とするキャンパスの顔ができ上がった（七四—七五頁の写真参照）。

次の大きな変化は、医科大学と附属医院の位置が交換されたことである。まず一九〇二（明治三五）年に、赤門から図書館の間に、医科大学の衛生学、生理学・医化学、薬物学教室が完成した。続いて医院が元の医科大学の位置へ移るにつれて、赤門から東側奥に通ずる道に沿って、病理学、解剖学、法医学、薬学教室が次々と建設された。いずれも煉瓦造二階建ての、端正な古典様式の建物であった。この一連の建設は一九〇七（明治四〇）年頃に完成した。キャンパスの南側、赤門から入った一帯は医科大学街ともいえる状況になりつつあった。

工科大学では、本館の裏北側に一八九六（明治二九）年応用科学・採鉱冶金学教室、一九〇七（明治四〇）年に本館の東側に土木・造船・造兵学教室といった大規模な校舎を設けた。理科大学は、一九一〇（明治四三）年に本館の北側に博物学・動物学・地質学教室を新たに建設し、本郷通りに面していた旧校舎を法文科大学に渡した。

このようなキャンパス内部の一連の増築は、各分科大学の学と規模の拡大に並行しており、そして、すでに新校舎を建設する余地がないほどまでに建て込んだ状態となってきたのである。

このとき、依然として本郷キャンパスには中心がなかった。明治初年の東京医学校では、正門（鉄門）があり、その奥には本館が置かれていた。帝国大学以降に建設された各地の高等教育機関でもこの形式が通例となっていた。正門と本館（本部校舎とも、当然ここに学長室がある）のセットがあるというのは、もっとも普通のことだった。

第五代総長菊池大麓は本郷キャンパスに中心を与えようとした。当然ではあるが、その第一は正門の設置であり、第二は中心たるべき建築の建設である。正門は一九一二（明治四五）年に実現した。もともと仮正門のあった位置に「正門」を新築したのである。正門から東奥に通ずる道路も整備されて銀杏並木の道となった。そして、その先には理科大学の本館二階が見えていた。

一九一九（大正八）年から文部省による帝国大学拡充計画が開始されて、正門と法文校舎の間の広い前庭に、新しい校舎が計画された。いよいよキャンパスは稠密になっていくことが予想された。そして工学部二号館と列品館の建設の準備が開始された。

大講堂の設置が決まったのは一九二一(大正一〇)年であった。いささかとうとつに安田善次郎から大講堂と便殿の建設が寄付されたのである。しかし、当時大学が欲していたのは本部(当然その内には総長室が置かれる)だったようで、本部をその内部に収めることが当然のように当初から計画された。なぜなら、この頃卒業式は停止されていてそれを挙行すべき大講堂の必要はなかったのだから。

大講堂の建設が開始されてからほどなく、一九二三(大正一二)年に関東大震災が起こり、赤門近くの医学部医化学教室から出火して、その北側の一帯、図書館、法文校舎、八角講堂などが延焼した。明治期に建設された工科大学本館、理科大学本館など煉瓦造の建築も大きく破損した。その再建計画を任されたのは、すでに工学部二号館、列品館を設計し、それらが大震災で破損しなかった、内田祥三だった。これ以後の再建はほぼすべてを内田がリードして進められることになる。

もし大震災がなかったなら、明治期の煉瓦造建築がいくつも残って、本郷キャンパスはいま以上に時代の陰翳を帯びた奥行の深い表情を持つことになっただろう。誠に残念であった、としか言いようがない。(藤井)

## 1 大講堂と銀杏並木

### キャンパスの主軸の形成

現在の本郷キャンパスの象徴といえば、正門から大講堂（安田講堂）に向かってまっすぐ伸びる銀杏並木の街路景観である。しかしこの景観が、いつ、だれの発案によって実現したのかを直接示す史料は確認されていない。

東大構内の配置図に大講堂（一九二五（大正一四）年竣工）の位置がはじめて描き込まれるのは、一九二三（大正一二）年である（「一九二三年の構内配置図」）。設計にあたった内田祥三は後年、大講堂の配置について、一八九三（明治二六）―一八九七（明治三〇）、一九〇五（明治三八）―一九一二（大正元）年に総長を務めた濱尾新の意志がかかわっていたことを、次のように述懐している。「浜尾（新）先生が始終塚本先生に話をされていたというのだが、門の入ったところにまっすぐに広い道をおいていちょう並木があって、その突当たりのところに本部と大講堂を作る。いまは予算がないが、何とか予算を取ってやるのだ。その左右にはズーッと一連のそでを広げたようなものにしたらさぞいいだろう、ということを塚本さんに言っていた」（『内田祥三談話速記録（二）』）。たしかに、仮正門が設けられ、そこから東に直線状に伸びる広幅員の園路ができたのが一八九五（明治二八）年頃、ちょうど濱尾が総長を務めていた時期に符合する。なお街路樹の樹種選定にあたっては、農科大学で造林・造園を教授していた本多静六が助言したようである。

一九一二（大正元）年、すなわち濱尾総長最後の年の構内配置図（3章「12キャンパス近代化の空間装置」参照）では、正門付近は、法科、文科、工科と図書館の建物に囲まれた広大な広場状の空間であるが、明治四〇年代の写真から、すでに仮正門から東に向かう銀杏の列植が確認できるので（「明治末の仮正門付近の景観」）、この頃にはすでに、将来建設されるであろう大講堂に向けて銀杏並木が伸びてキャンパスを象徴する景観を形成する、という計画意図が存在していたとみてよい。

その後、震災前のキャンパス拡充計画、および震災後の内田祥三の計画に基づくキャンパス復興を経て、正門前の広場状の空間はなくなり、かわりに正門と大講堂を結ぶ銀杏並木の街路、それに直交して図書館と工学部一号館を結ぶ銀杏並木の街路が十字形をなす、現在のキャンパスの主構造がつくられた（「一九三七年の構内配置図」）。

街路樹を配した広幅員街路で軸線を強調した透視図的な眺めをつくり、その突き当たりに焦点として左右対称の建造物や記念碑を置くヴィスタ・アイストップ型街路は、近代西洋の都市デザイン技法である（典型例は、一九世紀後半のパリ大改造で実現したシャンゼリゼ通り）。東京においては規模の大きい例として、東大と同時期の大正期から昭和初期にかけて、明治神宮外苑の絵画館前の街路と、皇居和田倉門と東京駅を結ぶ行幸道路に実現している。いずれも当時としては珍しい銀杏並木であるが、大講堂同様、天皇を迎えたり、あるいは記念する建築物が軸線の焦点になっていることも、隠れた共通点である。この種の街路景観が当時有していた象徴性を示唆していて興味深い。

（中井）

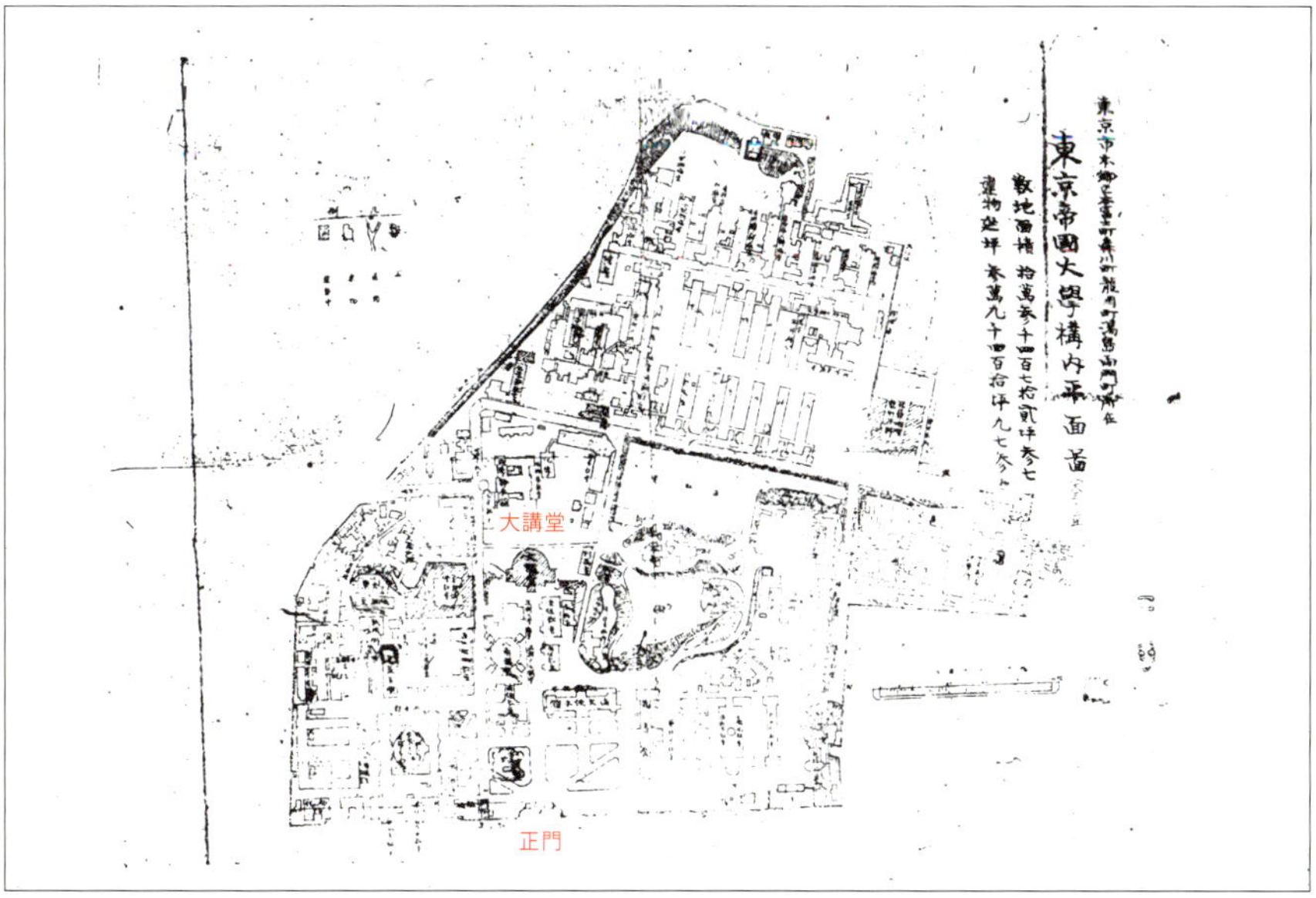


**1923（大正12）年の構内配置図**
（「東京帝國大學構内平面圖」東京大学施設部蔵）

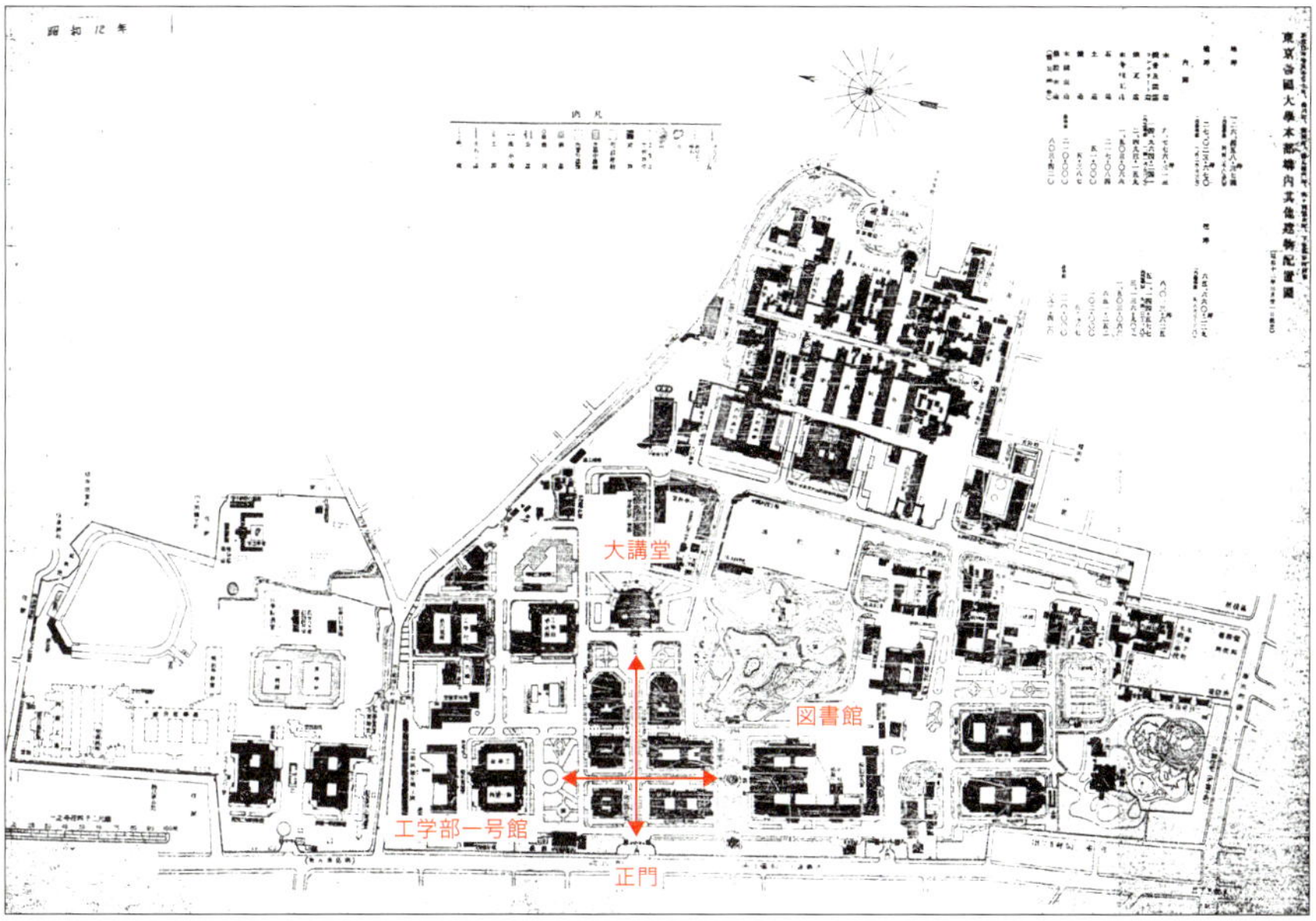


**1937（昭和12）年の構内配置図**
（「東京帝國大學本部構内其他建物配置圖」東京大学施設部蔵）

**明治末の仮正門付近の景観**
（「大正元年卒業アルバム」東京大学医学図書館蔵）

## 2 濱尾新土木総長のキャンパス整備

濱尾新[1]は、東京帝国大学第三代（一八九三（明治二六）年三月―一八九七（明治三〇）年）・第八代（一九〇五（明治三八）年一二月―一九一二（大正元）年八月）の二期、約一一年の長きにわたり総長の座につき、また文部大臣の任にも就いた人物である。そのキャンパス整備に関する情熱は、大学関係者の回顧録にたびたび登場し、土木総長との異名も持つ。

先述のとおり、旧富山藩の御殿の一部は校舎として使われた。濱尾の総長時代に育徳園内に移築され、その下の運動場が御殿下と呼ばれる所以となった。また、大学内の道路を整備し、庭いじりが好きだという造園嗜好もあってか、ほとんど毎日のようにあちこちを見てまわり、日曜日には育徳園の植込みを指図し、理学部隣にはインドから輸入したヒマラヤ杉の小枝を挿木したという。大講堂建設の志を抱き、正門から正面の地をその敷地とし、正門から大講堂に至る道を飾るため、道路の左右にイチョウを列植させた。

正門の整備も濱尾による。東京大学の正門は、長いあいだ「仮正門」であった。「正門を入ったら万人、自ら襟を正すような雰囲気にしたい」と濱尾が発意し、伊東忠太の考案で、営繕課の山口孝吉が施工管理を行った、と表向きにはある。しかし、その真相は、帝国大学新聞の「濱尾総長が自ら設計する」と題す記事にあるようだ。一九一〇（明治四三）年頃「仮正門」の改築が決まり、建築学科の塚本靖・伊東忠太・関野貞・佐野利器の四博士をはじめ、営繕課技師一同で図案を出すも、いずれも「先づ日本的のもので、天地をあらはし、武士道の精神を示すべし」との濱尾の注文に叶わない。そこで濱尾は自ら東京市内を巡回し、赤坂見附の閑院宮邸（現在衆議院議長公邸）の冠木門を見つける。これをモデルに山口が製図、細部の意匠と扉を伊東がデザインして現在の形式になった。一方、創建当時、ゴシック様式の煉瓦造建築群を前にしたこの和風の門には、環境との調和に関し評価が分かれることもあったようだ。

一九九八年一〇月、正門および門衛所は、わが国伝統の冠木門形式（親柱の上に貫（冠木）を通し、これに内開きの扉を付けた）を、鉄骨・石・鋼材など西洋の技術を折衷した和魂洋才のデザインが評され、国の有形文化財として登録された。イチョウも成長し立派な並木となり、正門と大講堂の間を鮮やかに飾っている。先に登録された大講堂とともに、本郷キャンパスに深く刻まれた濱尾の意志は、大講堂の傍に座す自身の銅像とともに、今後も末長く継承されてゆく。

（森）

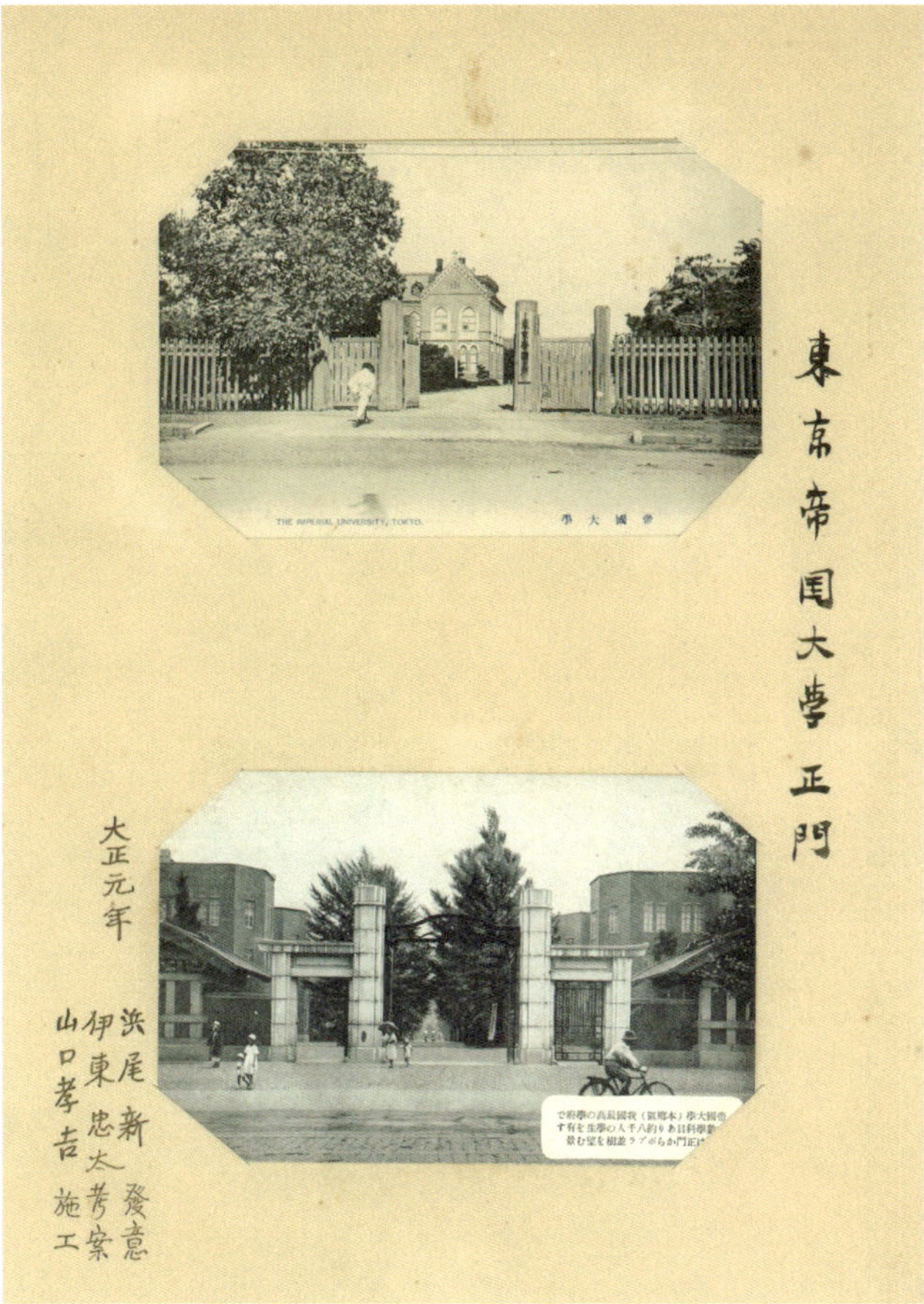


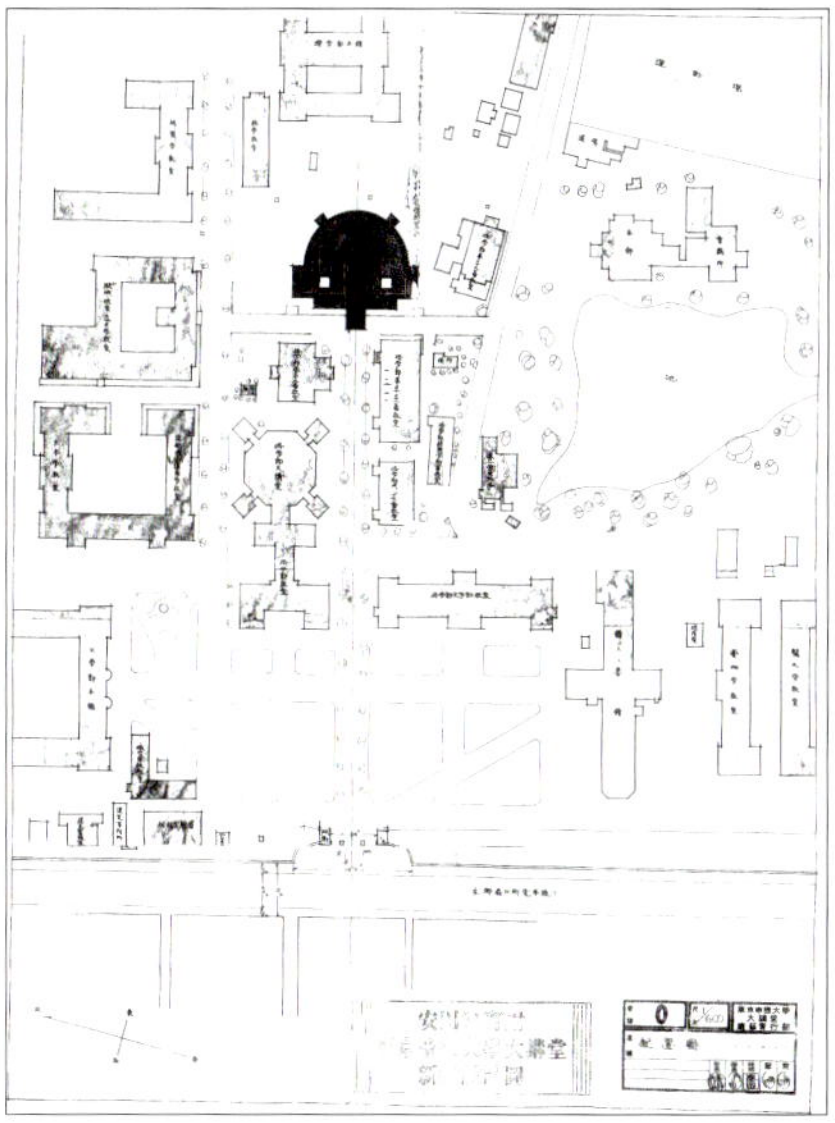

**大講堂新築設計図・配置図**
（東京大学施設部蔵）
震災前に描かれた大講堂の設計図である。正門と大講堂、それを繋ぐ道路の左右にイチョウを列植したこの配置計画は、濱尾の意図を明確に表している。

**新旧正門**
（東京大学大学院工学系研究科建築学専攻蔵伊東忠太資料）
新旧の正門写真であるが、列品館・法学部三号館も写る新正門写真は、竣工からかなり年月を経た時代のものである。

**参考文献**
井原虎松「故正員 山口孝吉」『建築雑誌』1937年11月、pp.100-101
西村公宏「明治期、大正前期における東京帝国大学本郷キャンパスの外構整備について」『ランドスケープ研究』60(5)、pp.431-436、1997年
『帝国大学新聞』第185号、1926(大正15)年11月8日

▶1 濱尾新(1849-1925)東京帝国大学第3代・8代総長。1925(大正14)年9月29日、授業は休講、竣工式典後間もない大講堂で、濱尾の葬儀が執り行われた。1933(昭和8)年、育徳園を背に、大講堂を向いて座る巨大な銅像(堀進二作)が建設された。

## 3 キャンパスの中心

### 総長室と本部の変遷

現在の本郷キャンパスの中心軸は正門・大講堂である。しかし、東京大学史の前半においては、そうではなかった。総長室と本部の紆余曲折をたどってみよう。

一八七七（明治一〇）年の東京大学創立当初、神田錦町の法・文・理三学部と本郷の医学部にそれぞれ代表者として「綜理」が置かれた。一八八四（明治一七）年、法文科大学校舎の完成後に本部も本郷に移転、医学部内部の一室を借用した。一八八六（明治一九）年、帝国大学が成立、代表者が綜理から総長へと変更された。しかし、総長室を収める「本部」という施設は実現しなかった。

一八九四（明治二七）年、移転以前から設置されていた外国人教師館（木造平屋住宅）の一つを本部に転用し、総長室を内部に設けた。しばらく後、一九一〇（明治四三）年になると育徳園の東岡に旧富山藩邸の建物を移築して本部とした（山上御殿という）。

前項で触れられているように、総長の濱尾新は、本部と大講堂を現在地のあたりに構えたい、という希望を持っていたという。帝国大学が本郷にキャンパスを設けてからおよそ三〇年、暫時増築されてきたキャンパスに中心軸を設定しようという企画が立ち上がったのである。それには、正門と本部・講堂が必要だった。一九二一（大正一〇）年になると、安田善次郎からの寄付で大講堂・便殿の建設が決まり、その階下に本部を置くという計画が具体化したのである。

新本部（安田講堂内）の工事中、一九二三（大正一二）年の関東大震災が起きて、山上御殿は全焼した。本部はまず理学部化学教室の中庭の仮設建物に移り、次いで安全な場所を物色して、完成まぢかの鉄筋コンクリート造工学部二号館の内部に総長室と庶務課を移した。

大震災の後の補強工事などで竣工が少し遅れた大講堂の内部に本部が移ったのは、一九二八（昭和三）年のことだった。総長室も三階南西隅に部屋を構えた。一八八四（明治一七）年の本郷移転以来四〇年ほど、本郷のキャンパスの内部で適地を得られず彷徨してきた総長室と本部は、正門に対面する大建築の一画にようやく成立したのである。

本部と総長室の彷徨はその後も続く。その顛末は以下の通り。約四〇年後一九六八年、大学闘争によって大講堂は封鎖され、総長室は神田学士会館や懐徳館に、本部の各部署は学内に転々と場所を求めた。一九七九年、長年の懸案であった本部棟が龍岡門の脇に新築され、総長室、各部署はここに集結した。一九九〇年に安田講堂の修理が終わって再開した時、本部は移動しなかった。二〇一五年の春、再度の大改修に際して、本部機能の一部はもどされたものの、そのほとんどは龍岡門の脇に依然としてある。（藤井）

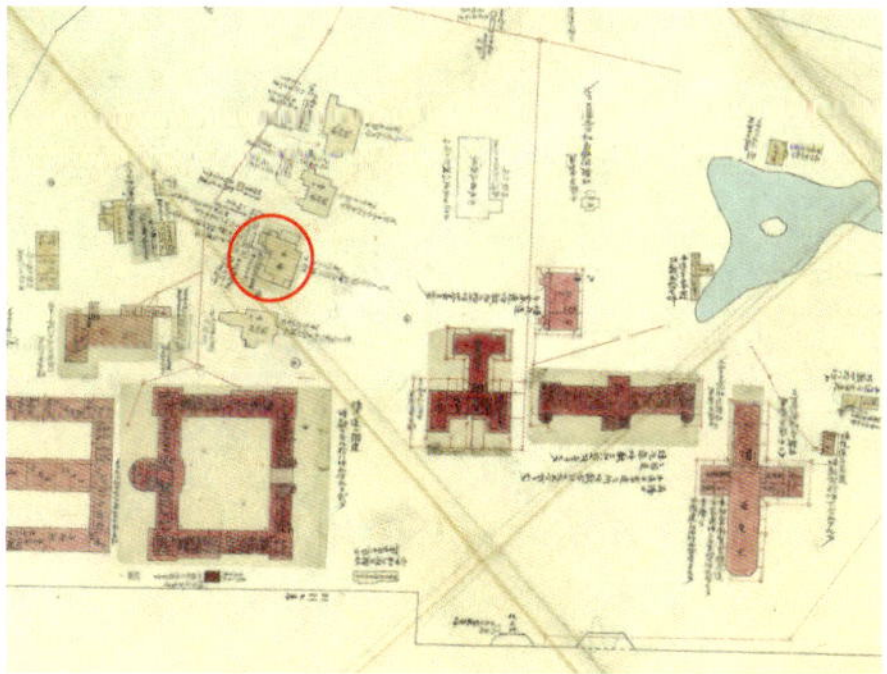

**本部の位置**
（「明治30年東京帝国大学土地建物調」東京大学施設部蔵）
外国人教師館6号を本部に転生した。

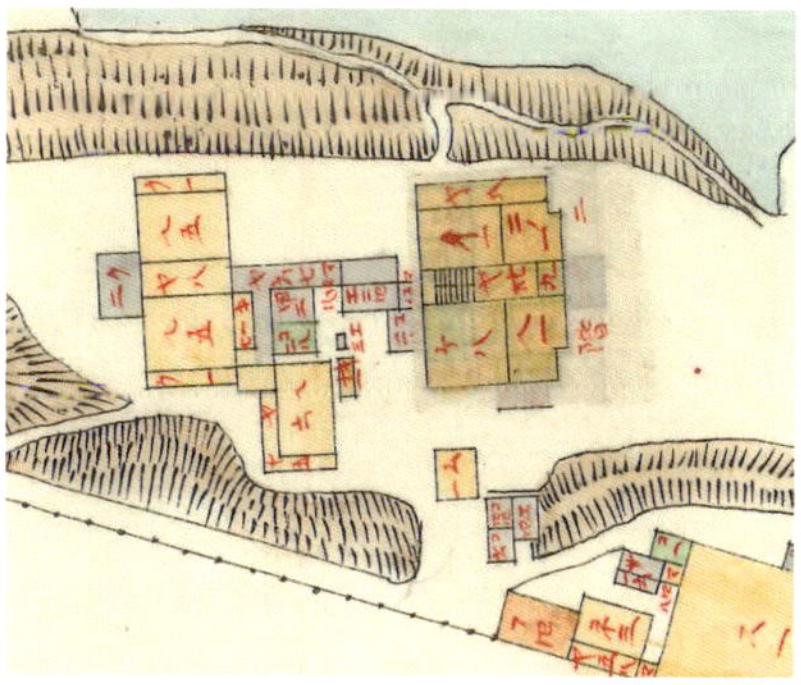

**本部平面図**
（「大正2年9月東京帝国大学土地建物調」東京大学施設部蔵）

**東京帝国大学会議室（大正2年頃）**
（『東京大学本郷キャンパスの百年』）
山上御殿と通称された。

**本部棟（龍岡門近く）**
（『東京大学本郷キャンパスの百年』）
1979年竣工、撮影は1988年。

# 4 東京大学の卒業式と式場

大学にとって最も重要な式典は何だっただろうか。おそらく卒業式だったのではないか。大学内部で教育を授け、合格した卒業生を社会に送り出すこと、これが最も重要な社会的な役割であったし、今後もそうであり続けるだろう。

東京大学（一八七七（明治一〇）年―一八八六（明治一九）年）の時代、キャンパスは神田錦町（法・文・理学部）と本郷（医学部）に分かれていて、卒業式を合同で挙行したことはなかったようだ。法・文・理学部では講義室が会場だったが、医学部は本館内部の二階に「式場」をもっていてここを開催としたらしい。他の教場（教室・講義室）は三五坪が最大だったが、式場は六〇坪と大きな面積を占めていた。

一八八六年に東京大学が帝国大学に再編されてから、卒業式は帝国大学全体で挙行されることになった。この年六月の第一回目の卒業式は、工科大学中堂が式場だった。この建物は、虎ノ門の旧工部大学校の中心にあった洋館である（本郷の工科大学校舎は建設途中であって、竣工するのは二年後である）。卒業生は四六名だった。第四回までこの中堂が式場とされた。

本郷で卒業式が開催されるようになったのは、工科大学本館が竣工した翌年（一八九〇年）からであって、この本館の中庭が式典場となった。卒業生は総計一七五名だった。同年一〇月三〇日に発布された教育勅語の奉読式も、一一月三日に全教員・学生を集めてこの中庭で開催されたというから、全学的な式典場として工科大学本館中庭が認識されていたのだろう。なお、一八九〇、九一年の卒業式は、雨模様の日だったから、関係者はさぞやきもきしたことだろう。

一八九二（明治二五）年八月に図書館が完成すると、翌年の卒業式から、ここが式場とされるようになった。卒業生は一五八名だった。閲覧室は本郷のキャンパスで最大の部屋（約二二六・四坪）であって、全学の教員、卒業生、来賓が列席すべき広さをもっていたと言えよう。

一八九七（明治三〇）年には、内閣総理大臣松方正義、文部大臣蜂須賀茂詔の列席があり、翌年貞愛親王の来臨、文部大臣尾崎行雄の列席があった。そして一八九九（明治三二）年から天皇の臨幸が恒例となった。法文科大学楼上に便殿を設け、優等生に銀時計を下賜することになったのである。

次に、一九一四（大正三）年に法科大学講義室（通称八角講堂）が完成すると、この年からここが式場となり一九一八（大正七）年まで開催された（大正六年のみ再度図書館）。収容人数が最大の講義室（六五〇人ほど）が式場とされたのである。

大正年間に入ると、学生が優等生を目指してひたすら勉強する、要するに試験の成績の結果だけを目指す傾向が強いことへの批判が強まり、文部省の方針で、一九一九（大正八）年からの全国の帝国大学で卒業式と優等生制度の廃止が決まった。天皇の東京帝国大学の卒業式来臨もここで終了した。

（藤井）

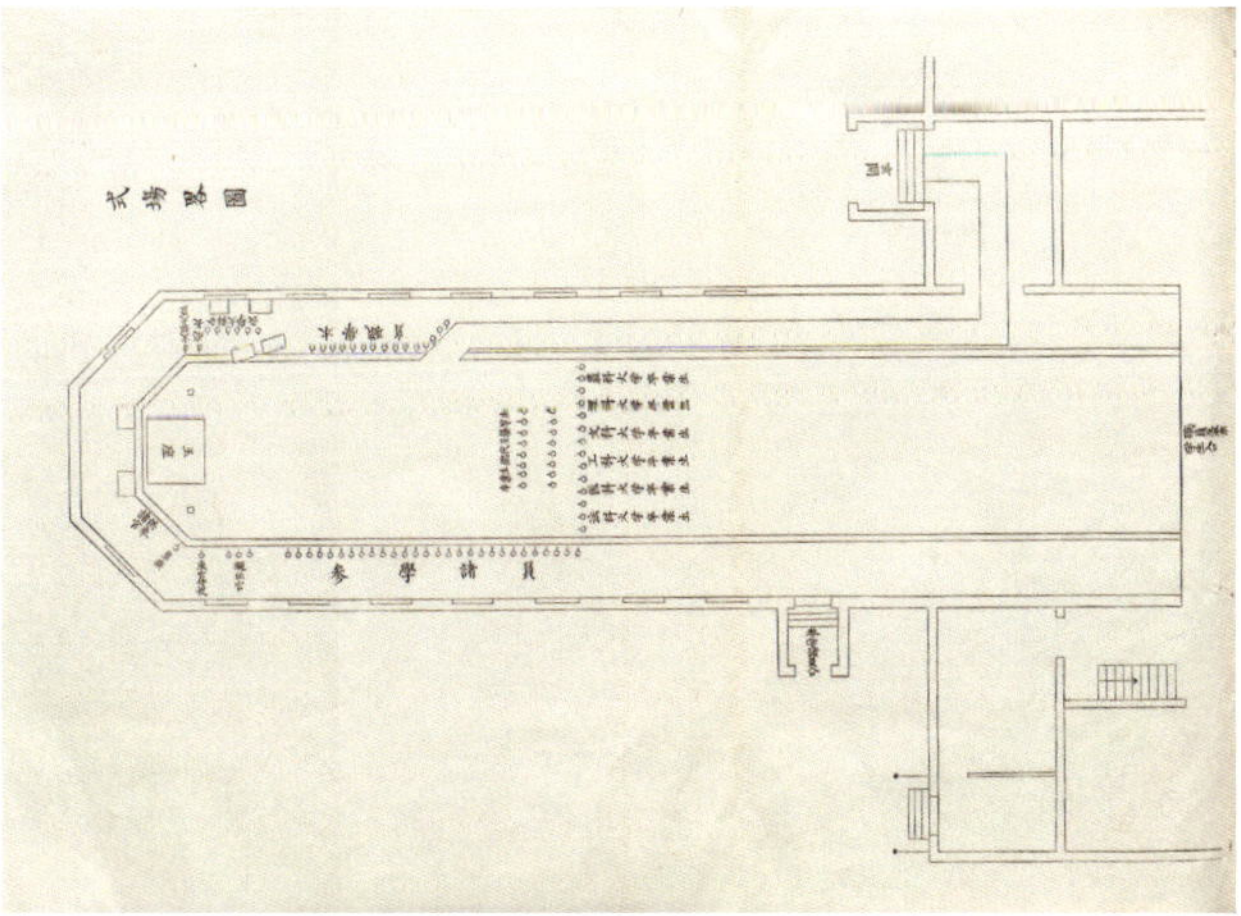


**天皇臨幸時の卒業式「式場畧図」（明治43年7月11日）**
（『幸啓録2　明治43年』、宮内庁書陵課蔵）
西側奥に玉座を設け、北側に文部大臣、総長以下の大学教職員、南側に参学諸員の席を設け、中央に総代・優等生を先頭に卒業生が列立していたようだ。

**法科大学講義室（通称八角講堂）の外観**
（絵葉書、東京大学文書館蔵）

**法科大学講義室（通称八角講堂）の内観**
（絵葉書、東京大学文書館蔵）

**参考文献**
藤井恵介「東京大学の卒様式と講堂」『東京大学大講堂（安田講堂）改修工事報告書』東京大学、2016
天野郁夫『帝国大学——近代日本のエリート育成装置』中公文庫、2017年

## 5 懐徳館

### 前田侯爵の邸宅

加賀藩の上屋敷は明治維新の後、明治四年に屋敷地は収公されて文部省用地となった。東京医学校が一八七六（明治九）年に移転してくるまでは、外国人教師館などが設けられるに留まり、放置同然であった。しかし屋敷地の南西側の一画、約一万三〇〇〇坪は前田家の屋敷地として残されていた。

江戸時代にあった広大な屋敷は明治元年、収公以前に近隣の民家からの出火で全焼していた。一八八三（明治一六）年「五千分一東京測量原図」によると、敷地内の北側によせて和風と思われる屋敷と庭、その南に一八棟の家作、南端に畑地があって、敷地に合わせて建築群の再建が行われたことがわかる。

前田家に新しい邸宅の計画が持ち上がったのは一九〇二（明治三五）年である。第一五代当主前田利嗣はかねてから屋敷・庭園を改築整備して天皇の行幸を仰ぐ宿願をもっていたが、次代の利為がそれを引き継ぎ実現にむけて動きだしたのである。

新邸の建設次第は以下の通り。一九〇三（明治三六）年一月地鎮祭および起工、一九〇四年、一九〇五年日露戦争のために約一年工事中断、一九〇五年一二月和館竣工、一九〇七年五月西洋館竣工。設計を担当した建築家は西洋館が海軍技師の渡辺譲、和館が同設計技師の北沢虎造であった。そもそも天皇の行幸が目的であったから、充実した邸宅が計画されたことは言うまでもない。正面車寄せは西に面し、ルネッサンス様式をもちいた。地下一階、地上二階、総面積約二一四坪で、建築費約一九万五〇〇〇円、装飾費は家具・食器を含めて約一一万円であった。建築そのものの費用も高いが、内装・家具に力が注がれたこともよくわかる。写真によって華麗な姿がうかがわれる。渡辺譲の設計した建築のなかでも最も上質なものの一つであったと言えよう。

渡辺譲（一八五五―一九三〇）は、工部大学校造家学科第二回（一八七九（明治一二）年）の卒業生、コンドルの弟子であって、内閣臨時建築局や海軍などで技師を務めた、明治期を代表する建築家の一人である。

新築なった新邸には、一九一〇（明治四三）年七月に明治天皇の行幸があった。充分ではなかった日本庭園は直前に前田家庭師伊藤彦右衛門によって整備され、二万円で能舞台が新築され、さらに三万円を費やして二四点の西洋画が購入された。行幸時には京都鴨川から取り寄せた河鹿蛙数十匹、蛍二万匹が庭池に放たれた。引き続いて一〇日に皇后（昭憲皇太后）の行啓、一三日に皇太子・皇太子妃（大正天皇・皇后）の来臨が実現した。

もともと加賀藩邸であった敷地が二つに分かれ、それぞれにおいて独自の異なるストーリーが展開していたのである。この二つが再度合流するのは、関東大震災後の昭和三年を俟たねばならない。（藤井）

**前田邸**
（東京大学大学院工学系研究科建築学専攻蔵）

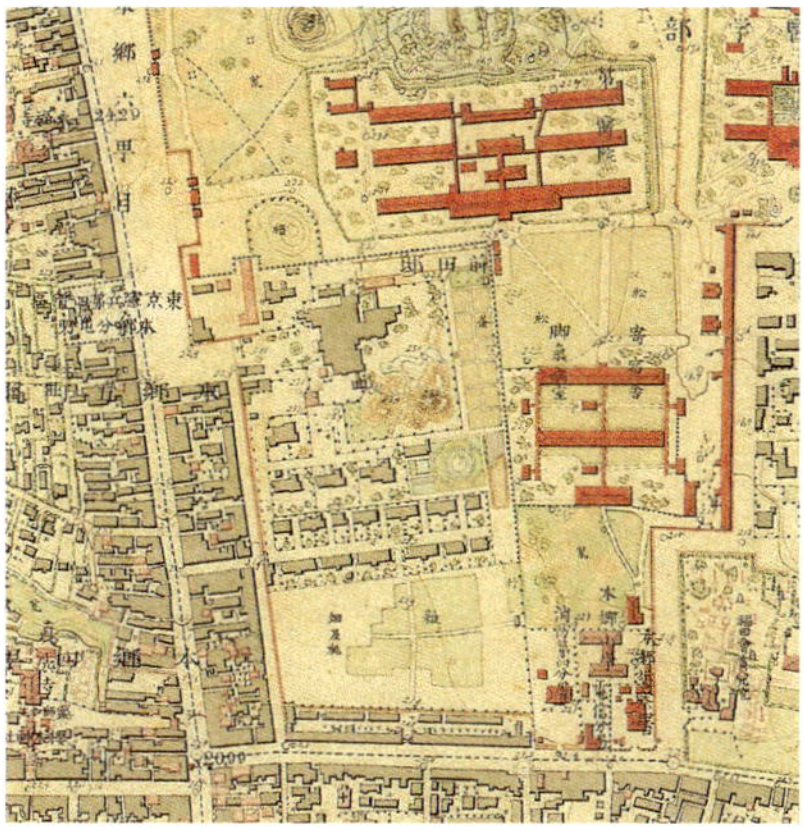

**1883（明治16）年頃の本郷前田邸**
（東京府武蔵国本郷区本郷元富士町近傍、『五千分一東京図測量原図』1883年5月）

**1936（昭和11年）年の懐徳館（旧前田侯爵邸）と庭園**
（東京大学文書館蔵）

**参考文献**
「前田侯爵邸建築工事概要」『建築雑誌』第263号、1908年
東京帝国大学庶務課編『懐徳館の由来——附　赤門と育徳園』1940年
西秋良宏編『加賀殿再訪——東京大学本郷キャンパスの遺跡』東京大学総合研究博物館、2000年

## 6 東京帝国大学営繕課

### キャンパス整備の学内組織

帝国大学に初めて営繕掛が設置されたのは一八九四（明治二七）年のことであるが、当初は書記のみが置かれ、督務あるいは監督として石井敬吉や中村達太郎など工科大学造家学科教授が務め、さらに明治三〇年代になると、この監督も在籍せず書記のみとなった。恐らくは、この当時の建設工事は文部省の営繕掛が主導しており、必要に応じ工科大学の教授が助言・監督を行っていたに過ぎず、実質的な営繕組織はまだ学内には存在していない。

その後明治四〇年代に入ると営繕掛のほかに臨時建築掛が置かれ、ここで初めて建築専門の技師と技手を配属することとなる。その後の過渡的状況を経て、一九一二（明治四五）年には両組織が統一し営繕課へと格上げされ、課長を技師が務めることとなる。この時期の大学営繕を支えたのが、初代営繕課長を勤めた山口孝吉であった。

山口は一八九七（明治三〇）年に東京帝国大学工科大学造家学科卒業後、石川県技師、海軍技師を経て、一九〇〇（明治三三）年文部省建築課嘱託となり、一九〇二（明治三五）年には文部技師に、一九〇七（明治四〇）年には東京帝国大学技師となる。一九〇〇（明治三三）年の文部省嘱託当初より東京帝国大学での建設に携わっており、実質的にはこの頃より病気を理由に退職する一九二三（大正一二）年七月まで山口が中心となり東京帝国大学の校舎が建設された。

内田祥三によると、この山口孝吉による建設は「外部から、主として文部省からでしょうか、金が掛かる、金が高くて困る」との批判もあり、山口退職後の営繕課長に内田祥三が就任し、さらに関東大震災による被害とその後の再整備により、本郷キャンパスは一新することとなる。当時の営繕課技師は山口孝吉のみ、技手も二名に過ぎず、現存するものは少ないが、正門・門衛所や理科大学化学教室が挙げられる。

特筆すべきことに山口孝吉は一九〇九（明治四二）年六月より約一年間、欧米へ留学をしている。当時、工科大学建築学科では助教授が教授に昇格する際に海外留学を求めていた。民間の企業でも留学は行われていたが、大学側が営繕技師に対しても同様に海外留学を求めていたことは、大学キャンパスの整備の重要性を考えていたに他ならない。帰国の二年後に営繕課が設置された経緯を踏まえても、営繕組織の立ち上げを含め山口に対する大学側の期待は大きなものであったことがうかがえる。（角田）

**営繕課集合写真**
(東京大学総合研究博物館小石川分館蔵)
1912(明治45)年に旧東京医学校本館の正面部分を赤門南東側に移築し、営繕課が使用する。入口には「営繕課」の札がかかる。

**理科大学化学教室(1915(大正4)年竣工)**
(東京大学総合研究博物館小石川分館蔵)
古典主義モチーフを用いながらも、理科大学本館にも通じる意匠といえる。

**旧東京医学校本館(1960年頃撮影)**
(撮影 鳥畑英太郎、『写真集東京大学』)
旧開智学校など当時の学校建築でみられる擬洋風意匠がポーチ中心にみられる。昭和44年に理学部附属植物園に移築され(翌年重要文化財指定)、現在は総合研究博物館小石川分館。

## 7 内田祥三と内田スクール
### 営繕課の役割

この時期のキャンパス建築を語る上で欠かせないのは営繕課の役割と、それを牽引した内田祥三営繕課長である。内田は一九〇七（明治四〇）年に東京帝国大学工科大学建築学科卒業後、三菱合資会社に勤務し実務に携わるが、鉄筋コンクリート構造の研究のため一九一〇（明治四三）年大学院入学する。その後一九一一（明治四四）年には講師、一九一六（大正五）年に助教授となり一九一九（大正八）年には塚本靖教授より工学部二号館の設計を任される。学外での仕事に精を出す佐野利器教授に代わり学内での業務に専念することで内田の学内での評価は上がり、さらに大講堂の設計も任される。一九二一（大正一〇）年には教授となり、さらに一九二三（大正一二）年七月に古在由直総長たっての依頼により営繕課長を委嘱される。奇しくもこの営繕課長兼任の二か月後の九月一日に関東大震災が発生する。キャンパスの建築群は全壊は免れたものの、大破あるいは延焼により使用不可能となり、早急な復興が求められた。このことにより内田は建築学科での教育とともに営繕課での実務に力を注ぐこととなる。

工学部二号館、大講堂とすでに構内建築の設計には携わっていたが、それも大学院生や門下生を補佐につけた上でのことである。営繕課長就任後の内田は、門下生を次々と営繕課に就職させ、この大学復興を乗り越えた。まずは奥村精一郎、清水幸重、前田長久とすでに実務経験のあった門下生を技師としてよび、さらに卒業後まもなく渡部善一、岸田日出刀、伊豫田貢、土岐達人、柘植芳男などが技師となる。内田が営繕課長を務めていた時期の技師は、東京高等工業学校卒業の奥田芳男を除けば、すべて内田の門下生で占められていた。さらに渡辺要、小野薫などは嘱託として雇用しており、全盛期の一九三六（昭和一一）年には一八名の学士建築家が営繕課に在籍していた。さらには安田講堂（一九二五（大正一四）年竣工）では坂静雄、総合図書館（一九二八（昭和三）年竣工）では野田俊彦、他にも武藤清、浜田稔、平山嵩と営繕課以外の門下生も適時動員したという。

この時期の営繕課が実務設計の場であることはもとより、教育の場も兼ねていたことからインターン教育とも評されるが、このキャンパス復興建設事業は、結果として日本の建築学を大きく前進させることとなった。（角田）

**東京帝国大学工学部2号館透視図（堀越三郎画）**
（『内田祥三先生作品集』）

**内田祥三とスタッフたち（サンフランシスコ、ニューヨーク万国博覧会日本館設計時）**
（『内田祥三先生作品集』）
東大建築教室の"近くの人たち"に案を提出してもらい、それを伊東忠太、大熊喜邦両博士と内田祥三の三人で審査したという。

## 8 キャンパスに継承される軸線

### 震災前の拡張計画

一九一九（大正八）年、文部省は閣議に高等教育機関の創設及び拡張計画を提出した。問題としたのは、高まる高等教育機関の入学志願者数に対する収容力の低さであった。拡張計画は閣議を経て議会に提出され、同年三月に公布された（法律第三十一号）。一九二四（大正一三）年度にかけた六年間の継続事業で、東京帝国大学は、法・理・農学部の収容人員増加を計画した。

左頁の図は、関東大震災の四か月前に内田祥三によって描かれた現在の列品館の略設計図である。国の拡張計画の一環として計画されたものであろう。同日付で、これに対峙する現在の法学部三号館の略設計図も存在する。第5章で触れる内田の速記録にも、「震災の前に予算も取れ、設計もできていた法文経の研究室、それを正門に近いほうに、西口になるような格好ですが、それからこちらに向かって左側のほうには工学部の列品室を建てる」とある。この二棟は、およそ同時に計画が進められていたのであろう。

一方で、この建設予定地は、震災前にキャンパスで唯一残された正門前の広大な前庭であった。『帝国大学新聞』によると、「広い芝生と植樹帯は大学の生命で絶対に破壊してはならない」、また「正門の鼻先に持って来て豆腐のような建物を建てられたら、大学の精神教育も耐つたものでない」という反対派と、大学にいる建築学の権威者によって権威ある建物が建つであろうから心配いらないという推進派と、かなりの論争があったという（『帝国大学新聞』一九二四年一二月一五日）。大学キャンパス空間が、議論の対象になったことは注目に値する。

さて、「配景図」（左頁上）を見ると、大講堂を焦点に、左右に列品館と法学部三号館、その奥には三角屋根の建物が描かれている。内田は、震災前に「表通りにあったコンドルの設計のいい建物」、「純粋のゴシックだけれども、ああいういいデザインのものを動かすのは考えられない」と述べており、現状を生かし、その手前に新たにデザインすることを考えた。

「東京帝国大学正門附近建物配置図」（左頁中）からは、正門と大講堂を結ぶ軸に直行し、工科大学本館と図書館を結ぶ軸が明確に計画されていたことが読み取れる。この軸は、現在のキャンパスにも継承されている。また、列品館は、北側に大きく増築することを踏まえて計画されている。もしもこの拡充計画が実行されていたならば、今日の工学部一号館前広場は存在しなかった。（森）

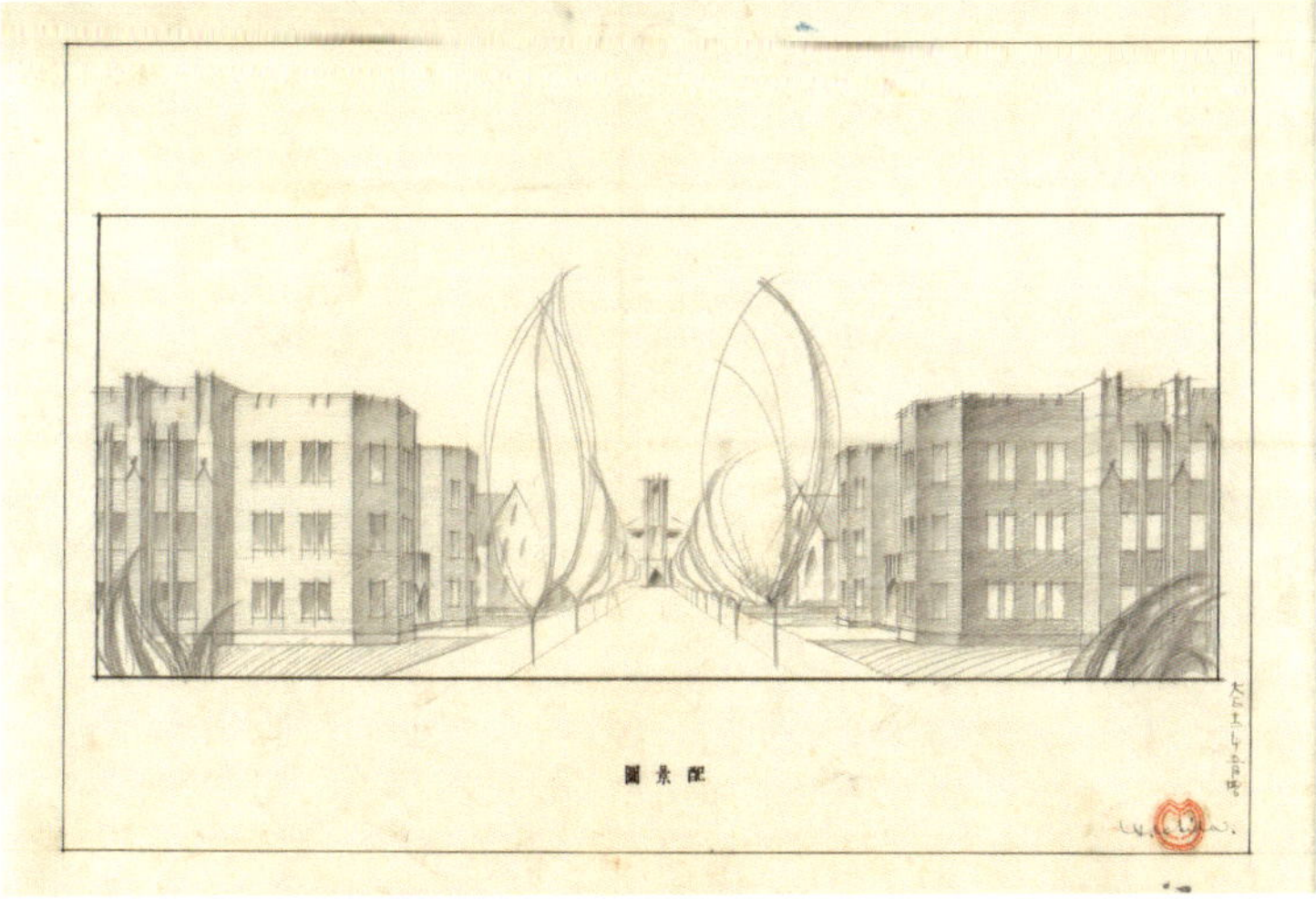


**配景図**（列品室略設計図、1923（大正12）年5月4日）
（東京都公文書館蔵）

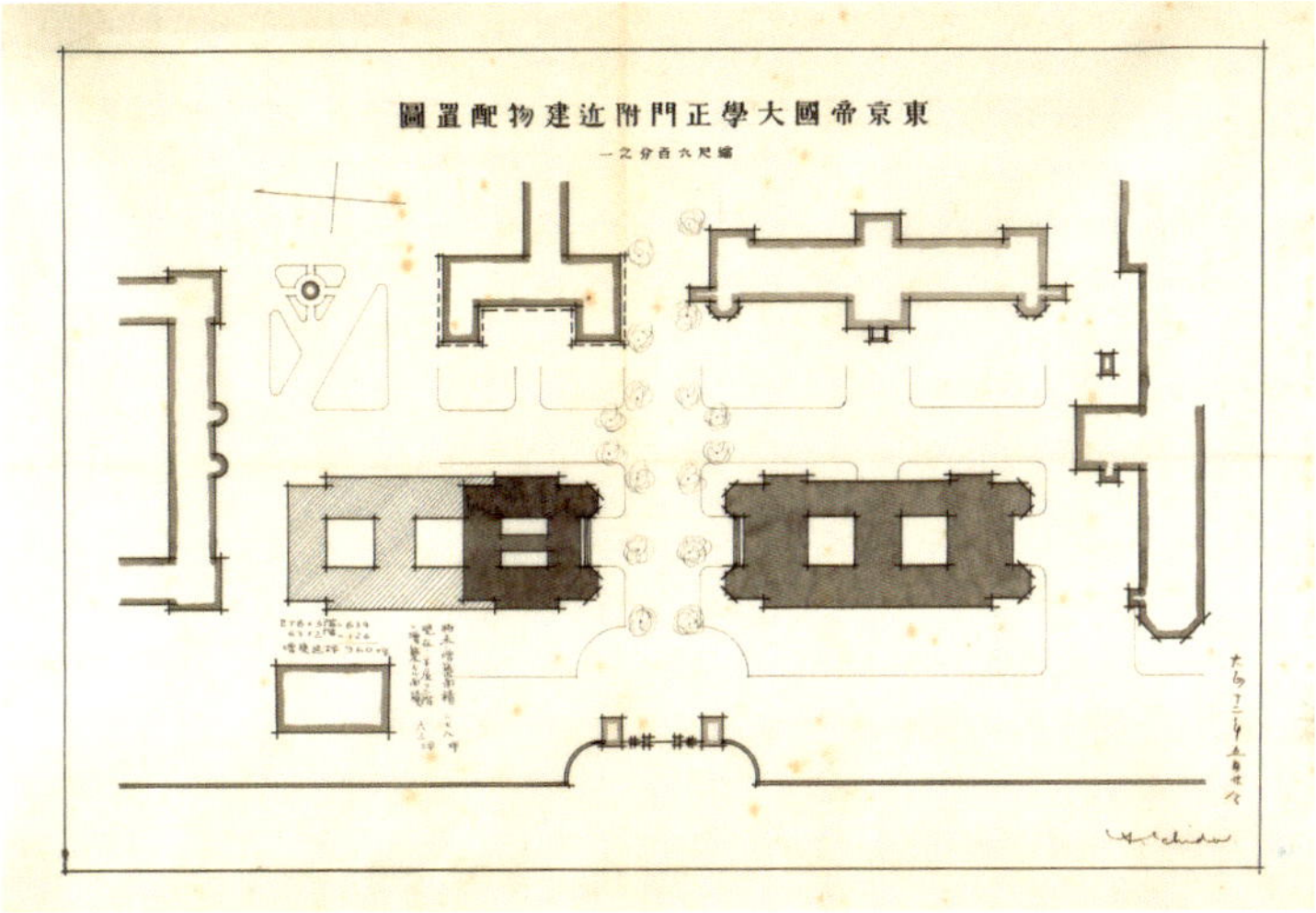


**東京帝國大学正門附近建物配置図**（列品室略設計図、1923（大正12）年5月4日）
（東京都公文書館蔵）

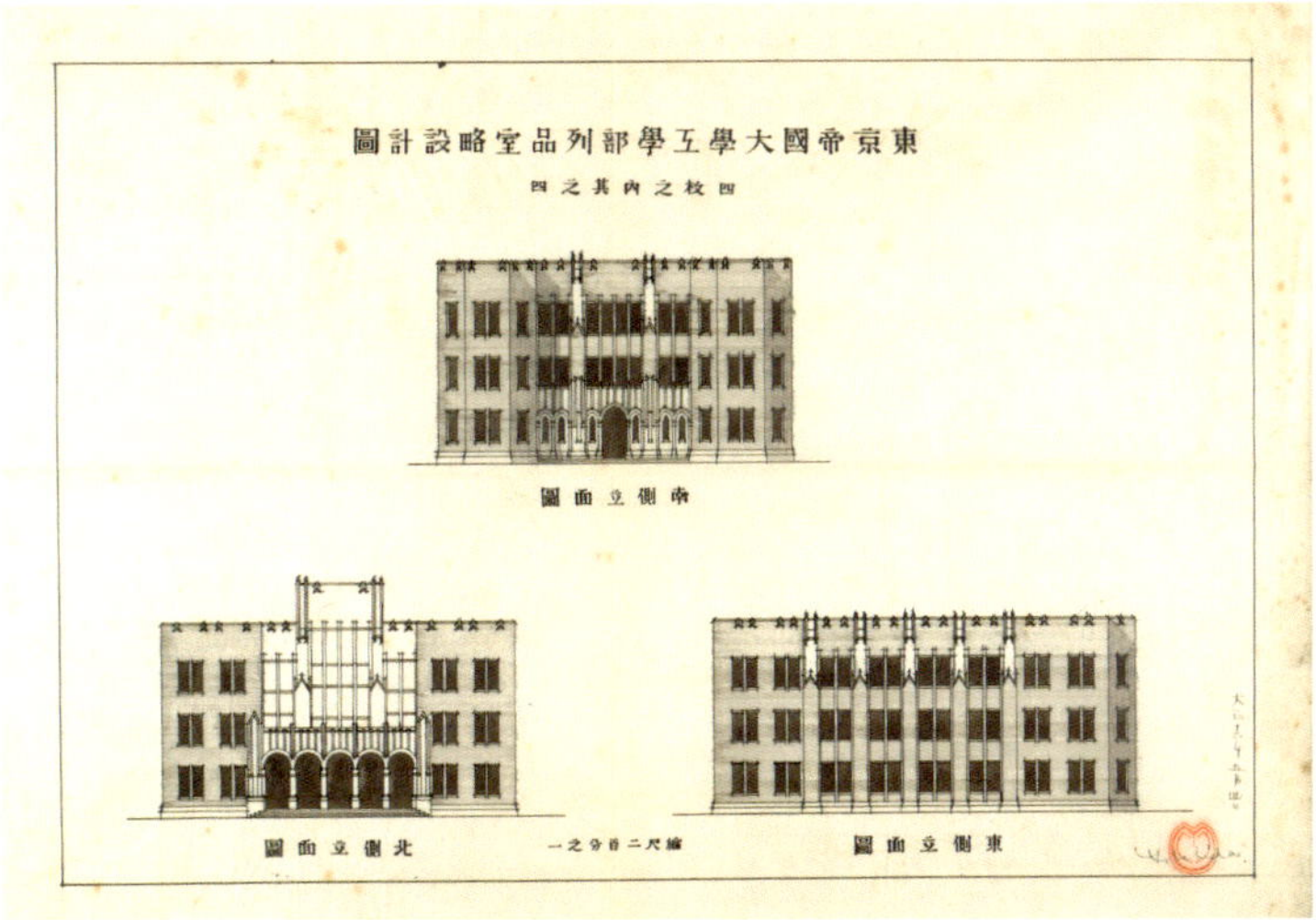


**工学部列品室　立面図**（1923年（大正12）5月4日）
（東京都公文書館蔵）

## 9 大講堂の計画

大講堂の計画は突然起きた。一九二一（大正一〇）年五月、合名会社安田保善社の創設者安田善次郎が文学部教授村上専精を介して総長古在由直に会見し、卒業式などの式典に際して大講堂および便殿が必要として、その寄付を申し入れたのである。

大学は六月の評議会で、その寄付の受け入れと、敷地を法学部東側地区（正門銀杏道路の端末）とすることを決定し、工学部教授の塚本靖と内田祥三に設計調査を委嘱した。早速月末から予定地の実測と移転を要する建物の調査などが開始された。

安田善次郎は三月後の九月二八日に大磯の自邸で暗殺されたのだが、安田家は事業の継続を決定した。一二月、内田祥三は、略設計図一一枚、設計の梗概と経費概算調書を完成させた。三月には岸田日出刀（建築学科卒業生）が技師として加わり、デザイン担当者として実施設計を進めることになる（内田の当初案に比べると、実施案は外観のデザインが大幅に変更されている）。

約一年間の準備の後、一九二三年二月二〇日地鎮祭が挙行され、四月から基礎工事が開始された。九月一日に起きた関東大震災では、本工事の着手前であり、基礎工事の一部が破損する程度にとどまった。翌年四月から工事は再開され、安田保善社から直接の被害額五万円の追加寄付を受けた。上棟式は一〇月二五日、竣工式は翌年七月六日に挙行された。

正面中央に塔が立ち、大きなファサードを作る。正面の四階に便殿が、内部の奥三、四階を大講堂とし、三階周囲を回廊とする。一、二階には多数の事務室が設けられた。

収容人数一七三八名、大きなファサードの背後に半径一五〇尺の半円形平面の講堂が取り付く、西欧古代の劇場の系譜に連なる形式である。内田は卒業論文（一九〇七（明治四〇）年卒）で劇場を論じていた（題目は「Theatre」）から、そのときの知識が役に立ったのだろう。

大講堂は式典の開催が目的だったのだが、天皇が来臨する最大の式典であった卒業式、優等生への銀時計恩賜は、文部省の方針で一九一八年を最後に廃止されていた。大講堂建設段階のこの時、東京帝国大学では卒業式の式典場としての「講堂」、天皇来臨のための「便殿」の必要性は消滅していたのである。

むしろ重要なのは本部機能が大講堂に収容されたことであろう。本部は当時山上会議所に置かれていたが震災後に工学部に一時間借りし、一九二九年三月に大講堂の一、二階に移った。またもともと二階にあった総長室が三階に移り、二年後の九月に総長室が完備した。本部機能の大概が大講堂に集結したのであった。いままで不安定であった本部建物がようやく実現した。要するに東京大学本郷キャンパスの中心が確立したことになるのである。

卒業式という最大の目的を喪失していた時期の安田講堂の最初の使用は、一九二五年八月二八日の総長選挙であり、翌日には元総長菊池大麓の葬儀の式場となった。卒業式は一九二八年から再開され、以後大講堂はその式場となった。（藤井）

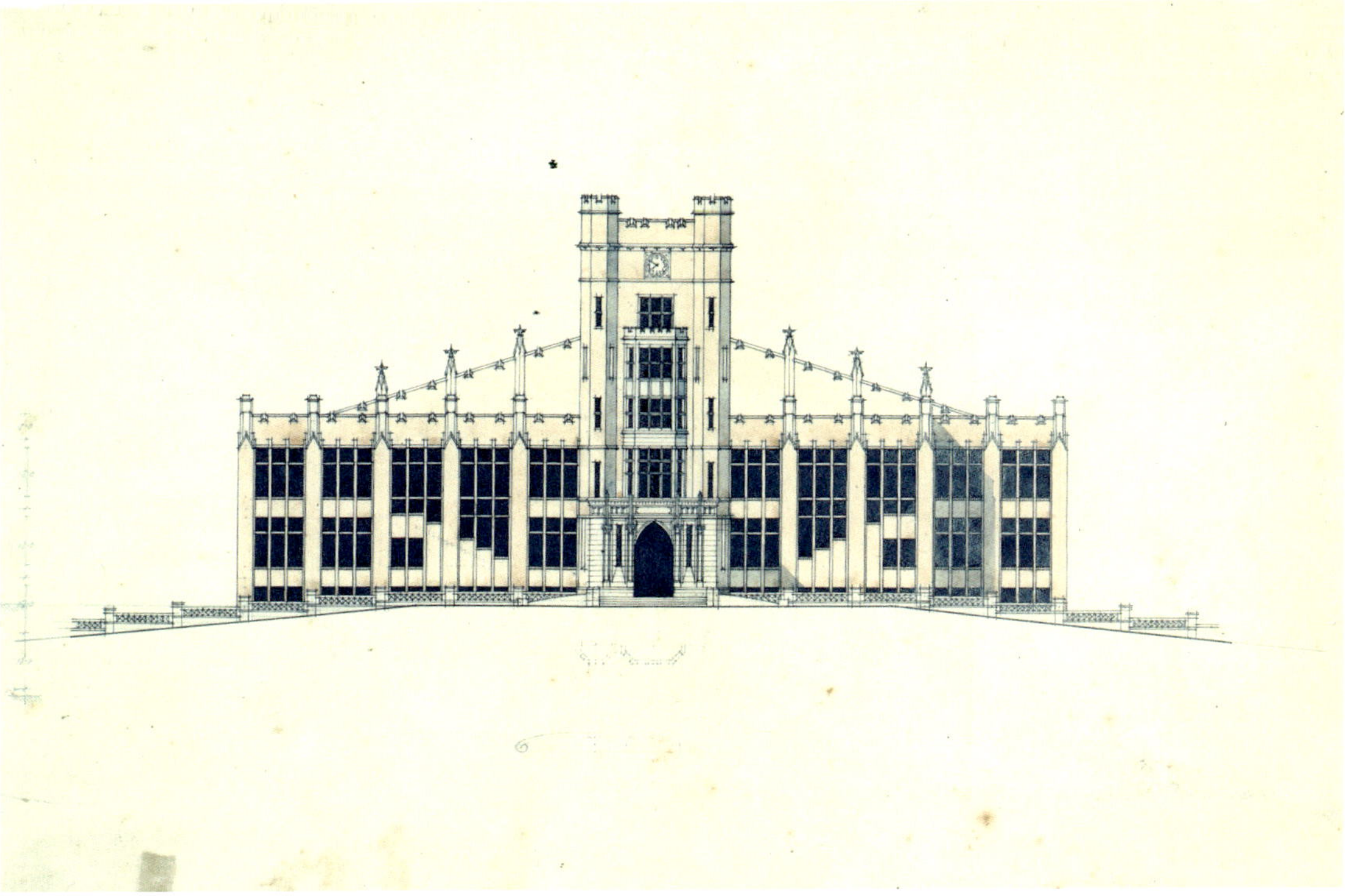

**内田祥三当初設計案**（東京大学大学院工学系研究科建築学専攻蔵内田資料）

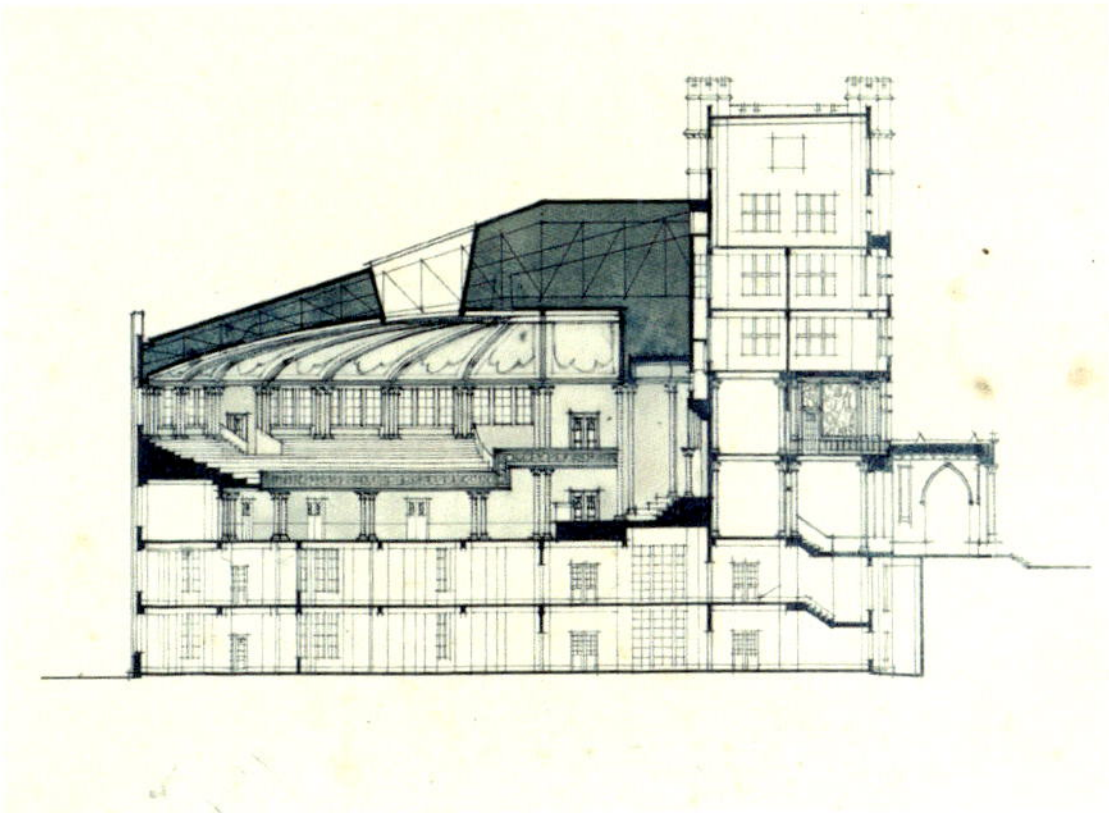

**大講堂外観**（東京大学大学院工学系研究科建築学専攻蔵内田資料）

**竣工時の大講堂内観**（『東京大学本郷キャンパスの百年』）


**参考文献**

藤井恵介「東京大学における「講堂」の成立」『東京大学大講堂（安田講堂）改修工事報告書』2016年

天野郁夫『帝国大学――近代日本のエリート育成装置』中央公論新社、2017年

加藤諭「戦前・戦後期における東京帝国大学の安田講堂利用と式典催事」『東京大学史紀要』第34号、2016年

## 10 大講堂の壁画

安田講堂は、一階二階の廊下、講堂舞台の背景、計三か所が壁画で装飾されている。アーチが連なる廊下の半月形の壁面には、それぞれ「動意」「静意」と題された絵が嵌め込まれている。前者は半裸の青年が裸馬に乗り、後者は地面に腰をおろした女性が楽器を奏でる姿を描いたものだ。その名のとおり動静好対照である。

天井を低く抑えた廊下から講堂に一歩足を踏み入れると、天井の高い大空間が広がる。それに負けないほどの大画面が舞台の背景を飾っている。廊下とは逆に、背景の半月形を際立たせるように、その余白部分を絵画で埋める。向かって左画面が「湧泉」、右画面が「採果」である。これまたその示すところはわかりやすく、泉からこんこんと湧き出る水を汲み、たわわに実った果実を摘むという構図は、この大学に学んだ学生たちの勉学と成長を意味する。

画家は小杉未醒（一八八一―一九六四）、放庵とも号した。日光の神官の子に生まれ、洋画家となり、横山大観に誘われて日本美術院に洋画部をつくり、安田講堂の壁画を描いた一九二五年当時は春陽会を拠点に活躍していた。

フランスの画家シャバンヌに傾倒した。シャバンヌは公共建築の大壁画で知られ、パリのパンテオンやソルボンヌ大学大講堂に大作を残している。小杉の念頭には、明らかにシャバンヌの仕事があった。

「壁画ヲ大講堂舞台及便殿内デ揮毫スル件」は、一九二三年一月三〇日に開かれた大講堂建築委員会で決まった。そのための協議員として、工学部から塚本靖、伊東忠太、文学部から松本亦太郎、姉崎正治、瀧清一が選ばれた（『東京帝国大学大講堂建設経過概要』）。

ここにいう「便殿」とは天皇の休憩室を意味し、大講堂の正面階上にそれが設けられた。安田善次郎が講堂を寄付する目的に「東京帝国大学ニ卒業式其他ノ式典ニ際シ便殿及ビ大講堂ノ備ハザルヲ識其目的ニ副フベキ一建築ヲ造営寄進セムコトヲ欲シ」（前掲書）とあったからだ。もちろん、行幸があるたびに便殿は設けられたが、それは一時的なものであり、恒久的な便殿の設置は大学にとってはじめての経験である。そこにどのような絵画がふさわしいか、画家にとっては舞台の壁画よりもはるかに困難な課題であっただろう。

前記協議員の選定により、画家は講堂舞台が小杉、便殿が藤島武二（一八六七―一九四三）となった。小杉の当初プランでは、廊下に「土」と「泉」を、舞台には「成熟」を描くつもりだったが、後二者を舞台に合体させたことはすでに見たとおりである。一方の藤島は、「真善美」を表現しようとしたが、それをいかに描くかで逡巡を繰り返し、とうとう実現には至らなかった。

東京大学では、室内を壁画で飾った建物は安田講堂をおいてほかにない。それだけ、特別な空間として荘厳されたということになる。（木下）

**講堂舞台正面壁画**（1925年12月11日撮影）
（東京大学総合研究博物館小石川分館蔵）
小杉未醒「湧泉」

**講堂舞台正面壁画**（1925年12月11日撮影）
（東京大学総合研究博物館小石川分館蔵）
小杉未醒「採果」

**講堂エントランス**（1925年12月11日撮影）
（東京大学総合研究博物館小石川分館蔵）
廊下の壁画、小杉未醒「動意」が見える。

**参考文献**
『東京帝国大学大講堂建設経過概要』内田祥三関係資料、1925年、東京大学文書館蔵

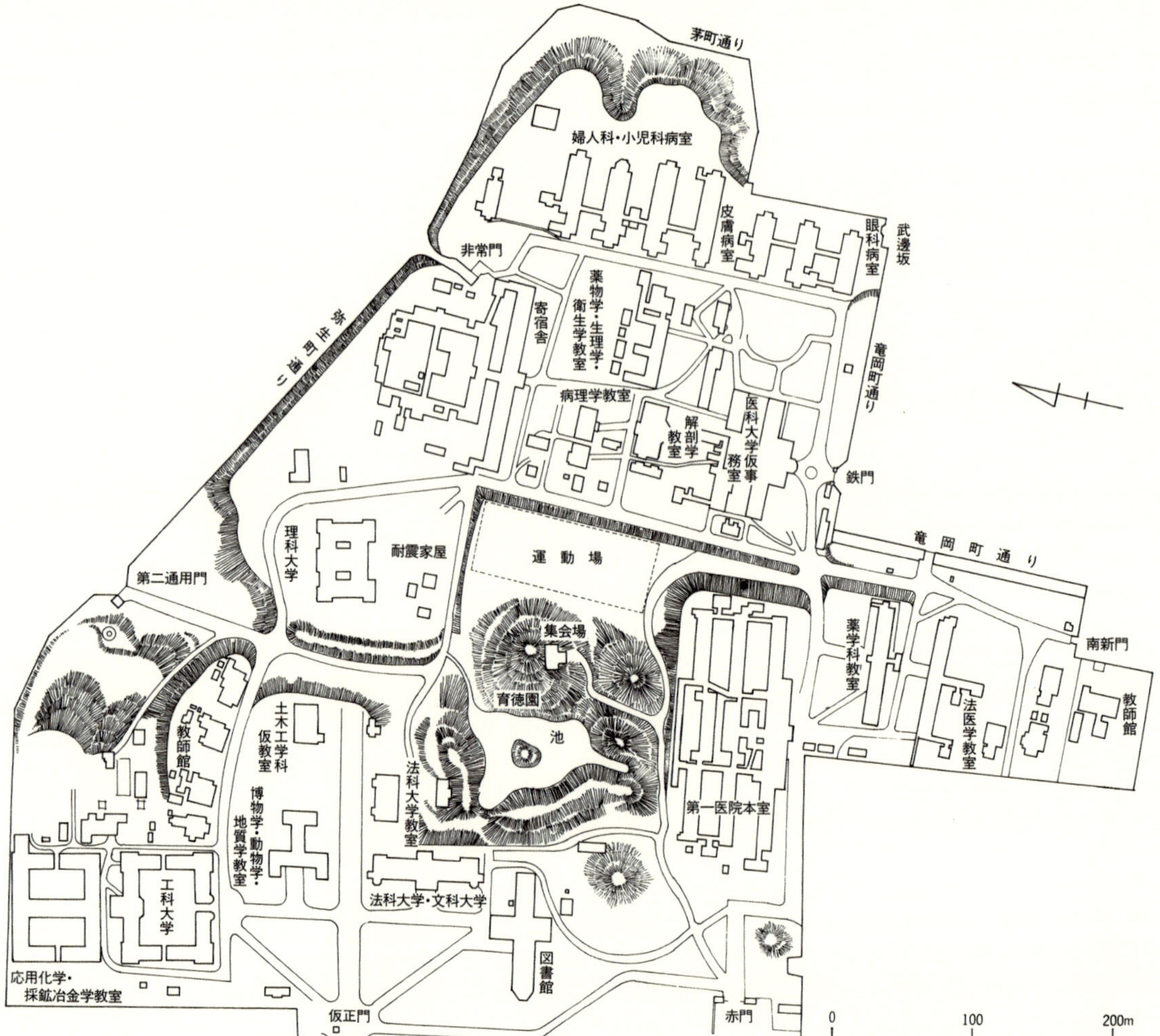


1897（明治30）年のキャンパス

第5章

# 内田ゴシックの本郷キャンパス

一九二三（大正一二）年九月一日正午頃、関東地方に稀有の激震が発生した。この関東大地震は、一府六県下に一〇万四〇〇〇人の死者と四六万五〇〇〇の住宅の滅失という大被害をもたらした。被災地となった東京では、内務大臣後藤新平が帝都復興を提議した。復興院の総裁となった後藤は、土地区画整理を行い、幹線街路・公園などの都市基盤を整備し、防火地区を拡大して煉瓦造・石造を禁止同然に規制し、復興建築と呼ばれた鉄筋コンクリート造の耐火建築物を促進するなど、明治末期から人口集中により課題を抱えた都市・東京に変革をもたらしながら復興を進めた。

東京帝国大学もまた、甚大な被害を受けた。奇しくも震災二か月前に営繕課長兼任を委嘱されたばかりの工学部教授内田祥三が、被災したキャンパスの復興を中心的に進めていくこととなる。内田はこの時、齢三八である。内田もまた、半世紀にわたって無秩序に建て詰まったキャンパス空間に変革をもたらしながら復興を進めた。建物の集約・高層化によって効率化し、空地を確保しながらキャンパスに空間的秩序を与え、「内田ゴシック」と呼ばれるほどに建物の基本設計を自ら行い、総合大学である東京帝国大学を空間的にも一体化していった。内田はこの他、罹災地の住宅建設を進めた同潤会の理事となり、鉄筋コンクリート造のアパート建設にもかかわり、一九三〇（昭和五）年には帝都復興記念賞を授与された。また、都市計画といえばほとんど防火の問題といわれた当時、都市計画の内容・要素は時代とともに変わるとの認識のもと、都市計画教育の必要性をいち早く捉え、東京帝国大学で都市計画を初めて教えた教授でもあった。

東京帝国大学震災害概況には、建築物一六〇〇万円、図書機械器具等設備一二〇〇万円、被害総額合計二八〇〇万円が報告されている。震災前に着工していた大講堂に対する安田善次郎からの寄付が一〇〇万円だったというから、二八〇〇万円の被害とは相当なものである。大学創設以来ほぼ半世紀を費やして形成された本郷キャンパスは、総面積のおよそ三分の一の建物と、ほぼ同額に及ぶ蔵書（特に図書館四五万冊を中心とする学内蔵書約六〇万冊）や機械器具類を失うという多大な損失を被った。災禍の当時、キャンパス内には避難者が満ちあふれ、残余の建築物を開放して収容するなど、職員および学生が救助に努力した。医学部においては、病室その他の木造建物を解放して臨時救護班を編成し、傷病者の救護に尽力した。育徳園や運動場が火除けの機能を果たし延焼をくいとめ避難場所を提供した経験は、防災上の重要な役割として後のキャンパス復興計画に生かされていく。木造仮建築教室で授業等を行い、被災した学生には仮寄宿舎を完成させ、急場を凌いだ。

一方、学内では、キャンパスの復興をどうするかについて、移転案も含めさまざまな議論が展開された。結局、キャンパスの復興は本郷キャンパスを恒久的に整備する方向で進められることとなり、さきの一九一九（大正八）年の拡張計画の促進と、駒場に離れてあった農学部の本郷移転を一九三五（昭和一〇）年に実現し、本郷キャンパスに全学部が集結した総合大学としての実を挙げていくことに大きな役割を果たすこととなる。

本章は、こうした背景のなか、内田が営繕課長としていかなる信念と考えにより本郷キャンパスを復興していったのか、残された内田の談話録を中心に読み解いていく。この談話は、一九六八年二月一七日から一一月一日にかけて一六回行われた。この時、内田は七三歳前後、聞き手は村松貞次郎東京大学名誉教授（当時、生産技術研究所助教授）であった。『内田祥三先生作品集』（一九六九年）の「あとがき」によると、一九六八年一月から数十回、出版部会が内田の自宅にて長時間打ち合わせをしたとある。この談話は、その打ち合わせの一部分であろう。なお、談話の全文は、「内田祥三談話速記録（一）から（八）」（『東京大学文書館紀要』所収）に掲載されている。

のちに第二次世界大戦中に東京帝国大学第一四代総長（一九四三年三月—一九四五年一二月）を務めた内田は、再び本郷キャンパスを危機から救っている。敗戦が濃厚となった一九四五年六月、陸軍から本郷キャンパスの利用要求に対し、東大を閉鎖することはわが国の文化の発達を停止することになり、「この場所こそわれわれの死所と考えて、毎日の仕事をしている」と拒絶し、本郷キャンパスを存続させた。この時の実績が、敗戦後に起きた米軍接収の撤回に対する要求観念の基礎をなしたのである。米軍が東大側の主張を尊重したのも、東大の世界的地位が然らしめたものだと謙虚に回想している。この米軍接収問題の岐路となった一九四五年九月二一日、内田の総長在職中最も忙しい日の一であり、実に長い一日であったと述べている（『学士会百年史』一九九一年）。内田は、キャンパスの震災復興と、戦中・戦後に勃発したキャンパスの存続危機と、二度の大きな局面から本郷キャンパスを守った人物といっても過言ではない。（森）

# 1 関東大震災の被災状況

一九二三年（大正一二）九月一日正午前に発生した大地震は、大学創設以来ほぼ半世紀を費やして形成した本郷キャンパスに多大の損失を与えた。煉瓦造建物の壁面は、倒壊あるいは大亀裂を負い、室内では研究機器類も落下等で損傷した。中でも医学部・理学部にあった爆発性の薬品が火を発し、被害は広範囲に及ぶ。不運にも南風が烈しく、赤門前の医学部校舎から出た火は、北に位置した図書館を襲い、焼きつくした。さらにこの火は、図書館北側の法文経教室（コンドル設計）、法学部研究室、法学部講堂（八角講堂）、法経教室、理学部数学教室へと進み、周辺の木造校舎を次々と焼き、育徳園脇の山上まで舐めつくすも、運動場と育徳園の樹木群が遮るかたちで、二日午前一時三〇分頃ようやく鎮火した。この時、育徳園ではトチノキなどの大木が火災により傷枯している。この他、工学部本館（辰野金吾設計）、理学部本館（山口半六設計）など、本郷キャンパスへの移転初期に建設された校舎が被災し、使用不可能となった。実に、既存建物総面積の三分の一が、一瞬にして失われた。

この日は折から夏季休暇中で、学内にいた学生・教職員は少なかった。勤務中の職員や震災と共に駆けつけた職員・学生らが協力し、図書・書類・器械・器具等の搬出に努めるも人手不足で、これらの損害もまた甚大だった。特に、旧幕時代から受け継ぎ築き上げられた所蔵図書を瞬時に灰燼とした図書館の全焼は、深刻なものであった。一方、図書館に奉安された御真影は、本富士警察署の警部らによって安全な場所に移されたという。

幸い、附属病院は類焼を免れ、患者は無事だった。学内の運動場や空地には、市中の火災から逃れようと避難者が押し寄せ、その数はおよそ二万人を超えたと言われる。育徳園や運動場が火除けの機能を果たして延焼をくいとめ、避難場所を提供し、防災上の重要な役割を果たしたのであった。この経験は、教訓として後のキャンパス復興計画に生かされていく。（森）

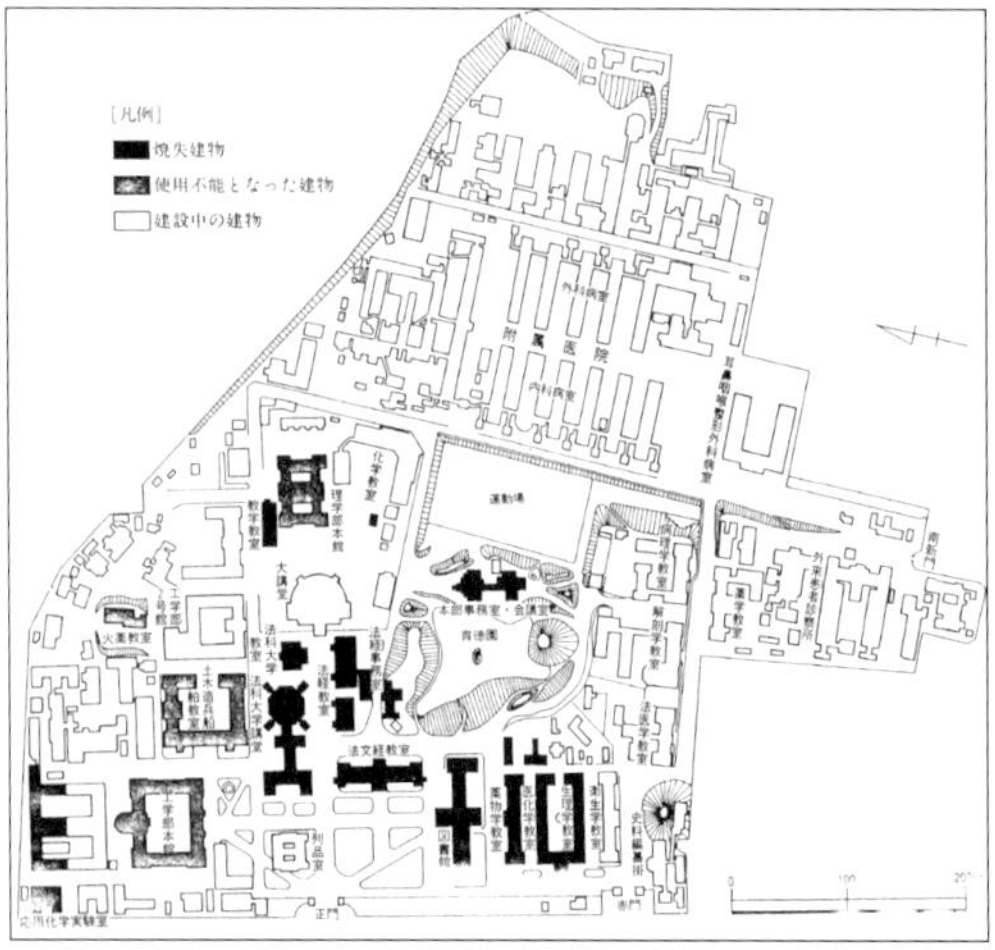


**本郷キャンパスの被災状況**
（東京大学文書館蔵）
赤門から正門にかけて一体の校舎群が焼失・使用不能となった。図中黒色に塗られた建物は焼失、灰色は使用不能となった建物を示している。育徳園・運動場が火除けの機能を果たし、付属病院への延焼を防いだ。

**法文学部教室図書館及び医学部教室**
（東京大学総合研究博物館小石川分館蔵）
工事中の大講堂から南西方向を見た、育徳園と本郷通りの間の校舎群。屋根が落ち、壁が焼け焦げた悲惨な状態である。

**法学部講義室（通称八角講堂）**
（東京大学総合研究博物館小石川分館蔵）
工事中の大講堂から正門方向に撮られた写真を合成。左側に写る並木は、正門と大講堂間のイチョウ並木。現在の法文1号館の地下部分に、この八角講堂の遺構がみられる。

**参考文献**
本郷区役所編『本郷区史』1937年

2

# 大震災からの復興・再建計画

## 恒久的な再建整備へ

甚大な被害を受けたキャンパスの復興について突如としてキャンパス移転計画が浮上した。この大学都市案（郊外移転）の他、代々木案、本郷案と三つの案を立て、投票により方針を決めた結果、代々木練兵所への移転案が選ばれたが、早くも陸軍省との交渉難航が予想され、本郷案に方針転換し、恒久的に再建整備することとなる。最終的にこの方針は、駒場にあった農学部の本郷移転も果たし、全学部が本郷キャンパスに集結した、特に総合大学としての実を挙げてゆくことに大きな役割を果たすこととなる。

『東京帝国大学五十年史』に復興整備計画の基本方針について触れている部分がある。それによると、❶将来予想される災害を最小限度にくい止めるために、建物の周囲になるべく広い空地をもたせること、❷従来の如く独立の建物を多くすることを廃し、相似たるもの、相近きものを集合して、地階をもつ高層の建物とし、延坪3千坪を以て一建物の単位とすること、❸以上の原則を貫くために、従来各学部は各々学内の一部に割拠し、それぞれ勢力範囲を有した観があったが、大学全

般の利益の見地からこれを認めないこととすることと、以上三点を根本方針として復興の企画を進めたという。この方針がどこで議論され決定されたかはわからないとするも、営繕課長内田祥三の他にありえないという。よって、これを内田の復興整備計画方針とみると、内田は、❶先で経験した育徳園・運動場の防災機能を教訓に、他にも災害対応の空地をとるために、❷建物の集約・高層化で効率化を図り、❸キャンパスの一体化を実現すべく、復興整備を進めたのであった。「東大本郷構内構想図」は、それを図化したものとして、これら三つの方針を見てとることができる。

話は変わるが、大学には歴代の教授陣が収集した貴重な資料がある。しかし、大学教授には自分が直接集めたものを講義などで使う習性があり、先輩教授の資料は物置に追いやられる傾向にある。震災後、内田は特にこれらの中にある貴重な資料の保存の必要性を痛切に感じた。キャンパスにはミュージアムが必要だ、と。正門から大講堂へ、当初は図書館と陳列館を相対して配置するように計画したという。しかし、主として法学部からの強い反対にあい、最終的には元々の学部の意味を尊重し、正門から大講堂に向かい右と左は、元あった場所に法学部、文学部を、途中から経済学部も入り法文経の学部を主とした講義室を配置し、向かって左に工学部の列品室（現・列品館）が建てられるに留まった。（森）

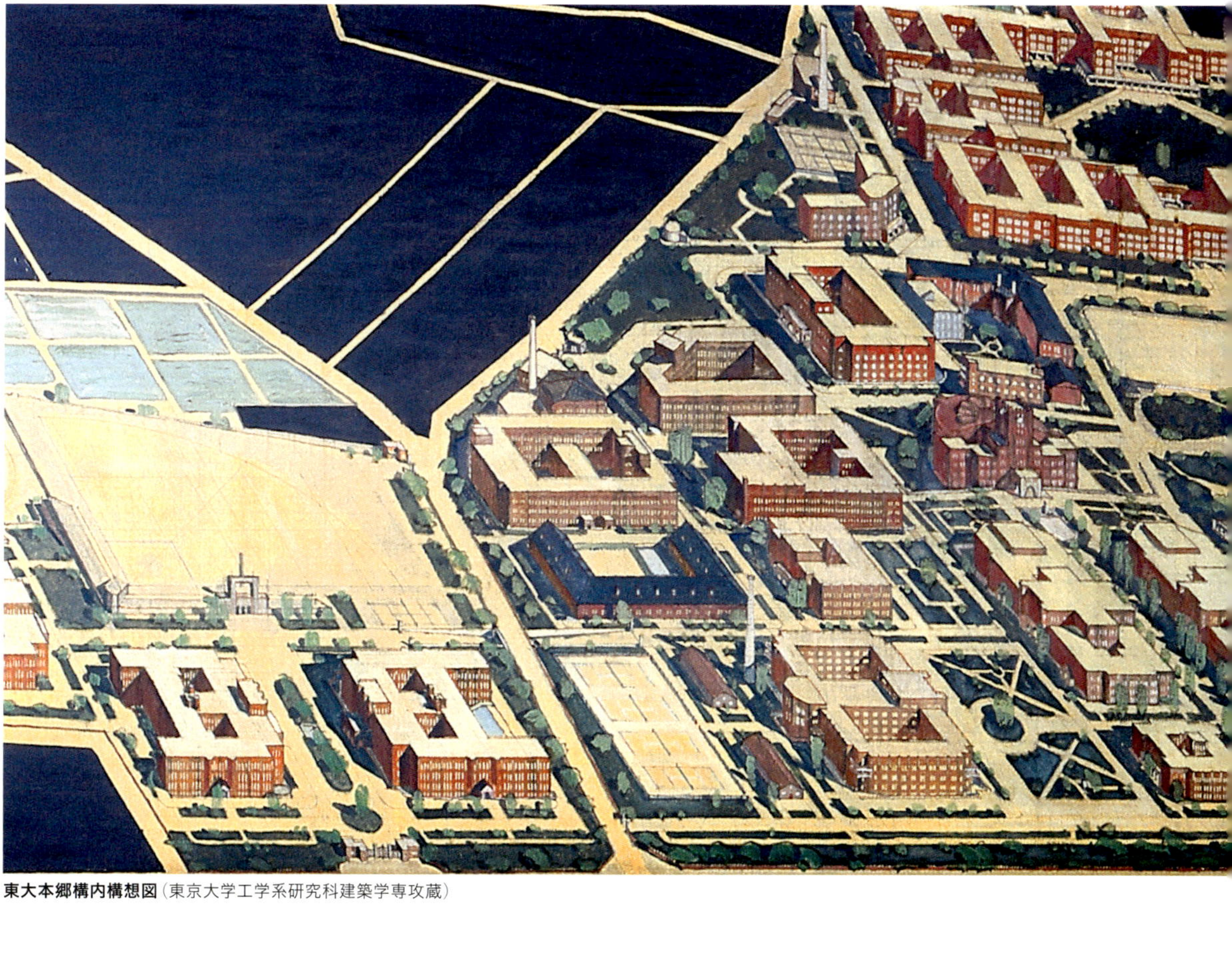

**東大本郷構内構想図**（東京大学工学系研究科建築学専攻蔵）

## 3 内田祥三の信念 全体計画の実践

内田祥三は建築構造を専門とした。昭和初期の東京帝国大学では、伊東忠太・関野貞・塚本靖の定年退官と佐野利器の辞任が重なり、実質的に内田一人が建築学科を背負った。この当時の苦心を何度も内田から聞いたことを、太田博太郎が残している。一方で、内田は東京大学で初めて都市計画の講義をした先駆的な教授でもある。「建築物というのは一つ一つのデザインではだめなんで、ともかく都市なら都市全体の建築の計画、もう少し狭い面積でいえば一つの団地の計画ということからやってゆくのでなければ行き当たりばったりで、継ぎはぎのものになってほんとうのいい建築はできない」(「内田祥三談話速記録」)。建築は一つひとつでは駄目で、全体計画が重要だということを講義で教え、営繕課長をも兼務して自らキャンパス計画で実践した。建築学を総体的に捉え、それを実践した内田の深い造詣がうかがえる。

「私は、東京帝国大学というのが一つのものだから、それが一つのものであるような設計が必要だと考えた。それには個々別々に人に頼んだのでは、いかにデザインの上手な人でも統一がうまくゆかず、思うような大学はできない。だから、まず二〇〇分の一の図だけは、私自身が画いた。プラン、エレベーションとセクションは大体画いた。それを大きくすることや、詳しくすることを、岸田日出刀君をはじめ、大勢の方々にお願いした。そういう方針で進め、全体の形式は私がすべてやった。小さなところで言えば、カーブの性質の強い、日本の建築で言えば古い時代の建築のような強いカーブがいいと思い、建物自身もあまり飾らない、質素なそして剛健な強い形、線のものにしたいという趣旨で、いまあるようなものができあがった」(前掲書)。

一方で、二〇〇分の一の図に岸田日出刀らの考えを入れると、時には大変違うデザインになった建物もあった。デザインのオリジナリティについて、内田自身に迷いがあったことも認めている。「ぼくがデザインしたというのがいいか、岸田君がデザインしたというのがいいか迷っていた」が、それでも自身の原図を見直し、「やっぱりこれはぼくがデザインして、岸田君に援助してもらったんだというほうが正確だなという気がしました」(前掲書)と述べた。

左頁の図以外、「列品室略設計図」「史料編纂所略設計図」「第一号館略設計図」「史料編纂所略設計図」など、内田の手による略設計図は、現在東京都公文書館が所蔵している。ファイルに整理された原図には、内田の気迫に満ちた実務家としての信念が、力強く残されている。

(森)

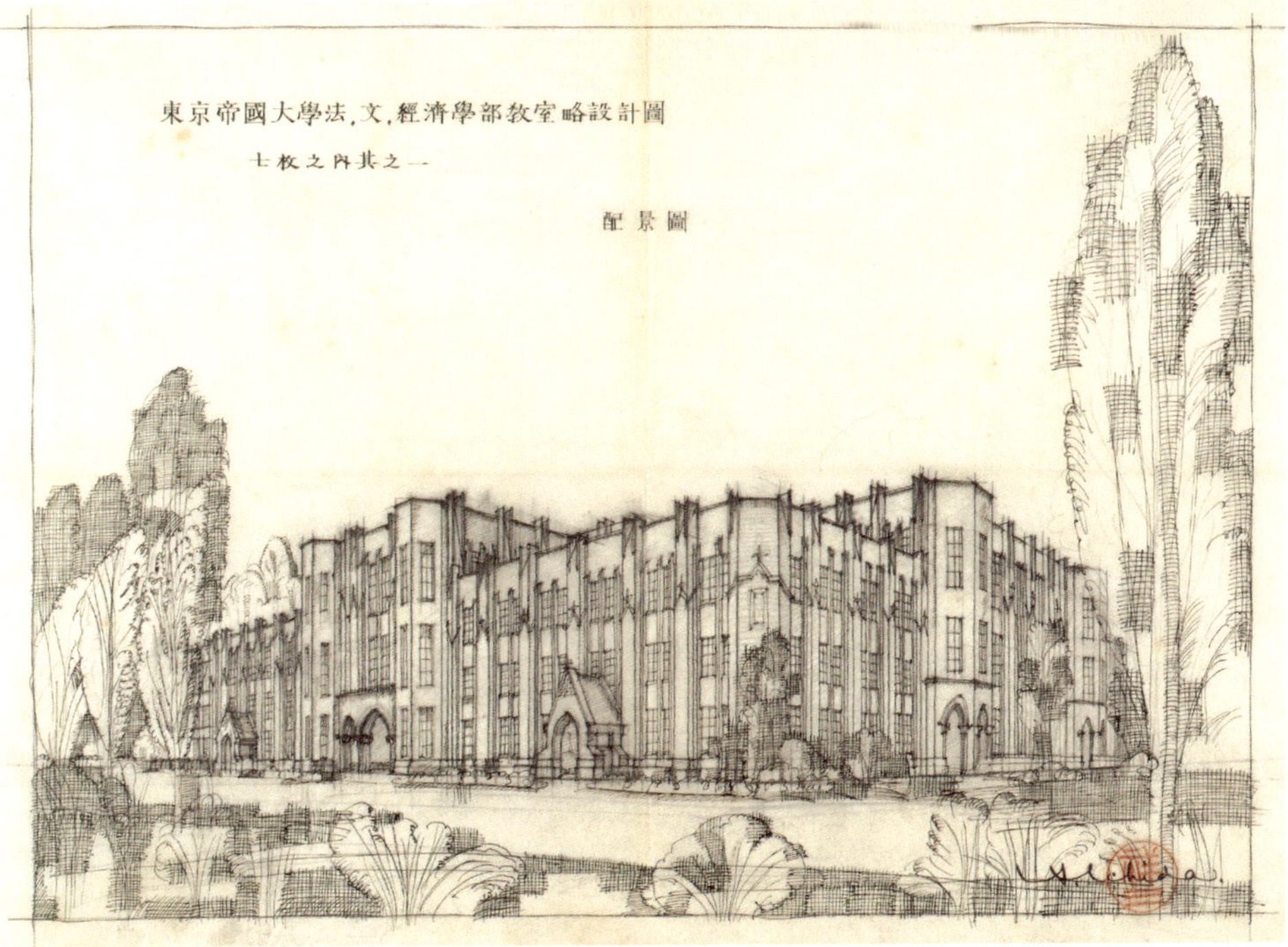


**東京帝国大学法·文·経済学部教室　配景図**（1925年5月9日）
（東京都公文書館蔵）

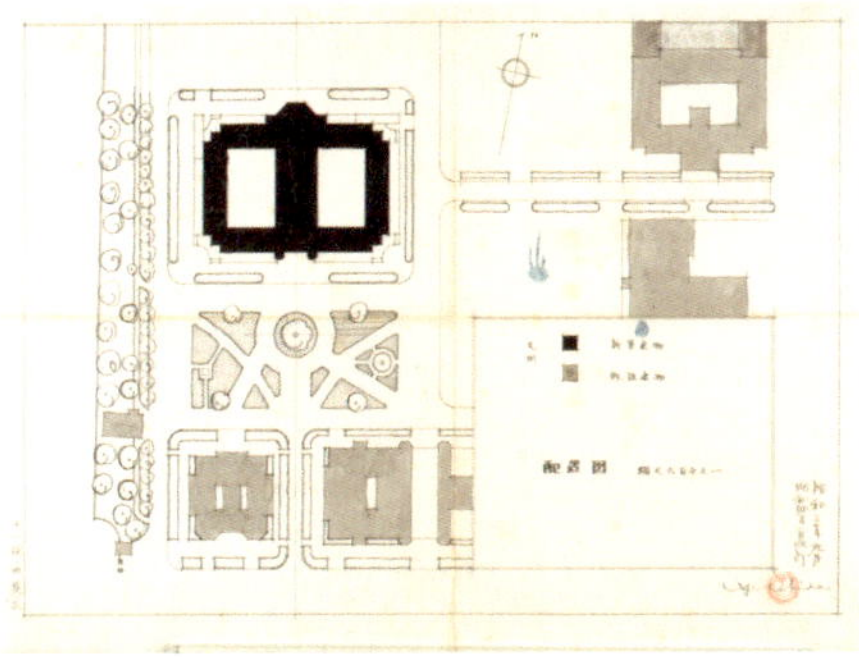

**東京帝国大学工学部第一号館　配置図**（1929年3月）
（東京都公文書館蔵）

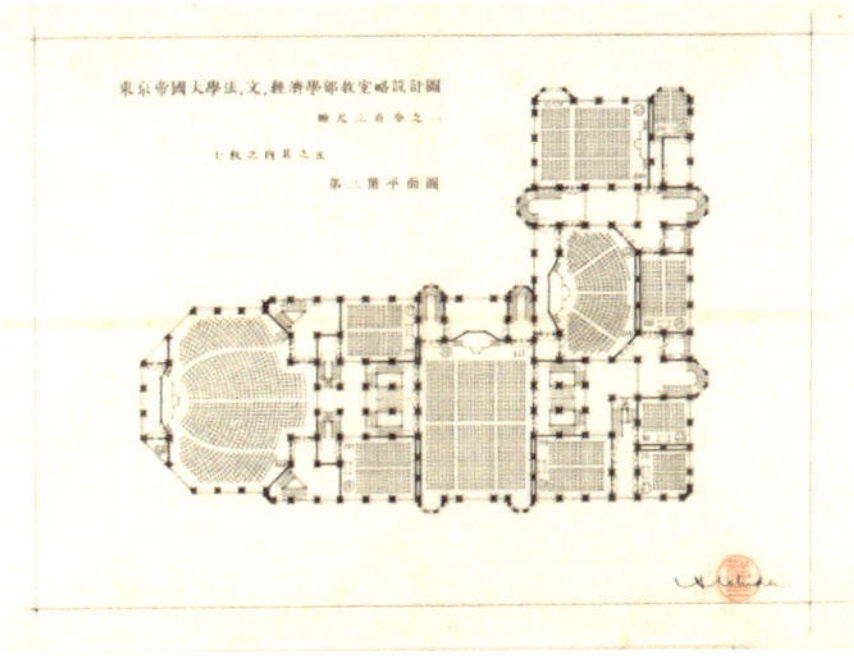

**法·文·経済学部教室　2階平面図**（1925年5月9日）
（東京都公文書館蔵）

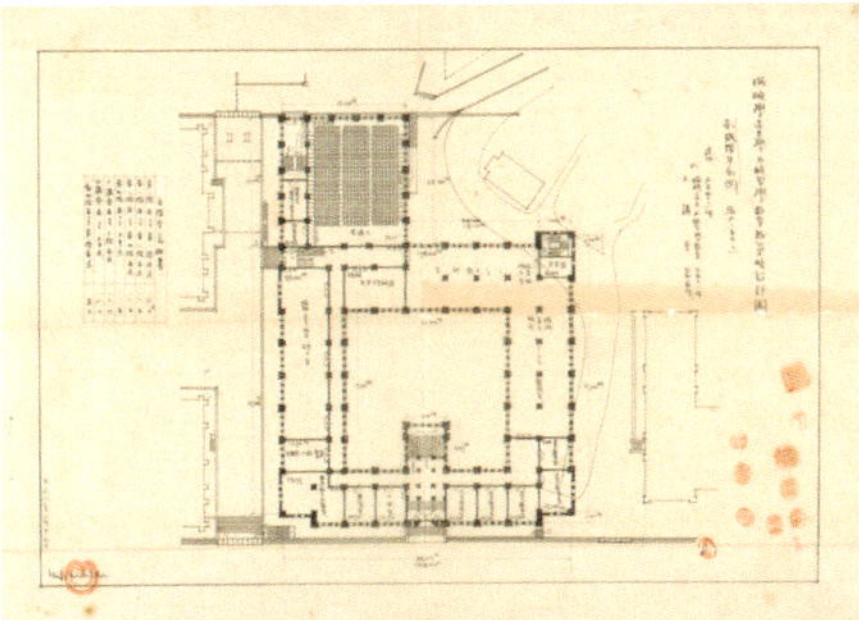

**機械学造兵学及航空学教室1,2階平面図**（1919年2月13日）
（東京都公文書館蔵）

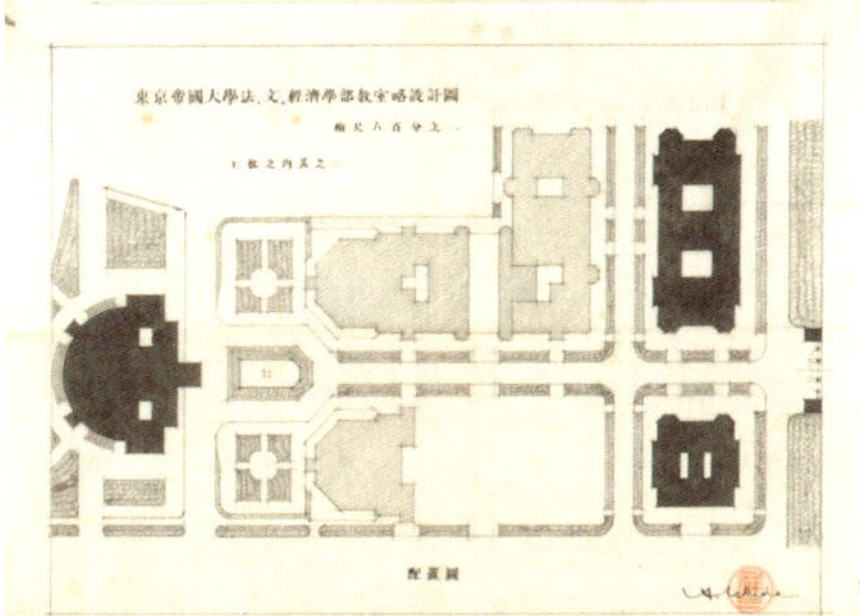

**法·文·経済学部教室　配置図**（1925年5月9日）
（東京都公文書館蔵）

4

# 内田ゴシック

## スクラッチ・タイルを用いた様式の誕生

内田祥三が営繕課長になる前、営繕課は施工に厳しいという評判だった。レンガの目地は一段おきにまっすぐに並べなければいけない。下からレンガの壁を見て、一直線になっていなければこわしてやり直させ、色が揃っていなければはねた。大学は仕事が難しいから、少し割増しをしないとやり切れないという評判が業者間にあったという。内田はその実態に、もう少しうまいやり方があるのではないか、また、よい設計は必ず施工しやすいものだと考えた。

そんな内田の建築設計の基本的方針は、工学部二号館から列品館へと進む段階でほぼ決められた。内田は正面、平面を自分で決める。建物の形は、地上三階、地下一階、必要に応じてサンクンガーデンを設ける。外部の意匠はゴシック様式による。タイルはスクラッチ・タイルを用いる。目地は縦横一直線に通ったイモ目地とする、などである。

工学部二号館や安田講堂では、表面に筋のあるタイルを採用し、凹凸がもたらす細い影が濃淡を出すことで多少の色むらや目地の不揃いを払拭した。関東大震災後はスクラッチ・タイルを用い、鉄骨・鉄筋コンクリートの外装には意味のない煉瓦造を模した破れ目地は採用せずイモ目地を使い、合理主義を貫いた。

内田の談話の聞き手である村松貞次郎(当時、東京大学生産技術研究所助教授)は、「地震があったら建物の中に入れ、東大の建物はさかさにしてもつぶれない」と冗談まじりに先輩から言われたという。鉄筋コンクリートが一番いいという確信を持つようになり、それを研究するために三菱を辞め大学に戻った内田が設計した工学部二号館は、竣工直後におきた大震災にも耐えた。また、この二号館には、当時一流の銀行でないと使われなかったスチールサッシが使われた。倹約ばかりが能でなく、いいものがあれば採用する、内田の考えの一端が垣間見える。

建築敷地整備に対する考えも、一貫していた。工事予算の内の一割程度を初めからないものとみなし、それを敷地整備費と銘打ち、植樹、水道・ガス管などの地下埋設物の整備を新築工事と並行し、建築敷地を、ひいてはキャンパスを整備していった。例えば、工学部一号館前広場の大イチョウは、工学部本館(辰野金吾設計)の中庭から、三年がかりで移植したものである。「非常に丁寧な方法で、あれはいい木なものですから。いまにすればそれだけ手数を掛けた甲斐はありますね」(「内田祥三談話速記録」)と。(森)

**医学部附属医院外来患者診察棟**（撮影年代不明）
（東京大学総合研究博物館小石川分館蔵）

**理学部2号館**（1934年9月撮影）
（東京大学総合研究博物館小石川分館蔵）

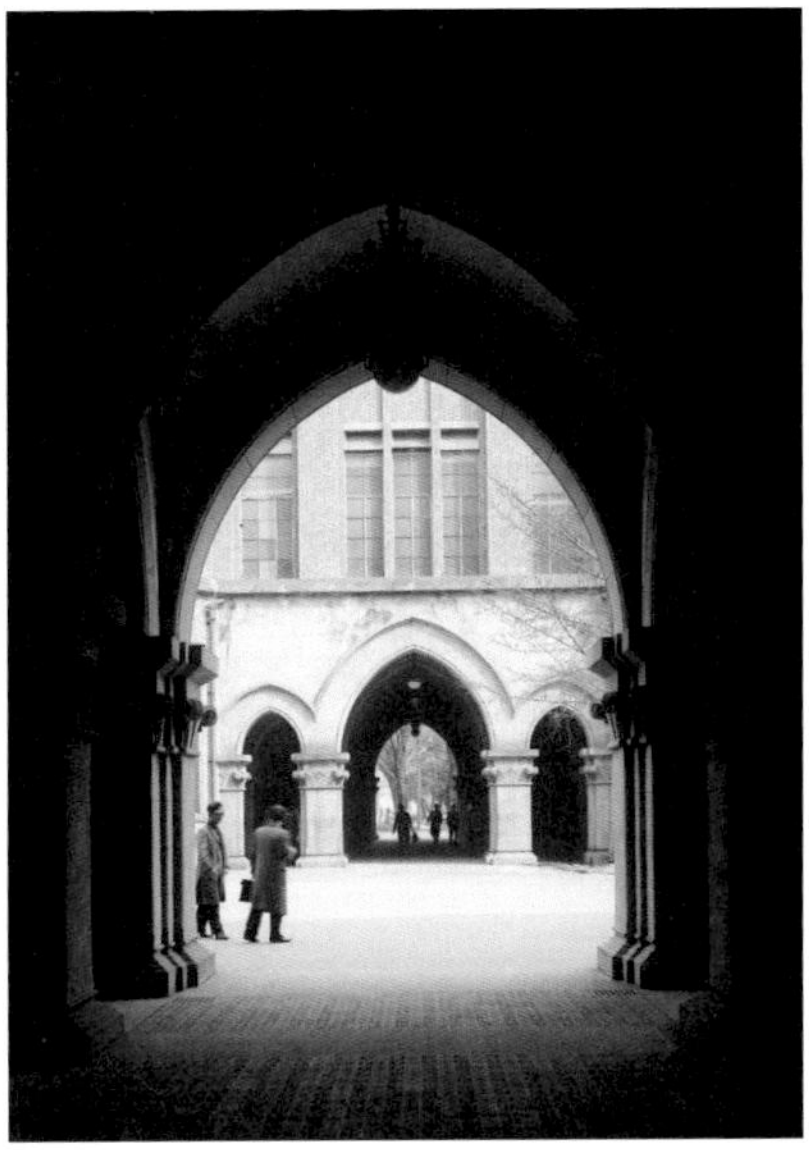

**法文経1·2号館　アーケード**（1939年4月撮影）
（東京大学総合研究博物館小石川分館蔵）

**史料編纂所**（1935年2月撮影）
（東京大学総合研究博物館小石川分館蔵）

**工学部1号館前広場**（1933年7月撮影）
（東京大学総合研究博物館小石川分館蔵）
写真左には支柱を添えたイチョウが写る。

**参考文献**
村松貞次郎『日本建築家山脈』鹿島研究所出版会、1965年

## 5 図書館の再建

### 震災復興の象徴

内田祥三がかなり細かいところまで手を入れたのが、図書館であった。外観デザインについてはコンペが行われ、堀口捨己、渡邊仁、吉田鐵郎、岸田日出刀など錚々たる面々による図面が残る。当初、八角講堂向かい（大講堂の手前南側）に計画されたが、後に元の図書館付近である現在の場所に決定した。よって、その外観は北隣の法経済研究室（現・法学部三号館）との調和を保つことが第一という意見が最も多く、内田が別案を立て、細かい部分まで描いたという。設計を終えてもなお、何とかして少しでも完全なものを仕上げたいと、竣工する最後の最後まで試行錯誤を続けた。正面足場が取れ、思い切って人造石塗りにしたが色が薄すぎ、石を貼った方が良かったと、率直に悔いた一幕もある。

内部の設計では、本郷通りの路面電車の音から、閲覧室の配置には特に注意した。また、図書館の実用面とは相反する耐震性確保のための太い柱と細かい間仕切り壁の調和に苦心する。当時は珍しい外国人研究者用の研究室も設置した。一方、図書館の建設費は、アメリカのロックフェラー個人からの寄付に依拠する。正面ホールや堂々とした階段は、「気風というような一種の記念性」（「内田祥三談話速記録」）を持たせることを意識した内田のロックフェラーへの配慮とも言える。内装には高価な木材が多用され、意匠に凝った質の高い空間が、何か大学の一施設とは思えない豪華さを放っているのも、このためである。創建当時、この図書館は世界的にも高い水準にあったであろう。

図書館の左右にはパビリオン（西側のみ現存）、広場には九輪を中央にした噴水を設け、周辺環境の整備にも力を注いだ。これには、当時の図書館長から、もっと実質的な方に費用を使って欲しいと抗議的な意見を受けたと言う。内田は怯まなかった。非常時にも大学内で水の供給ができるよう井戸を掘り、水をポンプアップし、地下室の水槽に貯め、循環させて空気を洗い、三四郎池に滝を作って廃水した。しかし、想定外に維持費がかかり、式典や来客時のみの運用から、次第に使われなくなった。滝の設計は、国立公園制度創設に寄与したことで知られる田村剛によるもので、校内にある石を利用し、自然的な特徴を見せながら、そこに日本庭園の手法を併せようと試みたものである。

図書館の再建は、東京大学にとって震災復興の象徴的な一大事業であり、内田にとっては渾身の一作であり自身の金字塔となった。（森）

**図書館建築参考設計草案（東京大学総合研究博物館小石川分館蔵）**
堀口捨己（右上）、渡邊仁（左上）、岸田日出刀（右下）、吉田鐵郎（左下）による各案。岸田案図面左に八角講堂らしき建物が描かれている。おそらく敷地は、大講堂手前に計画された時の案だと思われる。

図書館正面外観(1931年6月4日撮影)
(東京大学総合研究博物館小石川分館蔵)

図書館東側休憩所(現存せず、撮影年代不明)
(東京大学総合研究博物館小石川分館蔵)

図書館記念室(撮影年代不明)
(東京大学総合研究博物館小石川分館蔵)

図書館回廊(撮影年代不明)
(東京大学総合研究博物館小石川分館蔵)

**参考文献**

「東京帝国大学新聞」第140号、大正14年11月2日
「東京帝国大学新聞」第148号、大正15年1月1日
「東京帝国大学新聞」第224号、昭和2年10月18日
内田祥三先生眉寿祝賀記念作品集刊行会編『内田祥三先生作品集』鹿島研究所出版会、1969年
内田青蔵編『田村剛――「実用主義の庭園」「現代庭園の設計」』田村書房、2011年

6

# 図書館と戦没者追悼

## 消された戦争の記憶

医学部図書館（医学部本館二階）と法理文三学部図書館（法文学部二階）を一元化して、一八九三（明治二六）年に帝国大学図書館が竣工、翌年に開館すると、同時に閲覧室を会場に卒業式が執り行われようになる。

このことにより、図書館は単に蔵書を学生の閲覧に供するだけの場にとどまらず、大学にとって最も公共性の高い施設となった。明治天皇皇后の肖像写真（いわゆる御真影）が安置されたのも図書館内である。

日露戦争終結から間もなく、評議会は東京大学出身の戦没者二八人（学士一三人、学生及び卒業生一五人）の肖像写真を図書館に掲げ、その死を讃えることを決めた。一九〇七年三月一日、帝国大学令公布紀念式に合わせて、「明治弐十七八年戦役東京帝国大学出身忠死者之像」と記された二点の額面が披露された。これらは一九二三年に起こった関東大震災で焼失し、現存しない。

日中開戦以降、戦線が拡大するにつれ大学出身者の戦没が増え、再び追悼顕彰の場を設けることになった。大講堂ではなく、やはり図書館が選ばれ、一階閲覧室の北東隅に戦没者記念室が設けられた。祭壇には、遺族から提供を受けた肖像写真が白木の箱に納められ安置された。

一九四一年と四三年の秋に慰霊祭が神式で執り行われた。招待された遺族をはじめとする参列者は、式典が終わると、医学部一号館と理学部二号館の間を抜けて迎賓館（旧前田邸）へと案内された。そのシンプルな案内ルートは、キャンパスの中で迎賓館が機能していたことを示している。

敗戦をはさんで一九四六年春に無宗教式で催された慰霊祭は、会場を大講堂に移した。これを機に、図書館から戦没者追悼の場という性格が消えたが、一九五一年に平和記念像（きけわだつみの像）の設置が図書館前広場に求められたこと（実現せず）、一九八六年に広場の改修に取り組んだ大谷幸夫が「広場の曼荼羅」（6章「6広場と軸線の建築」）と名づけて戦没者追悼の構想を示したこと（一部実現）などは、戦後四〇年が過ぎてなお、広場を含めた図書館という公共空間が戦争と結びつけてとらえられていたことを物語る。

しかし、現在では、戦争の記憶は本郷キャンパスからほとんど消されてしまった。かつて御殿下運動場を見下ろす場所にあった日露戦争の戦没者市川紀元二学士を賛えた銅像はキャンパスを追われ、静岡県護国神社へと移設された。

医学部同窓生有志によって、二〇〇〇年、〇一年と相次いで建設された二基の戦没者慰霊碑は大学当局によってキャンパス内への設置を拒絶され、やむをえず正門前と弥生門前の私有地を借りて建てられた。（木下）

**正門前の戦没者慰霊碑**
（撮影 木下直之）
碑面には「東京大學戦没同窓生之碑　天上大風　良寛書」とある。2000年に医学部戦没同窓生追悼基金によって建立された。

**支那事変戦歿者慰霊祭**（簿冊『支那事変戦歿者慰霊祭関係』1941年、東京大学文書館蔵）
1941年10月10日に執り行われた。この時、慰霊の対象となった戦歿者は、職員9人、学生8人、生徒1人、合計わずかに18人であった。

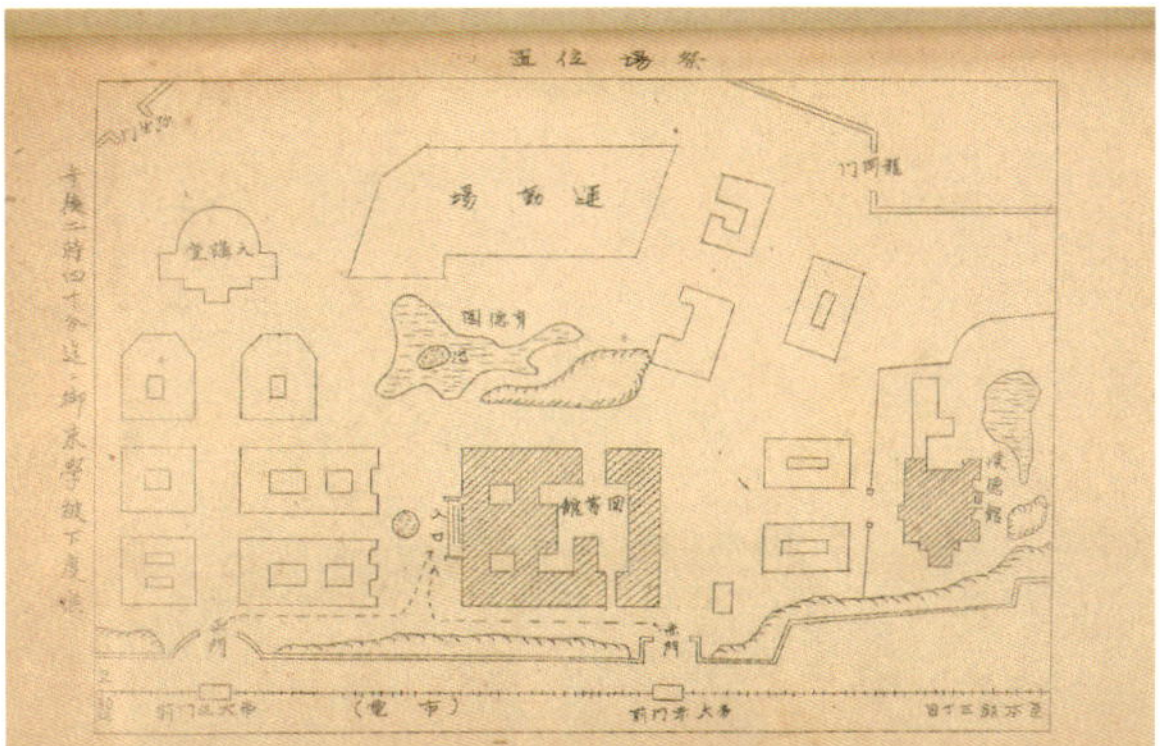


**慰霊祭案内図**（簿冊『支那事変戦歿者慰霊祭関係』1941年、東京大学文書館蔵）
1941年10月の慰霊祭の参列者に配られた案内状。慰霊祭終了後に、会場を懐徳館に移し、茶菓が供された。当時のキャンパスのシンプルな配置がわかる。

**戦歿者記念室**（簿冊『支那事変戦歿者慰霊祭関係』1941年、東京大学文書館蔵）
1941年9月に図書館閲覧室の一隅に開設された。壇上の白木の箱には戦歿者の肖像写真が納められた。これらは大学文書館に現存する。

## 7
# 恵まれた運動施設

本郷キャンパスを歩くと、運動施設に恵まれた印象を受けないだろうか。特に都心では運動場を学校の外にもつ大学も多いなか、運動は学校の中でやるものだ、という気概のような意志を感じるほどに充実している。実は、これらは簡単につくられたものではない。

地形上、本郷キャンパスには敷地端部に凸凹した部分が存在した。相当な規模の運動場が適当にはまるように地ならしをして運動場にしようと腹を決めた内田祥三は、運動場をつくる予算がないところ、敷地整備費という名目をつけて整備した。

野球場建設の背景は、こうである。内田と野球の話をよくしたという長與又郎[1]が、「すぐ側に野球場がなければとても練習は、少なくとも医学部に関する限りはできない」というので、内田も野球場建設に一役買った。その後総長となった長與は、農学部長の反対が懸念されるなか、一九三五（昭和一〇）年の建築委員会にて総合大学の性質と一般学生の保健上からも必要なることを説き、満場一致の可決を導いた。こうして整備された野球場は、東京大学の投手として通算最多勝利記録を出した岡村甫（一九九六―一九九八年、工学系研究科・工学部長）や、最近も話題になる選手を輩出する。

御殿下グランドの拡大整備では、病院を東に下げる必要があった。内田は、従来使えなかった敷地端部を整備し病院敷地を補うことで了解を得る。運動場北側には、昭和の初めまで六面のテニスコートがあった。日本人選手が五輪で大活躍した時代である。内田自身、一九三二（昭和七）年から一九四七（昭和二二）年までア式蹴球部（通称東大サッカー部）の部長を務め、関東一部リーグで三度の優勝に導いた。「いまではあんなに立派な運動場が東京の、昔の市の敷地の中にあれだけのものを持っている学校はないというぐらいまでにしました」（「内田祥三談話速記録」）と胸を張った。

プールは、従来あった地下室を使った。かくして第二食堂建物地下にプールがつくられた。また、育徳園に面した屋根のある和風建物も、内田の作品である。「屋根のある建物を鉄骨鉄筋コンクリート、あるいは鉄筋コンクリートで作るということは、あるいは決して偽りの構造ではない」（前掲書）という考えに基づき、日本流の柱と梁とで組み合わせてつくるという構造で、柔剣道場（七徳堂）と弓道場（育徳堂）は設計されたのである。キャンパス内の運動施設群は、内田らの強い意志の表れとも言えよう。（森）

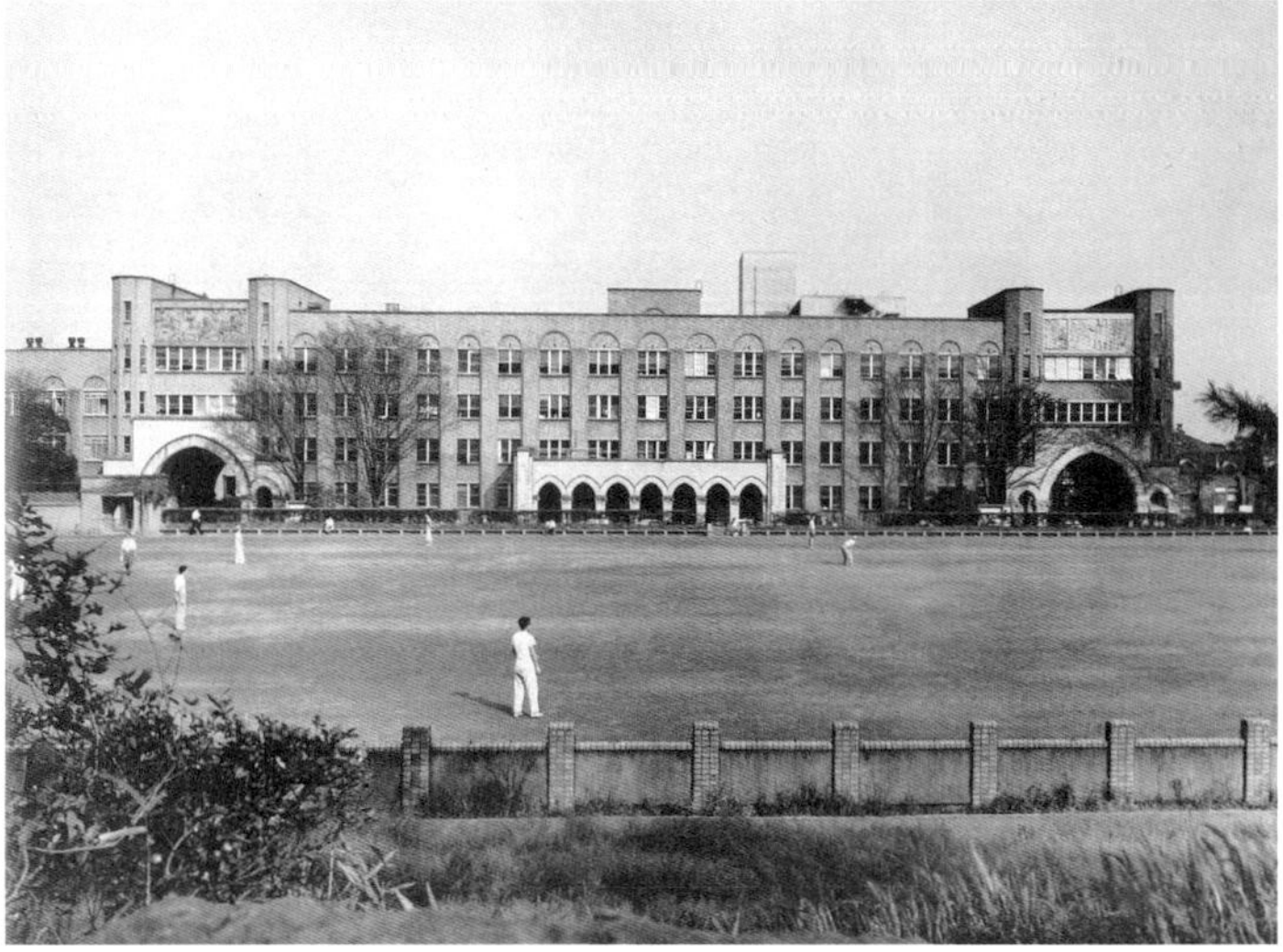

**御殿下グラウンド**
(撮影 鳥畑英太郎、『写真集東京大学』)

**柔剣道場(七徳堂)(昭和13年9月撮影)**
(東京大学総合研究博物館小石川分館蔵)

**弓道場(育徳堂)(昭和10年6月撮影)**
(東京大学総合研究博物館小石川分館蔵)

▶ 長與又郎(1878-1941)　第12代総長(1934年12月〜1938年11月)。東京医学校長を務めた長與專齋の三男。黄金時代の一高野球部の選手であった長與は、1917(大正6)年に設立された野球部の初代部長に就任した。

**ア式蹴球部**
(『内田祥三先生作品集』1969年)
後列中央が内田である。前列一番左は太田博太郎(後に工学部建築学科教授、専門は建築史学)、二人おいて高山英華(後に工学部建築学科教授、都市工学科を設立)。

**野球場　球場開きの模様(昭和12年9月26日撮影)**
(東京大学総合研究博物館小石川分館蔵)
観覧席の左右に配されたダッグアウト、グラウンドを囲むフェンスを含め、全体をRCでつくる。戦前に遡る数少ない現役の野球場施設として、2010年、国の有形文化財に登録された。

**8**

# 病院を装飾する

## 一九三〇年代の病院像の証言者

東京大学のこれまでの歴史を通じて、医学部と附属病院が、その建築計画も個々の建物のデザインも、その姿を最も激しく変えてきた。それは医学の進歩と医学に対する社会の要請に、ハードがつねに追いつかないからだ。計画の完成を待たずに次の計画が必要になり、更新を重ねる。

開学当初は三四郎池の南側に展開していた病院が、御殿下運動場脇の道（現在のバス通り）一本隔てた東側へと場所を移した。より大きな病院が求められたからだ。それが関東大震災を経て（病院は焼失を免れた）、内田祥三によって壮大な復興計画が立てられた。正面を西向きに設け、幅二五〇メートル、奥行二〇〇メートルという規模は、本郷キャンパス内に比べる建物がない。

内田は、正面玄関を中心に、左に内科を、右に外科を展開させようとした。そして中庭を設け、奥に医学博物館を構想した。このうち、玄関と内科部分のみが一九三八年までに完成した。長大なファサードには波を打つような緩急あるデザインが施され、単調さを逃れている。

しかし、現存するのはバス通りに面した正面のみで、アーケードを抜けて東側に入ると、二〇一三年に始まったクリニカル・リサーチ・センター（CRC）建設工事によって内科の建築群（その中心に内科講堂があり、歴代教授の肖像画が壁面を飾っていた）はすっかり姿を消してしまった。中庭をはさんで内科は外科と対峙するはずだったが、もはや内科・外科という区分が現代の医学と医療においては大きな意味を持たなくなっている。病院は、そのような学問のあり方がキャンパスに直接反映している場所なのである。

そのように考えれば、ファサードに施された巨大な浮彫「医学の診断、治療、予防」と「長崎時代」は、日本への西洋医学の伝来の歴史を象徴するばかりでなく、一九三〇年代の病院像の証言者でもある。前者は新海竹蔵（一八九七―一九六八）、後者は日名子実三（一八九三―一九四五）という彫刻家の手になる。

竹蔵は山形出身、伯父の新海竹太郎に就いて学んだ。竹蔵は、総合図書館にも、正面玄関の列柱の上に八点の浮彫、内部三階ホール南側壁面に四点の浮彫「春夏秋冬」を施しており、建築の装飾という点で、東京大学のキャンパス計画に貢献した彫刻家といえるだろう。

一方の日名子は大分県臼杵の出身、東京美術学校に学び、朝倉文夫に師事した。記念碑、建築と彫刻の合体などに強い関心を示し、その最大の作品「八紘之基柱（あめつちのもとはしら）」（紀元二千六百年記念事業として一九四〇年に建設され、戦後は「平和の塔」と名を変えて宮崎市に現存）を残している。彫刻の社会性を追求した日名子にとって、病院の外壁を彫刻で飾ることは願ってもない仕事であった。

なお、中庭へと抜けるアーケードの天井に、イタリアに学んだ画家寺崎武男（一八八三―一九六七）によって女神像も描かれたが、今は見る影もない。（木下）

附属病院のレリーフ「医学の診断、治療、予防」（撮影上野則宏）

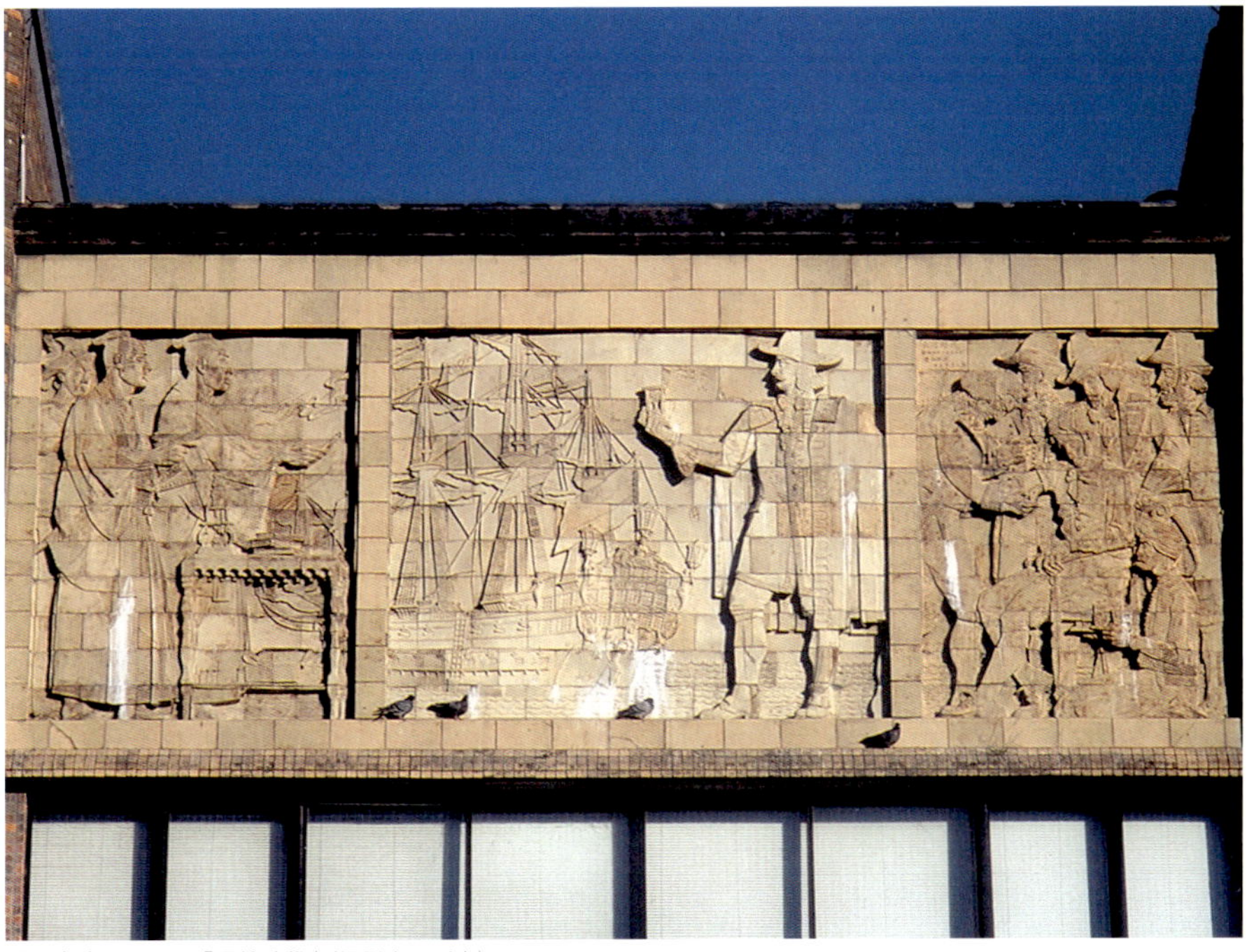
附属病院のレリーフ「長崎時代」（撮影上野則宏）

## 9 農学部の移転

### 本郷での総合大学成立へ

農学部は、一八九〇（明治二三）年に農科大学として発足して以来、前身の東京農林学校のあった目黒区駒場（現在の駒場キャンパス）にあり、東京帝国大学に隣接する本郷弥生町にあった第一高等学校との敷地交換が完了する一九三五（昭和一〇）年までの四五年間、本郷キャンパスから離れて存在した。しかし、早くも農科大学発足直後の一八九一（明治二四）年より、第一高等学校との敷地交換の議論は始まっていた。

この農学部本郷移転に関する中心人物は、古在由直であった。教授時代から移転問題にかかわってきた古在は、農学部出身初の総長となった人物で、任期中に関東大震災が発生し、キャンパス復興に尽力した総長でもある。内田祥三は、この一高と農学部の入れ替えを、「古在の宿題」と言っている。駒場に一つ離れた農学部で教鞭を執る古在の総合大学への想いは、もしかすると、近代高等教育のシンボルとして整備されていく本郷キャンパスへの憧れに近いものがあったのかもしれない。理想的には一つの敷地の中に、せめてひと固まりといっていいようなところに移りたい、と。現実的には本郷三丁目の方面は前田家周辺の土地をなかなか買うことができず、結果的に一高の方にならざるを得なかった。学内には、根強い反対論もあったという。

そして古在は総長となり、自らに課した宿題、「一つのキャンパスでの総合大学」を目指し交渉を進め、一九二一（大正一〇）年前後には具体的進展を見せ始めてゆく。関東大震災は、こんな中で起こった。震災直後、全学をあげて代々木へのキャンパス移転に舵を切るも、結局本郷での復興を図ることにおさまるが、農学部移転は、この震災復興計画の一部分に組み込まれ、奇しくも国の財政の影響を大きく受けることとなる。

農学部のキャンパス計画も、内田であった。内田は当初、門を入って突き当たりに運動場、その手前の左右に校舎を建てる計画を立てた。「東大本郷構内構想図」（「2 大震災からの復興・再建計画」参照）にも、農学部三号館は存在しない。しかし周知の通り、現在、農正門と呼ばれる門の突き当たりに農学部三号館が建ち、正門に対峙する安田講堂の構図と同様、一つのキャンパスに二つの中央があるような構図になっている。この構図を農学部としてはもっともだと考えた内田は、反対意見も何とか押し切り実行した。

一九三五（昭和一〇）年七月、農学部三号館が未着工、施設・設備上の不備を抱える中、農学部は夏休みを利用して本郷に移転する。ここに、「一つのキャンパスでの総合大学」がようやく成立したのである。（森）

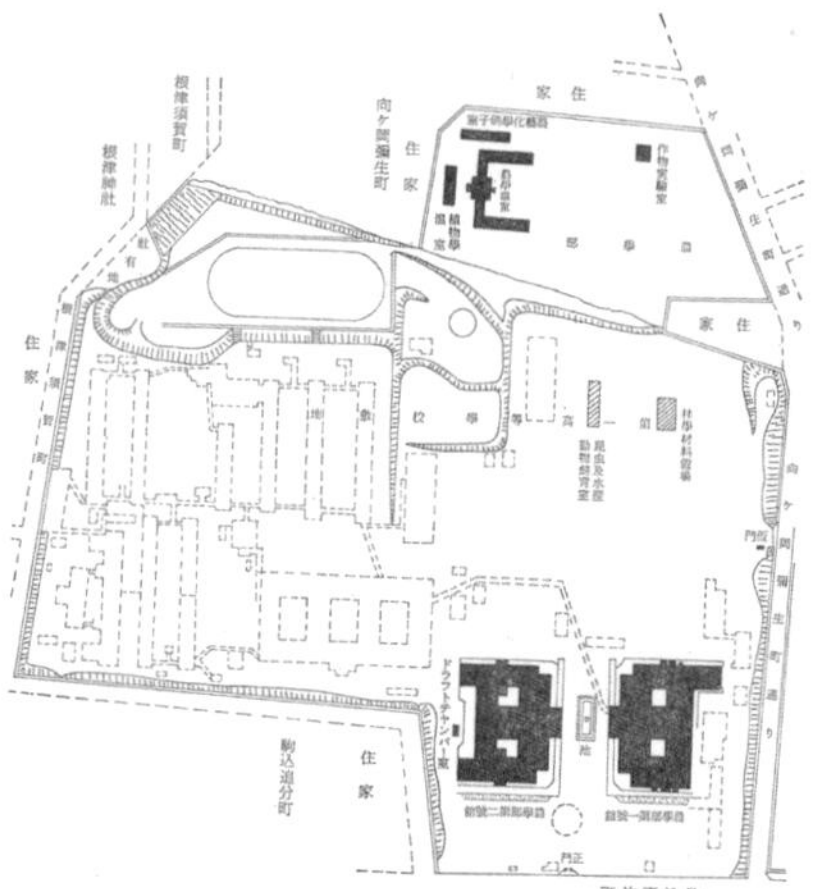

**農学部の建物配置図**（1936（昭和11）年3月31日）
（『東京帝国大学一覧』（昭和11年度）、東京大学文書館蔵）
この後、内田祥三の計画で、正門の位置は南に移動する。一方、正門に対峙する樹木の構図は現在も継承されており、スダジイをシンボル樹木に指定し、伐採・移植を原則禁止した保全がなされている。

**第一高等学校本館**（東京大学大学院工学系研究科建築学専攻蔵）
創建当初、まだ緑深く静かな本郷にその偉容を誇り、玄関前には校樹の橄欖（かんらん）が植えられた。関東大震災で大きな被害を受け、翌月には爆破され、三十余年の時を刻んだ時計台と共に役割を終えた。

**キャンパス交換で高陵正門を出る一高生**
（『第一高等学校八十年史』）
護国旗を先頭に正門を出た一高生たちは、神田を通り丸の内に入り、宮城（現在の皇居）を遥拝し、桜田門から渋谷に向かい、駒場に入った。写真に写る正門とスダジイの構図は、現在も継承されている。


**参考文献**
西沢佶編『嗚呼玉杯に花うけて——写真図説 第一高等学校八十年史』講談社、1972年

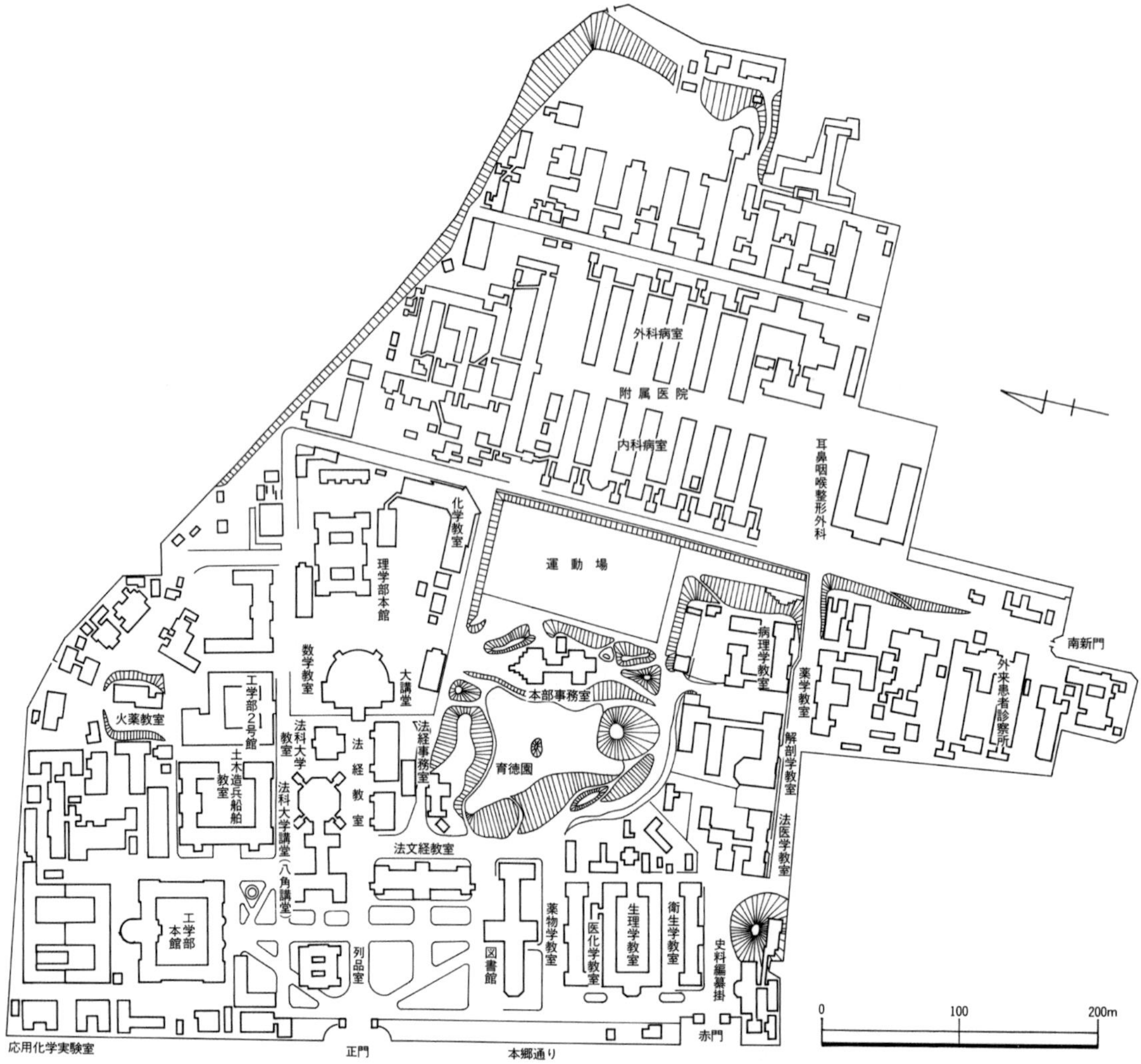


1923（大正12）年のキャンパス

第6章

# 戦後・高度成長期のキャンパス再開発

第二次世界大戦により広大な面積が焦土と化した東京であったが、本郷には内田ゴシックのキャンパスがほとんど変わらずに残っていた。米軍は、占領後に本郷キャンパスに拠点を置くため、あえて爆撃の標的から外したのである。一九四五（昭和二〇）年、その目的を果たすためGHQが接収の交渉に東京帝国大学を訪れた。関東大震災による被災とはまた異なるキャンパス存亡の危機であった。このとき対応したのは、内田祥三総長、南原繁法学部長、石井勗事務局長の三名。断固としてキャンパスの接収を拒み、本郷キャンパス存続の道が拓けた。

本章が扱うのは、その後の本郷キャンパスであり、戦前より続くキャンパス空間が、高度成長期にはじまる急激な増床需要を乗り越えていく歴史である。

戦後の幕開けは、GHQからの求めに応じて、教育方針そのものが民主化へと舵を切られたことから始まった。一九四七年、教育基本法と学校教育法が制定され、同年、東京帝国大学は、東京大学（旧制）へと改称する。続く一九四九年、大学や高校など各種国立学校の設置を定める国立学校設置法が定められ、旧制東京大学は同年新制東京大学へと生まれ変わる。これに伴い、第一高等学校と東京高等学校を取り込んで教養学部・教育学部を新設し、第二工学部を母体として生産技術研究所を設立するなど大きな組織の新設・改編が進んだ。

その先鞭として本郷キャンパス内に具体的な姿を現したのは、教育学部や社会科学研究所、新聞研究所であった。これらは総合図書館へ継ぎ足すように建設され、その意匠は内田ゴシックが踏襲された。キャンパス空間としては、戦前から続く内田ゴシックのキャンパスの延長線上に新たな施設が加えられていったのである。

しかし、日本が高度成長期に入り、その延長線がうまく引けなくなってくる。「もはや戦後ではない」と言われた五〇年代後半からは、社会的な要請により自然科学系の部局を中心に組織の拡張や再編が進んだ。これにより、一九六〇年頃よりキャンパスが手狭になりつつあるという問題が浮上してきた。有効な解決打がないまま時は流れ、一九六九年、東大紛争が起こる。学内外に大きな衝撃を与え、一九七〇年には東京大学を取り巻くさまざまな問題を多角的に改革していくべく、改革委員会が設置された。ここにキャンパス狭隘化の問題も吸収され、一九七一年にその具体的な対応策を検討する長期計画特別委員会が組織された。

翌一九七二年、長期計画特別委員会は本郷キャンパスの建て詰まり問題を分析し、将来的なキャンパスの展開として本郷集中型・複数団地分散型・大規模敷地移転統合型の三種類の案を発表し、それぞれの長短を説明した。翌年には、本郷キャンパスを第一キャンパスとし、新たに第二キャンパスを取得することの必要性を示し、その裏付けを得るべく学内の建物需要調査を行っている。新キャンパス候補地の調査検討の結果、米軍が撤収することになった立川基地跡地が有力候補となり、一九七五年三月の評議会承認を得て、国や都への要望が始まった。しかし、結局国は応じることなく、一九七八年、立川基地跡地移転を断念した。この新キャンパス問題はその後も検討が続き、一九九五（平成七）年の柏キャンパス取得へと結実する。

このように、七〇年代前半に多極分散型キャンパスに向けて歩みを始めた東京大学であったが、床需要の試算の結果、新キャンパスを取得したとしても、本郷キャンパスの効率的・計画的な利用が不可欠であることがわかっていた。そのため、キャンパス内の土地利用と容積率コントロールの検討が進められ、一九七五年一〇月、全学合意の下に生まれた初のキャンパス計画とも言える「本郷キャンパス利用計画」が誕生した。ここに、開発するエリアと保存するエリアを区分けし、戦前のキャンパス環境の要所を守っていくという方針が示されたのである。

しかしこの後数年で、日本の産業構造が大きく変貌する。素材産業は停滞し、計算機や自動車などの高付加価値工業製品の生産が激増するなか、この社会情勢に応えるべく工学部では拡充が必須となり、その結果、約十年で規定容積率の上限が見えてしまう事態を迎えた。工学部はこれを巧みな再開発計画と実践体制の構築によって切り抜けていく。建物単位で保存対象を指定し、それ以外を大胆に再開発するプランである。この方法論は高く評価され、本郷キャンパス全体の再開発計画策定にも導入されることとなった。

こうして九〇年代初頭、高度成長期に端を発した増床需要およびキャンパス狭隘化問題に対するキャンパス計画からの回答が出揃う。一九九二年、柏キャンパスを取得して、本郷・駒場と併せた「三極構造」をとることを謳った「東京大学のキャンパス計画の概要」が示されるとともに、翌年、工学部再開発に範をとった「本郷地区キャンパス再開発・利用計画要綱」という具体的な空間構想がまとめられたのだ。実に三〇年あまりにわたる苦闘の果てに、戦前からの空間的連続性を保つ目処がついたのである。（尾崎）

## 1 図書館団地

### 新制東京大学の出発

敗戦間近、東京帝国大学は日本陸軍から帝都防衛の拠点として本郷キャンパスの使用を求められたが強く拒絶した。米軍による空襲では一発の爆弾も焼夷弾も落とされず、戦後は占領軍からの接収も免れた（内田祥三「東京大学が接収を免れた経緯について」『学士会百年史』学士会、一九九一年）。早くから米軍は日本占領を想定し、国会や官庁街と東京帝国大学を温存したとされる。しかし、一九四五年三月一〇日の空襲は本郷界隈を焼き、その延焼で、キャンパスの南西部分に被害が出た。前田家から譲り受けた懐徳館（大学の迎賓館として使用）が焼けたのはこの時である。

戦後の教育制度改革の結果、一九四七年に東京帝国大学は東京大学（旧制）となり、さらに四九年に、教養学部と教育学部、および社会科学研究所や新聞研究所（のち社会情報研究所、現在は情報学環）などいくつかの付置研究所を新設して新制東京大学がスタートした。教育学部はいわずもがな、社会科学研究所と新聞研究所の創設も、日本の民主化を目指すという教育改革の目的に正しく適うものであった。

この改革は、まず図書館南側への増築となって本郷キャンパスにその姿を現した。工事は一九五二年に第一期が竣工し、段階を踏んで、一九六八年に完工した（「建物配置図」施設部蔵）。外壁にはスクラッチ・タイルを施すことで、すでに史料編纂所と明治新聞雑誌文庫を併設していた図書館がそのまま拡大し、完結したかのような外観を生み出した。もともとこの部分には図書館の増築が予定されていたのだが（『東京帝国大学附属図書館復興記念帖』一九三〇年）、新しい教育研究施設を取り込むことで、新制東京大学の出発を象徴する場所となった。

一体化した建造物群は「図書館団地」と呼ばれた。はじめは俗称であったに違いないが、現在では「図書館団地耐震改修工事」（総合図書館ウェブサイト）などと公的にも使われる。「図書館団地」にほど近い薬学部の本館（一九五七年竣工）にも、「内田ゴシック」の外観は踏襲された。

すでに述べたとおり、帝国大学時代の図書館は、古くはそこで卒業式が行われ、天皇皇后の御真影が安置され、戦没者記念室が設けられるなど、大講堂とともに公共性の高い空間であった。隣の史料編纂所は大日本帝国の公的な歴史を編む場所であった。

その真下に位置する明治新聞雑誌文庫（一九二七年開設）は少し変わった存在で、大日本帝国のあり方に再考を迫った法学部教授吉野作造を中心に一九二四年に結成された明治文化研究会の後押しによって生まれた。いわば獅子身中の虫のようなところがあり、文庫の世話役には宮武外骨というそれにふさわしい在野にして反骨のジャーナリストが雇われた。

そこに新たな教育研究施設を加えたことで、図書館団地は敗戦をはさんだ東京大学の連続と断絶を示している。そこでは新旧のスクラッチ・タイルが隣り合い、連続し同時に断絶している。（木下）

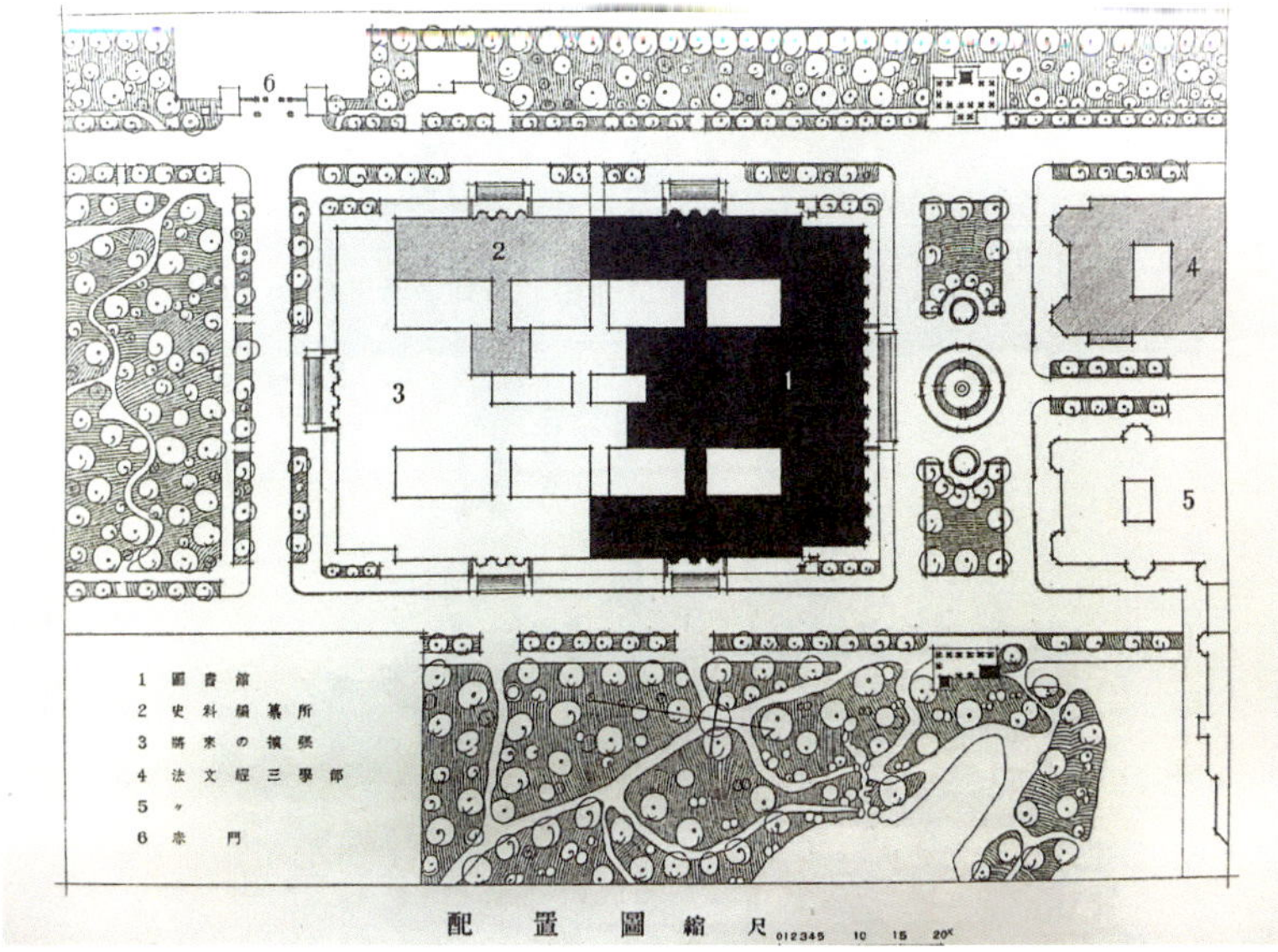


**図書館増築計画**（配置図『東京帝国大学附属図書館復興記念帖』1930年、東京大学文書館蔵）
1930年の図書館復興記念帖の刊行時点で、南東部分は「将来の拡張」に当てられることが決まっていた。南側と東側には、既存のデザインに合わせた玄関が想定されている。

**1961年の図書館団地**（『昭和36年卒業アルバム』東京大学医学図書館蔵）
図書館団地の増築は段階的に進んだ。1961年ごろに撮影されたこの写真では、社会科学研究所が史料編纂所と対になるように建てられたことがわかる。教育学部はまだつながっていない。

左／**史料編纂所**（明治新聞雑誌文庫）**と教育学部**
（撮影 木下直之）
教育学部は1949年に創設され、最初の建物を1955年に得た。1928年竣工の史料編纂所と隣接し、外壁の新旧のスクラッチタイルが連続している。
右／**社会科学研究所**
（撮影 木下直之）
社会科学研究所は敗戦からちょうど1年後の1946年8月に創設され、図書館2階の5室で活動を開始した。1954年4月に現在の建物が完成し、引き渡された。新聞研究所は1949年の創設、1953年に図書館に隣接する場所に拠点を得た。

## 2 キャンパス計画の誕生

### 「本郷キャンパス利用計画」の策定

高度成長期を経てキャンパスには多くの校舎が建ち、ついに新築用地が不足する問題が発生した。一九七一年一〇月に組織された長期計画特別委員会（委員長は経済学部の遠藤湘吉教授、部会長は工学部都市工学科の大谷幸夫教授）では、初回の議題に「マスタープランについて」とあるとおり、キャンパス整備の計画立案が検討された。

一九七二年七月と一〇月の「改革フォーラム」紙上で長期計画特別委員会の経過報告がなされている。そこでは、本郷キャンパスは設備・施設の老朽化が著しく、再開発が必要であるとした上で、東京大学のキャンパスの将来構想として、❶本郷集中型、❷複数団地分散型、❸大規模敷地移転統合型の三つの方向性があるとしている。本郷集中型の場合、部局の地境を無くし相互乗り入れをしながらゆっくりと整備を進め、かつ御殿下グラウンドを建設用地とすれば四年一貫総合教育の実現が可能であるが、それでも一〇年で建て詰まるという。複数団地分散型の場合、学部の相当ボリュームの移転が必要であるとし、大規模敷地移転統合型の場合、国家プロジェクトとしてしか実施し得ず、行政との調整およびタイミングに恵まれなければ困難であるとしている。なお、現状維持の場合、翌年度の概算要求の完全実施すら不可能と付記してあり、本郷キャンパスの建て詰まりがきわめて厳しい状況に置かれていたことが知られる。

この後、長期計画特別委員会は頻繁に開催され、一九七四年一一月に三日間にわたるマスタープラン説明会を開催するなど全学合意に向け奔走し、一九七五年一〇月、ついに「本郷キャンパス利用計画」としてマスタープランの策定に漕ぎつける。

その主たる内容は、土地利用と容積率制限を主とする、きわめて都市計画的な手法による開発限界の明示である。土地利用計画図を見てみよう。景観を保存すべき「保存地区」は、安田講堂より本郷通り側の建物にほぼ限定されている一方、老朽建物が残り、無秩序な建物配置になっているとされる「再開発区域」には、内田ゴシックの工学部二・三号館などが含まれている。つまり、内田ゴシックは主要部しか保存対象になっていない。一方で、建築行為を原則禁止した「緑地地区」には育徳園や病院地区を囲む街路など、近世の骨格的空間が複数指定されている。当時を知る都市工学科の渡邉定夫名誉教授によれば、育徳園を保存した理由は、加賀藩時代の土地利用の重要度を鑑みた結果だという。そうであればこの計画図は、本郷通りを基軸とする「内田ゴシックの骨格」と、龍岡門から第二食堂に至る藩邸時代の主要動線を基軸とする「近世の骨格」のうち主たるもののみを残し、それ以外を再開発するという画に見えてくる。土地利用と容積率の制限の向こう側に、キャンパス構造の抜本的な再構築に向けた意思がぼんやり浮かぶようである。（尾崎）

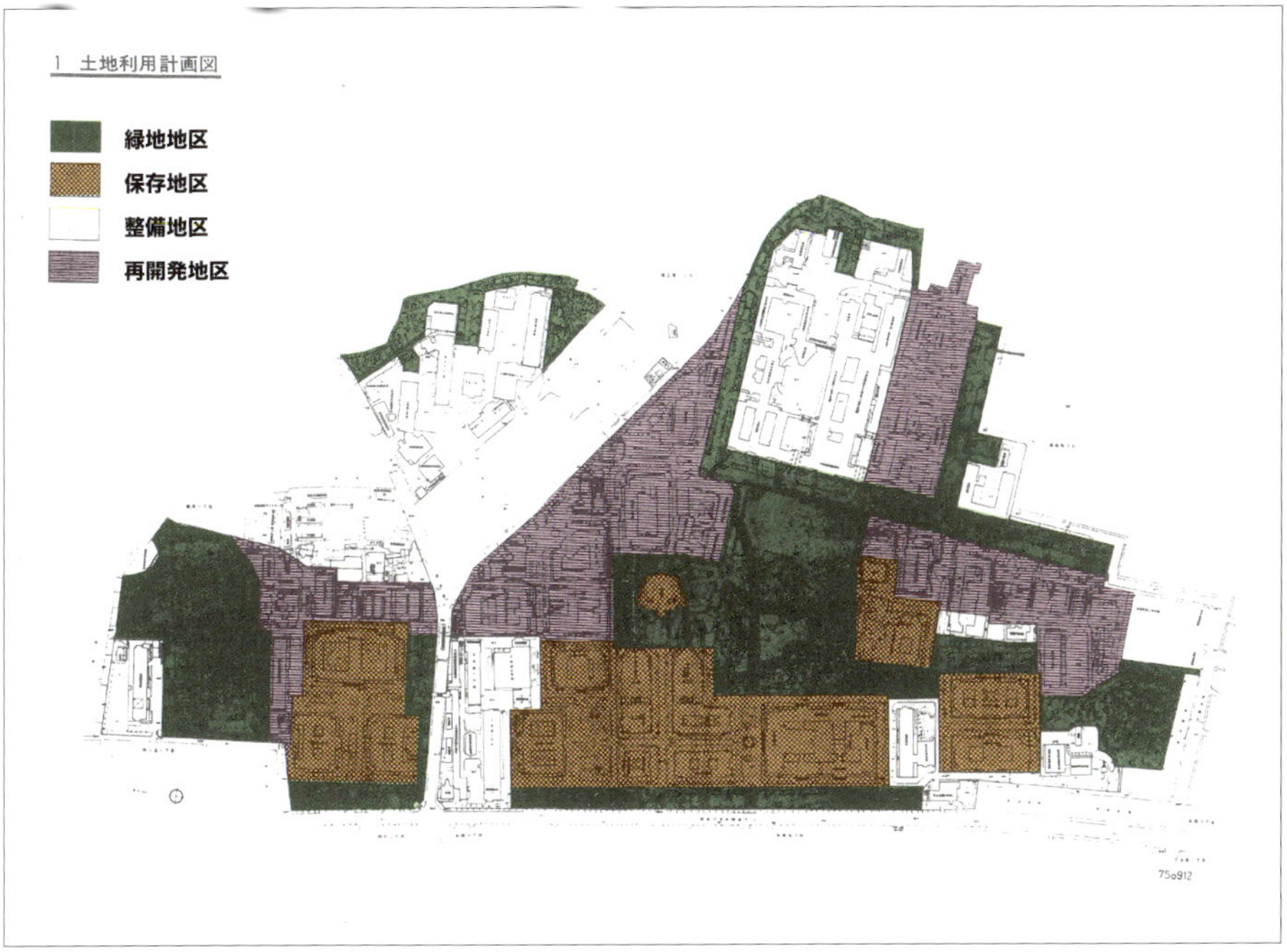


**土地利用計画図**（東京大学「本郷キャンパス利用計画」1975年，筆者により図版に一部追記・着色）

**緑地地区**：一段の植樹された地域、又は運動場等の空地で、健全な戸外生活の用に供され、かつ大学の教育研究活動にふさわしい物的環境を保つために、公共空地として維持する必要がある地区をいう。

**保存地区**：現存の建物、道路、広場、庭園等の構成が、一定の秩序ある景観を呈し大学の歴史と伝統を物的に表現している地区をいう。

**整備地区**：主として戦後建設された建築年の比較的新しい建物を多く有し、中高層で一団を構成している高密度地区をいう。原則として、大規模な建設行為は当分の間認めない。

**再開発地区**：老朽建物の存続、及び無秩序な建物配置などにより、土地の有効利用が阻害されている地区をいう。現存施設の取壊し、建替え、新増築などの秩序有る再開発を計画的に行い、土地の有効利用を図るため、単発的な建設行為は厳しく抑制する。（東京大学「本郷キャンパス利用計画」1975年より抜粋）"

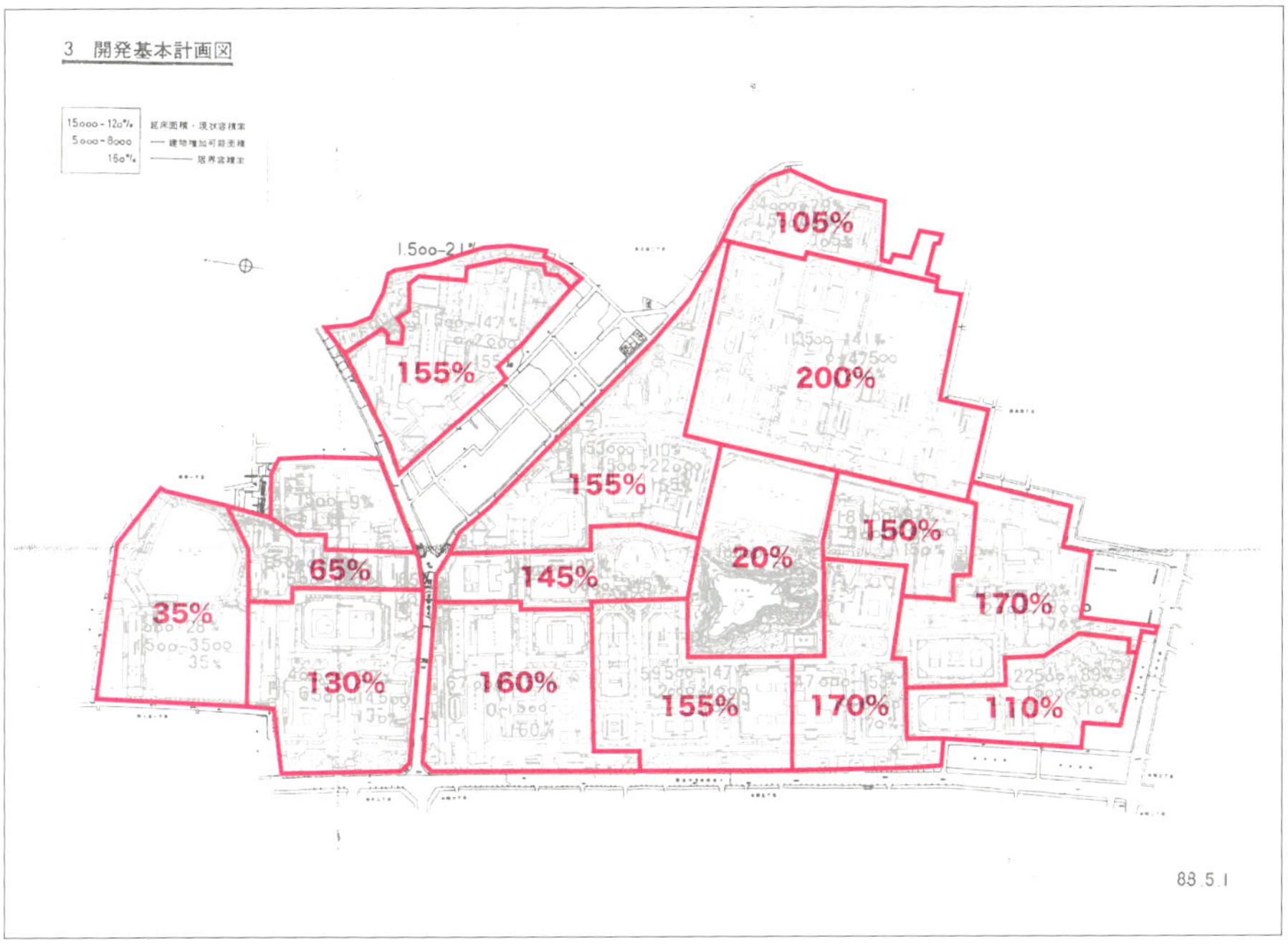


**開発基本計画図**（東京大学「本郷キャンパス利用計画」1975年、筆者により図版に一部追記・着色）

原図上に書かれている黒字は、上段が延床面積-現状容積率、中段が建物増加可能面積、下段が限界容積率。赤字はそのうち限界容積率を抜き出したもの。

**参考文献**
施設部調査企画掛「昭和四八年建築委員会及び長期計画委員会資料」1973年
「改革フォーラム」第25号・26号、1972年
東京大学広報委員会「学内広報」第282号、1975年4月23日

## 3 モダニズム建築の実験

戦後復興期から高度成長期へ移行した一九五〇年代後半から六〇年代、多くの学科増設や設備の拡充を計画した工学部では、予算不足を補うために関連業界から寄付を募り、工学部五号館（応用科学系教室拡充後援会、一九六一年）や工学部八号館（機械工学科拡充後援会、一九六五年）を建設した。本郷キャンパス利用計画策定（前項参照）以前のこれらの建物は、近代建築の合理的理念を反映して、高層化によって床面積を確保し、戦前の様式建築とは一線を画していた。しかし、このような近代建築においても、徐々にキャンパス環境を意識した建物が現れる。

建築学科教授であった吉武泰水が設計した工学部一一号館（建設三学科拡充後援会が一部寄付、一九六九年）は、地上九階（地下二階）の高層建物で、コーナーを越えて連続する水平窓が近代建築の手法を示している。歴史的様式建物は、アーチなどの入口デザインと左右対称性によって建物の正面性が強調されるのに対し、一一号館では、直接二階へ上がる大階段、低層部の講義室、円筒状の避難階段など、人々の活動に即した形が外部に表れて対称性は崩れ、正面性は強調されていない。これらは様式建物とは異なる手法で外観を形づくろうとする近代的な試みで、外装に既存キャンパスと類似した茶褐色タイルを用いていることも合わせて、キャンパス環境への意識が表れている。

都市工学科教授であった丹下健三が設計した理学部五号館（現・第二本部棟、一九七六年）と本部棟（一九七九年）は、垂直動線を兼ねた構造コアを四隅に配することで自由な平面と大きな窓を可能とする近代的合理性を示しているが、コアに用いられている茶褐色タイルと八角形の平面形状が、内田ゴシックや安田講堂とのつながりを感じさせる。

建築学科で丹下の先輩にあたる前川國男が晩年に設計した山上会館（一九八六年）には、茶褐色の打ち込みタイルや、アーチとの類似性が感じられるヴォールト状のプレキャスト・コンクリートのスラブなど、三四郎池周辺の環境を考慮した技術の活用が見られる。

建築学科教授であった芦原義信が設計した御殿下記念館（一九八九年）は、グラウンドの地下に設けられた体育施設である。道路際にあった内田ゴシックの付属屋（一九三三年）の外壁を残しつつ、地下レベルに設けた色鮮やかなモールからは大きなガラス越しにプールや体育館を眺めることができ、モールを含めた人々の活動の場が屋外環境を形づくっている。北側の店舗棟が建築学科教授だった岸田省吾の設計で学生支援センター（二〇一〇年）に建て替えられた際、内田ゴシックのアーチが入口として復活するとともに、広場が多層化し、さらに多様な屋外空間が実現した。（木内）

**工学部11号館**（1969年）
（撮影 木内俊彦）
低層部の講義室や野外階段が水平方向に広がり、建物の使われ方を外観に表すモダニズムの手法を示している。

**山上会館**（1986年）
（撮影 木内俊彦）
右手の三四郎池周辺緑地に向かってヴォールト状の天井が並ぶ。

**高層の本部棟**（1979年）**とその左手に建つ第二本部棟**（**旧理学部五号館、1976年**）
（撮影 木内俊彦）

**御殿下記念館**（1989年）
（撮影 木内俊彦）
右手の学生支援センター（2010年）によって立体外部空間が拡張された。

**参考文献**
岸田省吾『大学の空間から建築の時空へ』鹿島出版会、2012年

## 4 東大紛争と安田講堂前広場

安田講堂前の広場は、今日では二本の大きなクスノキが木陰を作り、中央には光溢れる芝が広がり、人々が思い思いに集う場となっている。しかしながら、広場のデザインは、実は講堂の竣工以来、広場のデザインは実は何度も改変されてきた。その変遷は、大学の様々な出来事と密接に絡み合い、大学そのものの歴史を体現しているようでもある。

一九二五（大正一四）年に安田講堂が竣工する以前の一九一二年、正門が完成し銀杏並木の整備がなされた頃、その突き当たりにはすでに大学を象徴する大講堂の建設が想定されていた。一九二一年に安田善次郎からの寄付の申し出によって大講堂と便殿の建設が具体化することで、このキャンパスにおける最も象徴的な正門からの軸線は完成するのである。この時の広場は、砂利で仕上げられた大きな空地だったようだ。便殿に車で直接アプローチすることも想定されていたからだと思われるが、講堂の威風堂々とした佇まいは、この空地によって一層際立っていたことだろう。

正確な年代は定かでないが一九三四（昭和九）年ごろに、広場は部分的に御影石（通称ピンコロ石）で舗装される。当時、東京市の坂の舗装に使われた御影の小さなブロックからヒントを得た内田祥三が、車の通る道が滑らないようにとの配慮でピンコロ舗装を始めたのである。確かに三四郎池側のスロープのみがピンコロ舗装になっている写真もあるので当初は機能的な観点での舗装が主だったのだろう。だがその後キャンパス全体の整備が進む中で、広場の大半もピンコロ舗装になっていたのではないかと思われる。

しかしながらこのピンコロ舗装は、一九六九年の東大紛争においてズタズタにされてしまう。紛争の際に投石に使われたという逸話もあるが、真偽の程は定かでない。何れにしてもこの紛争を機に安田講堂は封鎖され、入ることすらできない日々が長く続くことになる。一九七六年には、渡邉定夫教授の設計によって広場の地下に中央食堂が建設され、同時に広場には植栽がなされることになる。広場に人が集う風景は、紛争の痛ましい記憶を呼び覚ますのであろうか、学生の集まる場は地下に降ろされ、地上では人が集えないという皮肉な光景がここに生まれたのである。ちなみにこの時に敷設された大きな御影石は、都電の廃止に伴い廃材となった敷石が使われている。都電廃止直後の竣工という偶然も、広場のデザインに一枚嚙んでいる。

一九九〇年、平成の大改修を機に長年封鎖されていた安田講堂は再び開放される。二〇〇一年には地上の植栽も撤去され、その後クスノキ下の広場の整備なども経て今ある広場に生まれ変わる。昨今では、学生のみならず地域の人々も気ままに訪れる微笑ましい光景を目にすることも多い。

安田講堂は、その存在感故に大学そのものを象徴し、また広場はその象徴性を受け止める場であり続けた。だからこそ広場のデザインは、その時代の要請に応じて改変され続けてきたのである。広場の歴史は、大学の歴史の写し絵のようでもある。（千葉）

**初期の安田講堂（大正15年11月4日撮影）**
（東京大学大学院工学系研究科建築学専攻蔵内田資料『大講堂ニ於ケル諸式典』写真帖より）

**ツゲ植栽のなされた広場（1976年頃）**
（東京大学文書館蔵）

**再整備された平成の広場**
（撮影 小川重雄）

**1960年頃の安田講堂前広場**
（撮影 鳥畑英太郎、『写真集　東京大学』）

5

# 学内埋蔵文化財発掘調査の始まり

東京大学では、第二次世界大戦後の大学改革および高度成長期のキャンパス狭隘化問題を経て、一九七五（昭和五〇）年、初のキャンパス計画とも言える「本郷キャンパス利用計画」を策定した。この計画では、育徳園や安田講堂周りの広場空間などを緑地地区として定めて建設行為を原則禁ずるなど、明らかに加賀藩時代から内田期の空間構造を保存しようとする意図がうかがえる。ただし、この時点では、歴史的建造物や遺構の保存・保全などの文化財保護の考え方は盛り込まれていない。

しかし、ほどなく地下の良好な財産は明瞭な形となって現れることになる。「本郷キャンパス利用計画」策定と同年の一九七五年に行われた安田講堂前広場整備や、一九七七年の史料編纂所前共同溝工事の際に遺構や遺物が出土したことが記録に残っている。一九八二年からは工事に先立って試掘調査が行われるようになり、同年経済学部校舎増築、一九八三年理学部化学館共同溝などの調査では、藩邸の土地利用が確認されている。

ただ、当時の埋蔵文化財行政では、近世遺跡が発掘対象として位置づけられていなかったことで、本格的な調査は行われなかったものの、同年には東京大学創立百年事業で予定されていた山上会館と御殿下記念館工事に先立って行われた試掘調査において、非常に良好な状態で江戸時代の陶磁器や礎石などが確認された。江戸時代最大の大名藩邸という重要性を鑑み、東京都との協議の上、遺跡調査を行う組織として学内に現在の埋蔵文化財調査室の前身である臨時遺跡調査室（当時の室長は、文学部考古学研究室上野佳也助教授）を設けて、これに対応することになった。この調査には考古学のみならず、歴史学、建築史学、自然科学など多領域の研究者がかかわり、大きな成果として結実していくことになる。

これとほぼ同時に新営が計画されていた法学部四号館、文学部三号館、理学部七号館、医学部附属病院中央診療棟などの建物についても、試掘調査の結果、埋蔵文化財が確認され、事前調査を行うこととなり、本郷キャンパスの地下には良好な埋蔵文化財が包蔵されていることがわかった。一九九四年には、キャンパス全域が「本郷台遺跡群」の名称で埋蔵文化財包蔵地として周知され、大学全体の財産となっている。

（尾崎・堀内）

**梅之御殿の調査**（3. 御殿下記念館地点）
梅之御殿は、加賀藩10代藩主前田重教の正室である寿光院の隠居所として、1802（享和2）年に建てられた御殿である。その後、程なく寿光院は急逝し、翌年に11代藩主治脩の正室である法梁院の隠居所となった。

**育徳園庭園の調査**（1. 山上会館地点）
山上会館が建つ場所は、加賀藩邸庭園の一角にあたる。写真の石組遺構も地層や石に刻まれた刻印から屋敷造営初期のものと思われる。庭園は、幾度かの改修を経て、5代藩主前田綱紀によって「育徳園」と名付けられた。

※調査地点の番号は本書20頁を参照。

**参考文献**
東京大学埋蔵文化財調査室『東京大学本郷構内の遺跡　山上会館・御殿下記念館地点』1990年

# 6 広場と軸線の建築

## 空間的文脈の創造的発見

赤門を入り、突き当たりの医学部二号館の前を左折すると、三四郎池西側の美しいケヤキのアーチが目に飛び込んでくる。この木漏れ日の空間は、本郷キャンパスで大切にされている空間軸の一つ、緑地軸である。この緑地軸は、本郷キャンパスだけでなく隣の弥生キャンパスまで伸びており、本郷・弥生の両キャンパスを南北に貫いている。さて、話を戻すと、三四郎池西側のケヤキの空間を進んでいくと、正面にこの緑地軸をまたぐように建つ建物がある。文学部三号館である。この文学部三号館は、図書館前広場の反対側に位置する法学部四号館とともに、一九八七年に竣工した。当時設計を担当した都市工学科教授の大谷幸夫によると、構想の着手からキャンパス施設にかかわるマスタープラン委員会の検討・了解を経て、全学の同意を取り付けるまで一〇年を超える歳月が費やされたという。

この二棟の建築は、本郷キャンパスにおける空間的文脈を引き出した点において、重要な意味を有している。文学部三号館の一階は、他の法文の建物と同様に、アーチが連続するピロティとなっている。素材にコンクリートが採用されていたり、上層階の立面構成が近代建築の手法でまとめられているなど、個別のデザイン言語は従来の建物とは異なる。しかしながら、いくつもの建物を結びつけるアーケード空間の発見は、その後の香山壽夫による緑地軸の発見の布石となった。大谷は、キャンパスにとって重要なことは、スクラッチ・タイルをはじめとした素材の一貫性だけでなく、アーケードが連続するという空間形式の継承も重要である、と考えていたのではないか。つまり、一般に、スクラッチタイルを基調とした暖色系の質感、ネオゴシックの装飾などが、本郷キャンパスに共通したデザインルールだと認識されがちだが、アーチの連続によって建物を貫くアーケード空間という建築形式をも、キャンパス全体を構成するデザインとして見出したと言えるだろう。

同様に、法学部四号館は、図書館前広場と本郷通りの間に新たな境界面をつくるよう、板状に薄いボリュームとして配置されている。この配置により、図書館前広場が空間的な輪郭を持つことになる。この図書館前広場には、部分的にしか実現しなかったものの、曼荼羅をモチーフにした広場デザインを大谷は提案している。大谷は、病弱で徴兵されなかったことを負い目に思い、この曼荼羅に戦没者追悼の意を込めたという。大谷の設計による二棟の建物の完成により、広場の中心性が高められ、将来の図書館別館へと続く、総合図書館前というキャンパスの空間的主題が創造的に発見されたということができるだろう。（川添）

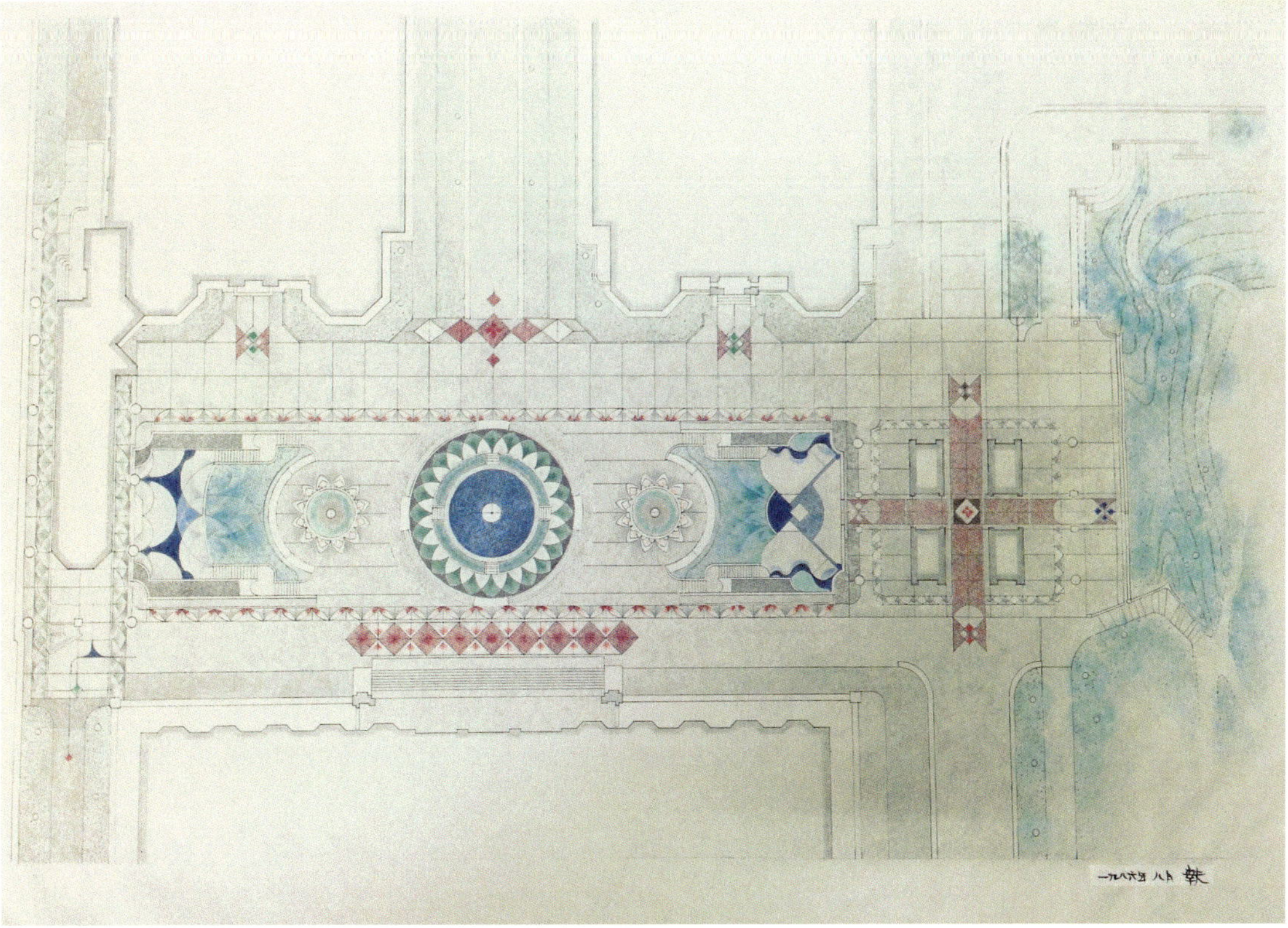

**総合図書館前広場デザイン案**（東京大学文学部所蔵）
大谷による総合図書館前広場のデザイン案には、曼荼羅があしらわれている。

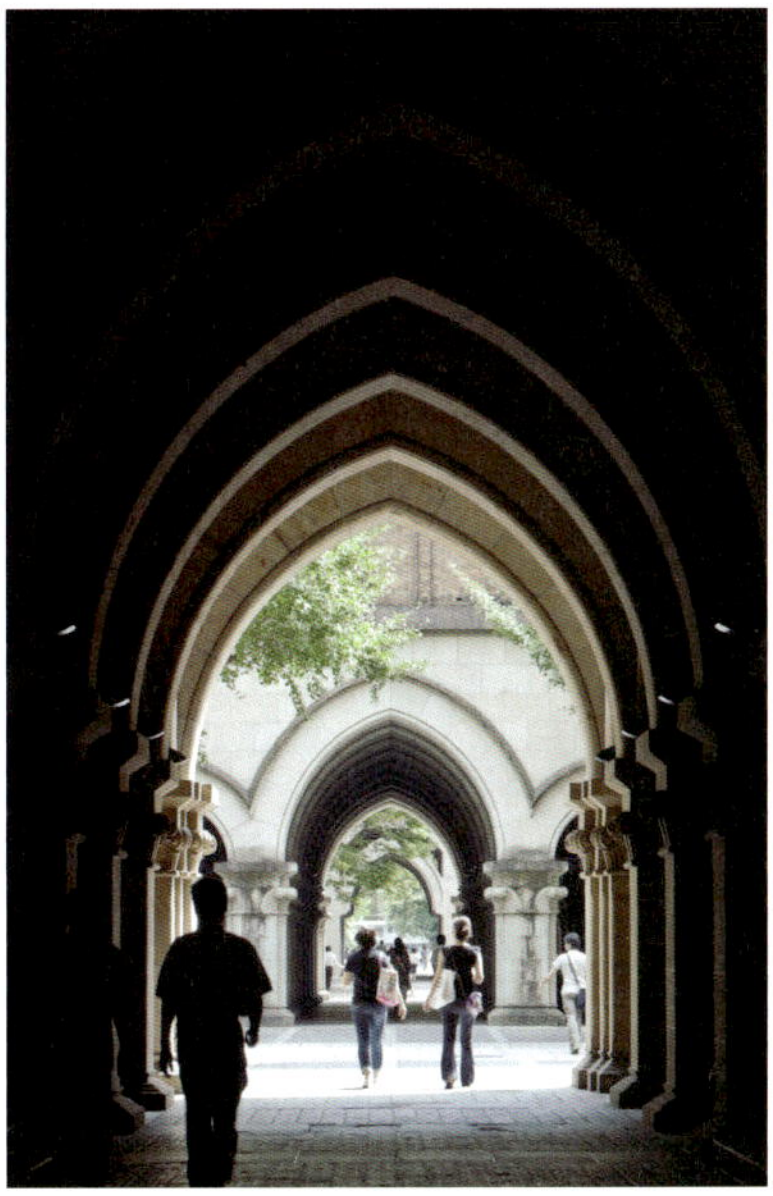

**アーケードの連続**（撮影 小川重雄）
法文学部1号館アーケード内から、法文学部2号館、その先の文学部3号館のアーケードを望む。

**参考文献**
大谷幸夫『都市的なるものへ――大谷幸夫作品集』建築資料研究社、2006年

**7**

# 内田ゴシックへの増築

## 法文一号館・二号館、工学部一号館・二号館・六号館

建築学科に進学して、工学部一号館の図書室を覗いたときの衝撃は今でも鮮明である。古臭い（失礼！）建物の内部にまったくの現代建築が挿入されていたからだ。内田祥三による震災復興後の建物はいよいよ増床の時代を迎えたのである。

その後、一連の屋上増築が実現した（法文一号館、二号館の屋上増築、一九七六年第一期、一九八一年全体が完成。工学部六号館屋上増築、工学部六号館室内改修）。法文一号を嚆矢とする屋上の増築は、デザイン的には非常に斬新なものであり、古い校舎との対比を狙ったものであった。設計を担当した香山壽夫助教授（当時）は、旧建築の模型を作り、その上のペントハウスを何度も作っては壊して検討したという（しかし、残念ながら居住性が悪くて住人には不評であった）。

一九八八年、正門の整備事業の中で正門門扉が廃棄されたことがある。関係者の尽力でゴミ捨て場から拾いだし、鉄工所に持ち込んで修理を施して復旧した。現在の正門は、中央の大門扉二枚が新しいアルミ製であり、両側の小門扉二枚が創立当初のままである。外された旧門扉は駒場Ⅱキャンパス倉庫に保管されている。

一九九五年から工学部一号館（一九三五年竣工）が改修に入り、一年後に竣工した。既存建築はそのまま、撤去は最小限、という原則のもとに、中庭を室内化する、背面に五階建てを新築して増床の要請に応える、という方法をとった。結果は大変に好評であり、震災復興建築の保存改修例として、際立っているようにみうけられる。二〇〇五年には工学部二号館の改修、増築が竣工した。安田講堂に向いた前面部分、全体の半分を残し、後ろ側を撤去、そこに十二階の新建築を乗せた形をとっている。新建築に旧建築の外装を貼り付ける案も検討されたが、旧建築の一部をそのまま残したので、両建築の対比が明確で一つの方法として評価できよう。安田講堂を取り囲む建築群のファサードも維持された。

現在求められているのは、震災復興期に整備された建築群を大切に維持しながら、新しい機能を足してゆき、現代的な要請にたえるような施設へと転換することではないか。もし今後百年、この試みが継続したならば、欧米の古い歴史を持つ大学に比肩する、語り継ぐに足るキャンパスが形成されることになるだろう。（藤井）

**法文1号館·2号館の屋上ペントハウス**（『東京大学本郷キャンパスの百年』）
安田講堂塔上から正門方向を望む。三階の屋上に異質の建築を載せている。

**工学部1号館の改修後の姿（中庭の増築）**
（撮影 藤井恵介）
もとの中庭に鉄骨で製図室を増築。もとの外壁が内装となっている。

**工学部2号館の改修後の姿**
（撮影 藤井恵介）
奥が保存された旧建築、手前が増築された12階の建築。

## 8 工学部の再開発計画

### 全学再開発の嚆矢

高度成長期、社会的要請の高まりに乗じて工学部は拡充が進み、建て詰まりが問題となっていた本郷キャンパスにおいても、特にその問題が深刻な部局となった。一九八五（昭和六〇）年六月、堀川清司工学部長は、かねてより内田ゴシック建築屋上への増築等でキャンパス内の実務を行っていた建築学科の香山壽夫助教授に工学部エリアの再開発計画立案を依頼した。

これを受けて香山は、工学部の建築物を、維持保存状態、外部環境、建築意匠の三つの観点からそれぞれ三段階で評価し、三層のレイヤー図で表現した。そして、ポジティヴな評価が重層するエリアを保存地区とし、それ以外を再開発地区とした。このきわめて明快な評価・ゾーニングシステムは、教授会で喝采を浴びたと聞く。香山はさらにキャンパスの景観や近隣との関係を考慮しつつ高層建築の配置と形態についてスタディを行い、再開発の順序を具体的に構想した。この結果を一九八六年一月の教授会で報告したのちに、同年三月に報告書としてとりまとめている。

同報告書には美しいスケッチとともに、再開発部分が一目でわかるよう素材を変えた模型写真などが収録されている。保存と開発の明快なコントラストが目をひく。工学部一号館や五号館が保存されている一方、言問通り側は巨大なマスが立ち上がり、工学部二号館の上には大胆に新たなボリュームが積んである。歴史と未来の強いコントラストこそが、この再開発計画の大きな特色である。また、建物の改築の順序を具体化し、時間軸を明示した整備計画となっている点も、それまでのキャンパス計画にはなかった特徴だ。

しかし、工学部の再開発がすぐに動き出すことはなかった。整備費の目処がつかなかったのである。計画立案から四年あまりが経過した一九九〇年、工学部一四号館新営の補正予算措置がその沈黙を破る。これを受け同年八月、工学部は建築計画室を発足させる。助教授一名、助手三名を雇用するものであり、キャンパス計画の強力な実働部隊がここに誕生する。このように、綿密に組み上げられたロードマップを下敷きに、実行体制が整えられたことによって、工学部は本郷キャンパス内でも希有な大規模再開発へとその歩みを進めることに成功する。後に続く全学再開発の嚆矢である。

（尾崎）

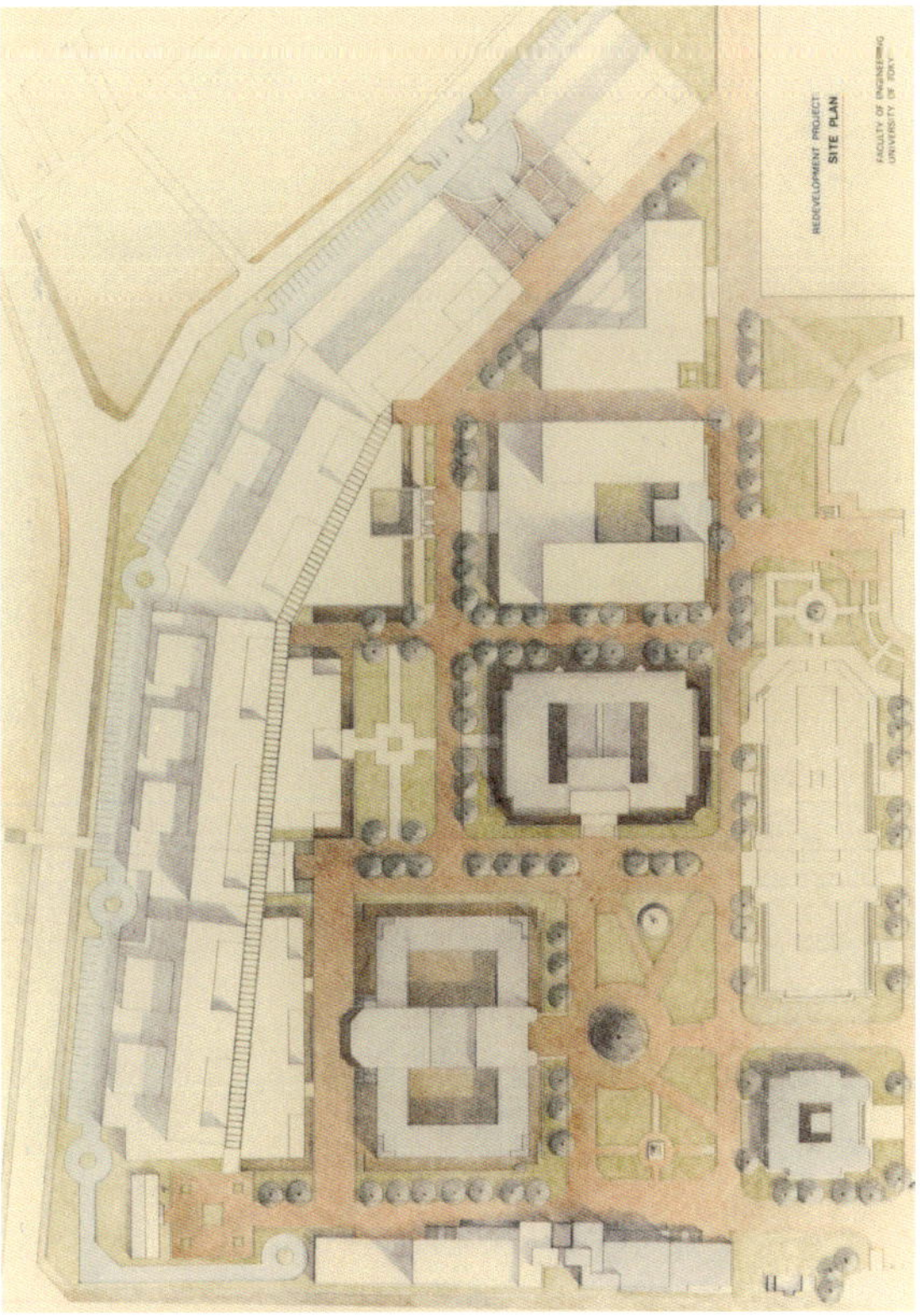


**工学部再開発計画案配置図**
（東京大学工学部再開発検討会「東京大学工学部キャンパス再開発についての検討」1986年）

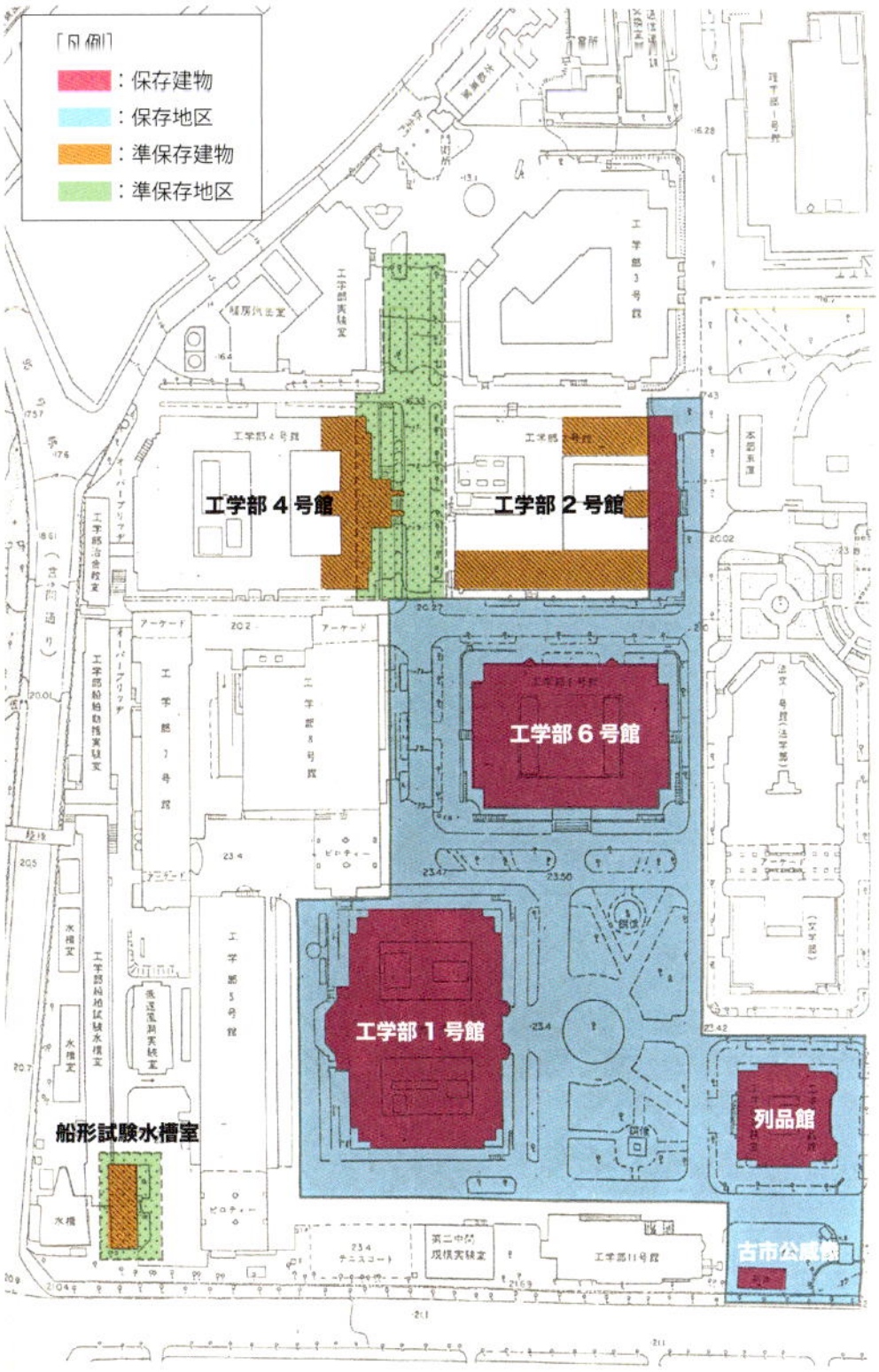


**工学部再開発計画案　保存地区の設定**
（筆者により図版に加筆および一部着色。東京大学工学部再開発検討会「東京大学工学部キャンパス再開発についての検討」1986年）

**工学部再開発計画案模型写真**
（東京大学工学部再開発検討会「東京大学工学部キャンパス　再開発についての検討」1986年）

**参考文献**

東京大学工学部キャンパス再開発検討会「東京大学工学部キャンパス　再開発についての検討」1986年

# 9 三極構造のキャンパス

## 本郷・駒場・柏

現在の東京大学は、本郷・駒場・柏の三つのキャンパスを主軸とする三極構造を構成している。現在の三極構造へとつながる新キャンパス構想は、一九七〇年の改革委員会設置に伴う翌年の長期計画特別委員会設置に遡る。まず、改革室でキャンパス過密化問題が課題とされ、長期計画特別委員会で、本郷集中型、複数団地分散型、大型敷地移転統合型が検討された。一九七五年には、本郷・立川二大キャンパス構想を総長が発表、改革室に新キャンパス問題委員会が設置された。一九七九年の立川移転断念後は、一九八一年設置のキャンパス委員会に委ねられた。

そして一九九二年、大学院重点化構想の下、柏取得に向け「東京大学キャンパス計画の概要」が策定され、東京大学の基幹構造として三極構造が本郷、駒場、柏を三極とする全体像の内に、各キャンパスが位置づけられた。同概要には以下のように記されている。「この三極構造は、教育・研究の将来構想をキャンパス面に投影したものであると同時に、地理的には、一極集中是正の要請に配慮しつつ、各主要キャンパスで行われる教育・研究活動相互の有機的連関を確保するため、日常的往来が可能な距離的範囲内で、比較的便利な交通手段も存在する位置に主要キャンパスを配置しようとするものである」。

この概要を受けて、まず「本郷地区キャンパス再開発・利用計画要綱」が、追いかけるように「駒場キャンパス再開発・利用計画要綱」が、二年後には「柏キャンパス開発・利用計画要綱」が策定され、三極構造を担う各キャンパス計画要綱が確立した。

東京大学のキャンパスは、既存キャンパスの歴史性を継承しつつ既存施設を更新し、将来変化に対応する「更新・再開発型」と新敷地でゼロから構想する「新規開発型」の二種に分けられる。本郷キャンパスは、「更新・再開発型」にあたる。しかし、三極構造構想時において、本郷キャンパスは、すでに立て詰まっており、大型の実験・研究施設を含む新規研究施設への更新は、大規模な既存建物の改築を前提に構想せざるをえなかった。その後、厳しい財政事情もあって、国の整備方針が既存建物の改築から既存建物の耐震改修へと変化し、国の施設整備補助金での改築による更新が困難になった。その結果、本郷キャンパスにとって、柏キャンパスの存在はより重要となった。柏キャンパスが、大型実験・研究施設の受け皿としてのポテンシャルを有するからである。（加藤）

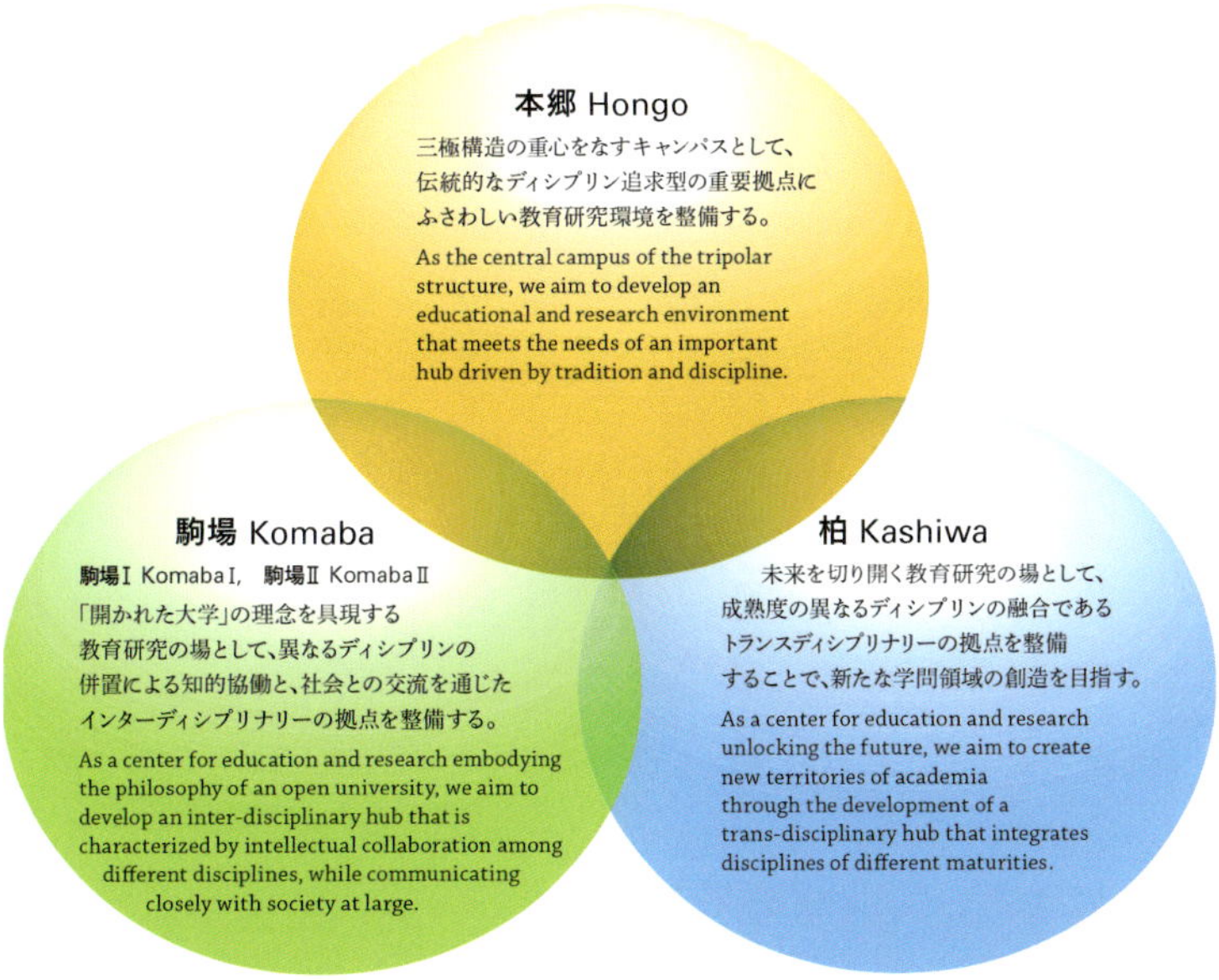
本郷 Hongo
三極構造の重心をなすキャンパスとして、
伝統的なディシプリン追求型の重要拠点に
ふさわしい教育研究環境を整備する。
As the central campus of the tripolar structure, we aim to develop an educational and research environment that meets the needs of an important hub driven by tradition and discipline.
駒場 Komaba
駒場Ⅰ KomabaⅠ, 駒場Ⅱ KomabaⅡ
「開かれた大学」の理念を具現する
教育研究の場として、異なるディシプリンの
併置による知的協働と、社会との交流を通じた
インターディシプリナリーの拠点を整備する。
As a center for education and research embodying the philosophy of an open university, we aim to develop an inter-disciplinary hub that is characterized by intellectual collaboration among different disciplines, while communicating closely with society at large.
柏 Kashiwa
未来を切り開く教育研究の場として、
成熟度の異なるディシプリンの融合である
トランスディシプリナリーの拠点を整備
することで、新たな学問領域の創造を目指す。
As a center for education and research unlocking the future, we aim to create new territories of academia through the development of a trans-disciplinary hub that integrates disciplines of different maturities.

**三極構造概念図**（東京大学「東京大学のキャンパス計画」2011年、作図工藤強勝）

N
0
10 km
埼玉県
千葉県
東京都
東京湾
：三極構造をなす主要キャンパス
：その他の近郊キャンパス
柏地区キャンパス
（柏・柏Ⅱ・柏の葉駅前）
本郷地区キャンパス
（本郷・弥生・浅野）
駒場地区キャンパス
（駒場Ⅰ・Ⅱ）
田無地区
中野キャンパス
白金台キャンパス
検見川キャンパス
10km
10km
10km

**三極構造および近郊のキャンパス位置図**（作図尾崎信）

**本郷地区キャンパス　2015年9月20撮影**

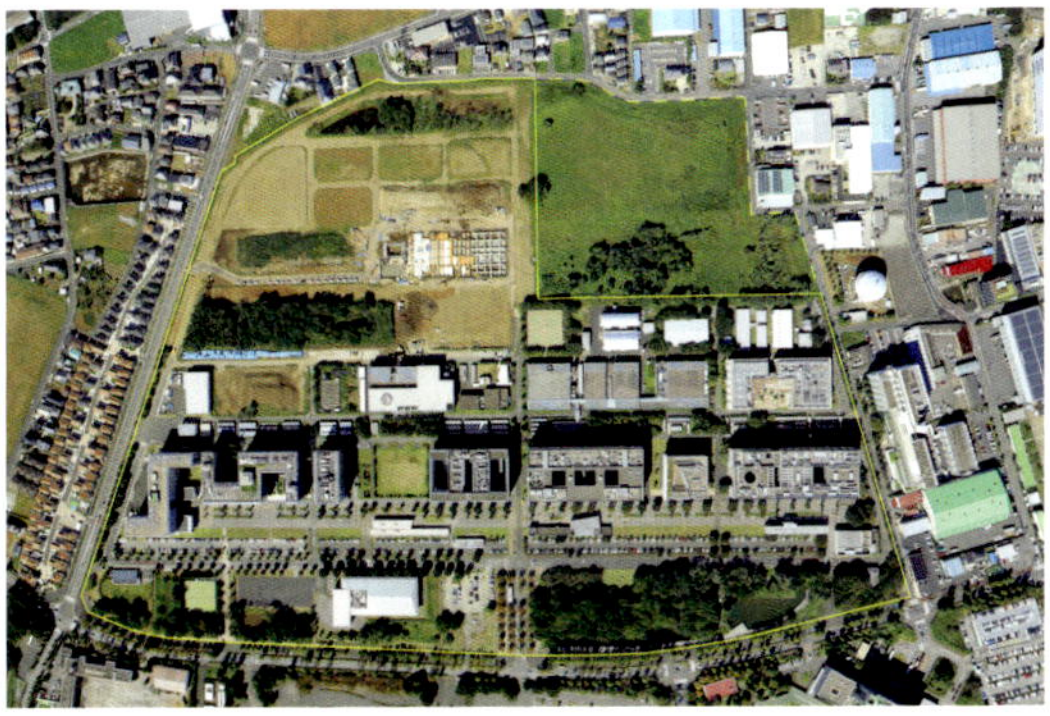

**柏キャンパス　2015年10月8撮影**

**駒場Iキャンパス　2015年9月20撮影**

## 10 キャンパスの再開発計画

### 「本郷地区キャンパス再開発・利用計画要綱」の策定

キャンパス内の容積上限を定めた「本郷キャンパス利用計画」から十年、八〇年代中頃には工学部などでその規定容積の上限に達する事態が発生した。折しもバブルの世である。東京大学においても施設拡充の需要が高まる中、新たな時代の本郷キャンパスのあり方が問われていた。工学部は、これを綿密な空間更新計画とその実施体制を整えることによって見事に切り抜け、このことが大学全体の再開発の機運を大いに高めた。

当時、本郷キャンパス内の用地および全学施設について審議する権限を有していた組織は、一九八一(昭和五六)年に従来の建築委員会を改組・改名して発足したキャンパス委員会であった。九〇年代に入り、工学部での再開発が動き始めると同時に工学部に設置された建築計画室の仕組みを全学的にも採用し、定員付きの実践組織としてキャンパス計画室がキャンパス委員会の下に設置された。これにより、のちに続く大学全体の再開発計画立案やその実践が、これらの組織を中心に進むことになる。

一九九二年六月、「東京大学キャンパス計画の概要」が定められ、柏キャンパスを取得し、本郷・駒場とともに三極構造をとることが示された。一年後の一九九三年六月、工学部再開発を主導した香山壽夫教授、岸田省吾助教授が中心となり、「本郷地区キャンパス再開発・利用計画要綱(以下、要綱)」が生まれる。本郷キャンパスの再開発計画である。

この要綱では、キャンパスを総合的・統合的に再開発することが謳われている。その前提として、「非固定的土地利用」という原則を示している。それまでのキャンパスでは、部局の位置が暗黙の了解のうちに決まっていた。つまり、各部局には、なんとなくその土地の「地主」であるという意識があった。これを明快に否定し、いずれの部局も特定の区域につき固定的な占用権を有するものではないとしたこの原則は、必ずしもその実効性が徹底的であったとは言えないものの、キャンパス全体を統一的かつ円滑に再開発していくための画期的なパラダイムシフトであった。

さらに要綱には公共空地の指定とともに、緑地軸の設定がなされている。外部空間の犠牲の上に建築物を整備するのではなく、むしろ外部空間の保存と整備の方針を示し、またこれを体系化し、公共空間のネットワークによって統一的なキャンパス空間を再生していくことが企図されている。ここに、土地利用・容積率の指定によるキャンパス計画の上に、まったく新しい発想の積層を見ることができる。(尾崎)

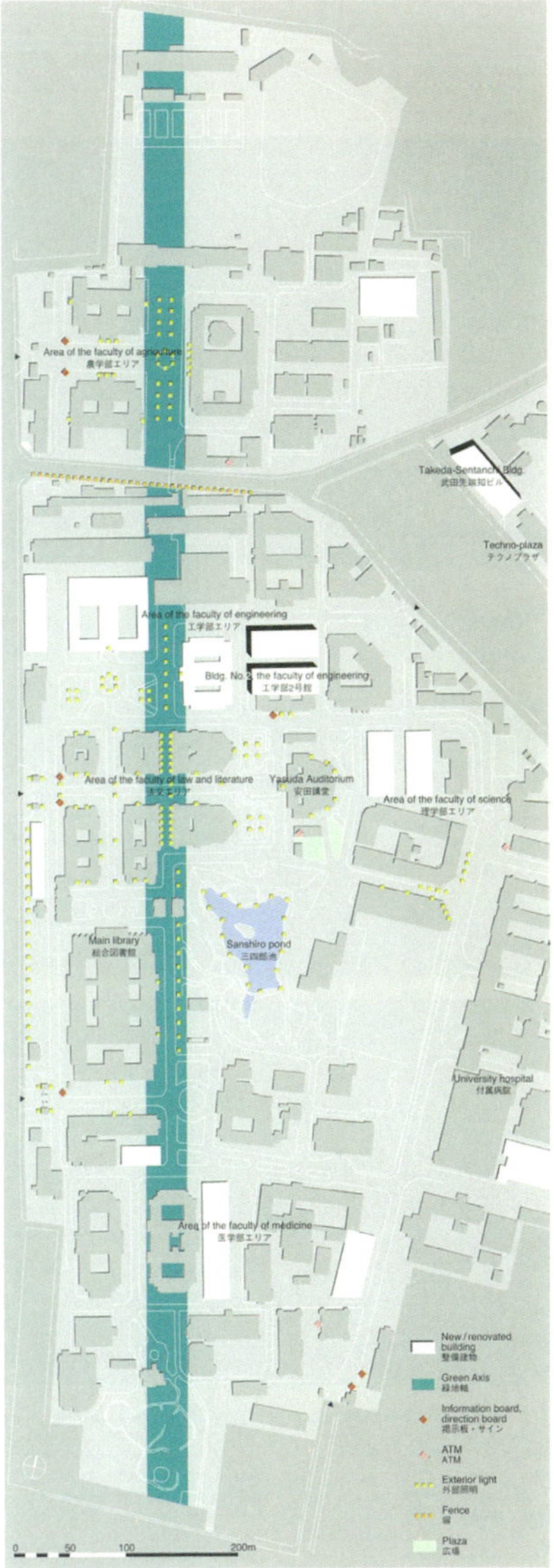


**緑地軸**（**東京大学キャンパス計画室資料**）

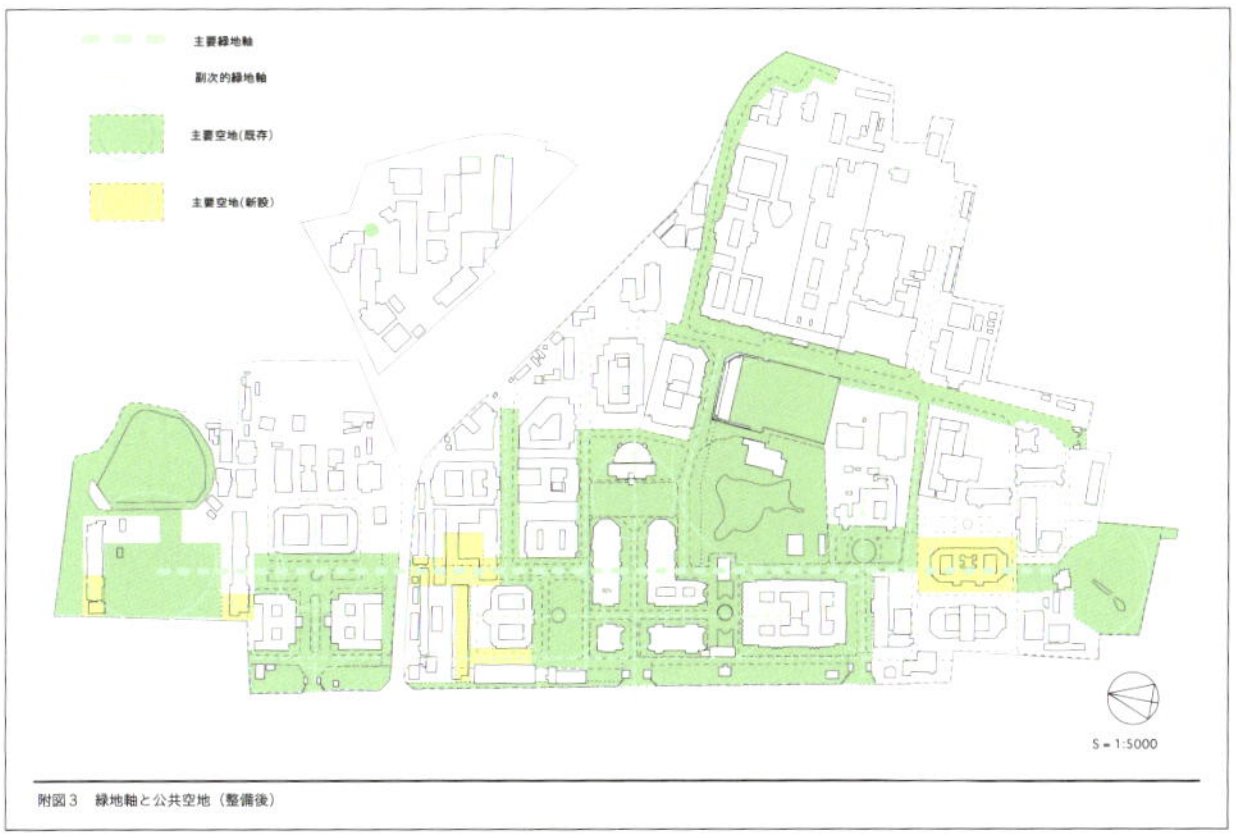


**緑地軸と公共空地**（東京大学「本郷地区キャンパス再開発・利用計画要綱 附図3」）
緑地軸と公共空地（整備後）を描いている。公共空地が緑地軸によってつなぎとめられている。

**緑地軸の眺め**
（撮影 小川重雄）
総合図書館の東側から北側をのぞむ。文学部3号館のアーケード、法文1・2号館のアーケードと視線が抜ける。

**参考文献**
東京大学工学部建築計画室・建築学科岸田研究室編『SD別冊28　大学の空間——ヨーロッパとアメリカの大学23例と東京大学本郷キャンパス再開発』鹿島出版会、1996年
岸田省吾「「CAMPUS」を目指して——東京大学本郷キャンパスの再生と工学部の試行」『a+u』2005年2月号

11

# キャンパス内の現代建築

## 建築家たちの実験

建築の特徴は外観のみではないが、キャンパス計画の観点では、人々が共有する屋外環境を形づくる建築の外観は特に重要である。戦前の歴史的建造物は、様式（柱頭飾りやアーチなど）と正面性によって屋外環境を規定するのに対し、戦後の近代的理念が表れた建築は、機能・構造・人々の活動など、建物の内部的な合理性を表して屋外環境を形づくろうとした（「3 モダニズム建築の実験」参照）。その後のキャンパスの現代建築は、もはやそのような「合理性」にこだわらず、さまざまな実験を試みている。

建築学科教授であった香山壽夫がキャンパス内で設計に携わった建物は数多く、多様であるが、屋外環境を形づくる手法としては、様式と正面性の活用、つまり歴史的手法の再現を一つの特徴とする。たとえば、総合研究博物館（一九八三年）や工学部一四号館（一九九五年）の入口を示す三角形、伊藤国際学術研究センター（二〇一一年）に見られるアーチや列柱廊、同じく伊藤国際学術研究センターや内田ゴシックの屋上増築（一九七五―七六年）に見られる屋根階の表現などがあるが、それらは単なるリバイバルではなく、人々が理解しやすい形態として様式の再解釈がなされている。

一方、工学部一号館の増改築（一九九五―九六年）では、北面に大きなガラス面が用いられ、エントランス、ホワイエ、図書室などの様子が外部に表れるモダニズム的手法が見られる。ガラスの他にも成形セメント板などの工業化部材が歴史的建物との対比を感じさせる一方で、左右対称性、列柱廊、壁面上端の突出（コーニス）などの様式的要素も用いられ、近代性と様式が組み合わさった現代建築の魅力を見ることができる。

建築学科教授であった槇文彦が設計した半透過ガラス張りの法学政治学系総合教育棟（二〇〇三年）と、同じく建築学科教授であった安藤忠雄が設計したコンクリート打放しの情報学環・福武ホール（二〇〇八年）は、本郷通り沿いの緑地に対比的に建っているが、両者とも近代的合理性とは異なる表現で屋外環境を形づくっている。この緑地は「本郷地区キャンパス再開発・利用計画要綱」（一九九三年）では公開施設エリアに指定されており、将来的に屋外環境をどう生かしていくかが問われるところでもある。

建築学科教授の隈研吾が設計したダイワユビキタス学術研究館（二〇一四年）は、ファサードに不燃加工の杉板がヒダのように並び、外部環境にやわらかさを与えようとしている。外装が内部から独立しているという意味で様式的であるが、人々が「理解できる」ことよりも「身体的に反応できる」表現をめざした現代的試みである。

（木内）

**伊藤国際学術研究センター**（2011年）
（撮影 木内俊彦）

**工学部1号館増改築**（1996年）
（撮影 木内俊彦）

**情報学環・福武ホール**（2008年）
（撮影 木内俊彦）

**ダイワユビキタス学術研究館**（2014年）
（撮影 木内俊彦）

**総合研究博物館**（1983年）
（撮影 木内俊彦）
2階と1階の上部に正面性を
強調する三角形が見える。

**参考文献**
『JA26 香山壽夫』新建築社、1997年
東京大学建築学専攻Advanced Design Studies編『T_ADS TEXTS 02 もがく建築家、理論を考える』東京大学出版会、2017年

## 12 有形遺産の意識と制度化

一九九六年、国の文化財保護法の改正に伴って、有形文化財登録制度が成立した。文化庁から東京大学に対して、大講堂を東京都の登録文化財第一号の候補にできないか、との打診があって、時の吉川弘之総長が、それを決断した（登録は一九九六年一二月）。

登録文化財制度の成立に引き続いて、キャンパス計画室内部に登録候補調査ワーキンググループを設置（一九九七年）し、全学の五〇年経過建築の調査が実施された。北は北海道の農学部付属演習林から、南は奄美諸島にいたるまでの網羅的な調査であった。その結果、「登録文化財候補一覧表」が作成され、九〇棟を一次選定、そのなかから文化財として価値が高く、将来的に使用し続ける見通しがあるもの五四棟を二次選定し「登録文化財候補」とした。一次選定の建造物については、現状を大きく変更する場合には「事前にキャンパス計画室に通知する」、二次選定では、「事前にキャンパス計画室と協議をするものとする」と学内措置を決めた。

これ以前は、保存地区、緑化地区、再開発地区といった、漠然とした認識の中でしかキャンパスの歴史性を把握していなかったのだが、今回の学内措置は、極めて明確に各個建築を把握、評価しようとしたものと認められる。この学内措置によって歴史的建築が強く認識されるにいたったのである（このような個別建築の保存措置が早く決まっていたならば、一九八八年に正門の門扉が撤去されれる、というような事件を防ぐことができただろう）。

その結果一九九八年に国の登録文化財となったのは以下の六棟である。正門および門衛所、工学部列品館、法学部三号館、法文学部一号館、法文学部二号館、工学部一号館。それ以後は、駒場Iキャンパス一号館（旧第一高等学校本館、二〇〇〇年登録）、駒場IIキャンパス一三号館（旧航空研究所、宇宙航空研究所、二〇〇〇年登録）、野球場更衣室（農学部、二〇一〇年登録）が登録された。

さらに、東京都歴史的建造物に以下の建築が選定されている。広報センター（旧外来患者夜間診療所）、七徳堂、農学部三号館（いずれも二〇〇四年選定）。（藤井）

**駒場Iキャンパス1号館**
（撮影 藤井恵介）
旧第一高等学校本館。竣工1933年、設計内田祥三。

**龍岡門の広報センター**
（撮影 藤井恵介）
旧外来患者夜間診療所。竣工1926年、設計は土岐達人（建築学科大正14年卒）、1995年に改修。

**東京大学野球場観覧席**
（撮影 藤井恵介）
竣工1937年、片持ち梁にモダニズムの影響が見える。


**参考文献**

東京大学広報委員会「学内広報」第857号、1990年4月18日
東京大学キャンパス計画室「文化財としての価値を有する建造物の選定等に関する申し合わせ」1998年8月1日

## 13 戦後の病院地区

内田祥三の構想に基づいた病院地区の震災復興計画は、一九四〇（昭和一五）年の外科病棟一部竣工を最後に第二次世界大戦開戦前に終焉した。戦後の新構想は、外科分野と臨床検査分野の建物から進められた。一九六四年までに旧外科病棟（中央診療棟）と旧中央病棟が竣工し、この時点で病棟の不燃化が実現した。さらに一九六八年には、旧北病棟および臨床講堂が竣工する。

その後、一九七四年に東京大学マスタープラン委員会と協議し、新たな将来展望が検討された。そして、一九八〇年代には分院統合を視野に入れつつ、専門家（岡田新一設計事務所）を交えた本格的な施設整備計画案（マスタープラン）が構想された。これに基づいて、本格的な更新が始まる（「施設整備計画の現状と問題点」）。

その最初の実現が一九八七年竣工の新中央診療棟と設備管理棟であり、その後、一九九三年に外来診療棟が完成する。同整備計画は一九九三年に策定された「本郷キャンパス第一次整備計画概要」にも継承され、二〇〇一年には入院棟が、二〇〇六年には新中央診療棟II期が完成した（『東京大学医学部・医学部附属病院百五十年史』）。ここでは、壁画デザインが公募され、当時大学院生であった東辻賢治郎の案が選定された。また、位置や形状は当初と異なるものの、入院棟II期も建設が進み、間もなく完成予定である。

これとは別に、臨床研究部門の更新の検討も進み、最終的にクリニカル・リサーチ・センター（CRC）という名称で構想された。それは、旧臨床講堂や内科研究棟（一九二九年竣工）を取り壊して、医学部・附属病院施設のほか、東京大学全体で利用する全学共同利用施設として整備する計画である。二〇一一年にPFI（Private Finance Initiative）事業（公共施設等の建設、維持管理、運営等を民間の資金、経営能力および技術的能力を活用して行う新しい手法）として公募され、A棟I期が二〇一五年に完成、現在II期が進行中である。

以上のように、病院地区は、三極構造の確立前から大規模な建物更新計画が構想され、ほぼ構想通りに実現した。それを可能にしたのは、段階的に建物を建て替える過程で、新規建物の建設用地を生み出し、将来の変化にも対応可能にするという長期的な計画の妥当性だった。加えて、病院地区が、本郷キャンパスにおいて他の部局から独立した大きな広がりを持っているという空間的特性、さらには、病院と国が一体となって、常に最先端医療をめざして更新をはかるという整備方針の一貫性をあげることができる。（加藤）

**林をイメージした新中央診療棟II期のデザイン**
（撮影 東京大学施設部）

建て込んだ地区の再開発には、移転＋取り壊し計画を建築計画と組み合わせた段階的な整備計画を立てる必要がある。
そこで、
1、取り壊し予定の建物を前もって他の建物に移転、あるいは移築する。
2、移転・移築後、建物を取り壊す。
3、取り壊しにより生じた空地に建設を行う。

これを5回にわたって繰り返し、最終的に第Ⅴ期で建設された建物への移転が終わり、旧建物が取り壊され、整備計画が完成する。

| | 改修取り壊し計画 | 建設計画 |
|---|---|---|
| Ⅰ期 |  移転＋建物取り壊し |   ①新中央診療棟　②設備管理棟 |
| Ⅱ期 |  移転＋建物取り壊し | 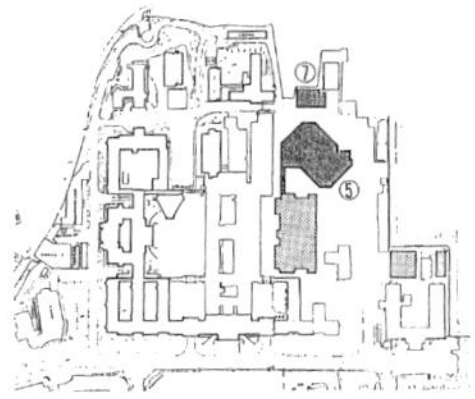  ⑤入院棟　⑦中央医療情報部棟 |
| Ⅲ期 | 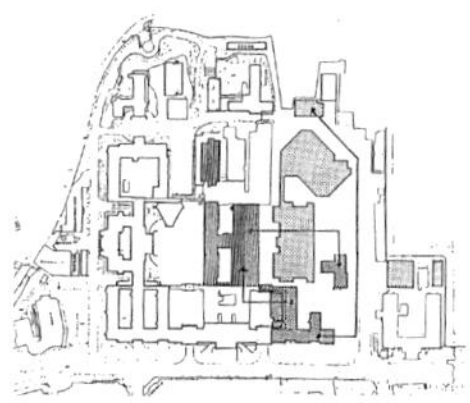 移転＋建物取り壊し |   ⑧新中央診療棟Ⅱ期　⑨新外来診療棟 |
| Ⅳ期 | 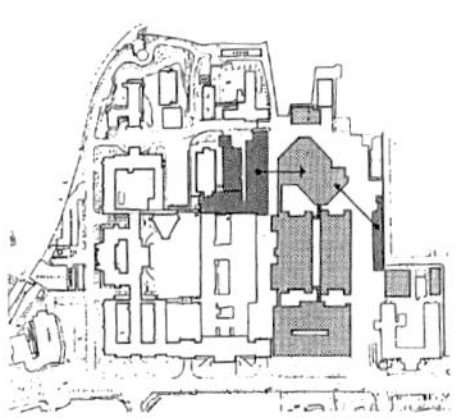 移転＋建物取り壊し | 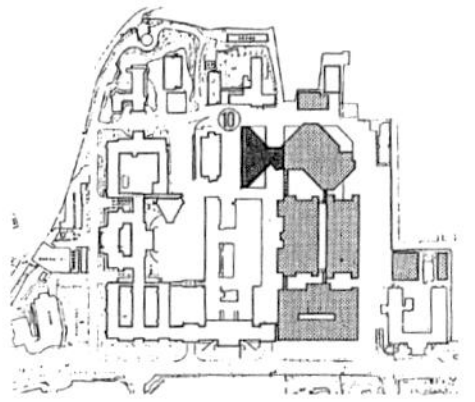  ⑩入院棟Ⅱ期（現状と異なる） |
| Ⅴ期 | 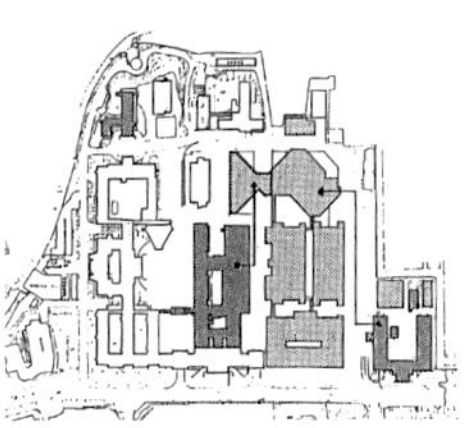 移転＋建物取り壊し | 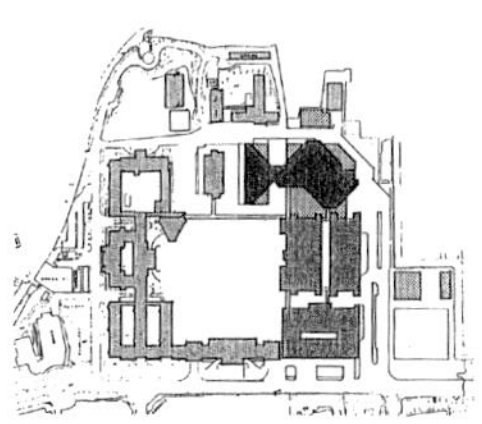 整備計画完成（当初案） |

**1985年時点で構想された病院地区の整備計画**
（「東京大学医学部病院整備計画書（案）」1985年をもとに作成）

**参考文献**

東京大学医学部付属病院「施設整備計画の現状と問題点」1988年
東京大学医学部・医学部附属病院創立150年記念事業委員会編『東京大学医学部・医学部付属病院百五十年史』2011年

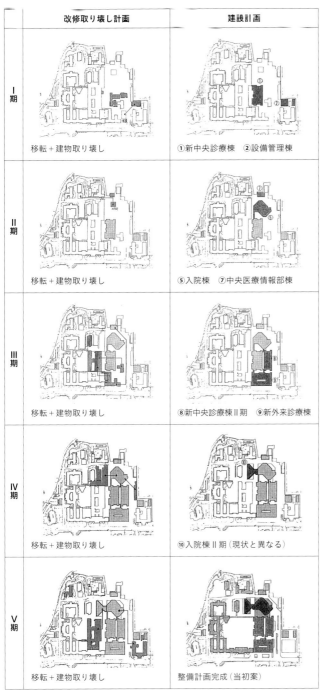

1936（昭和11）年のキャンパス

# 第7章

# 新しい本郷キャンパスへ

二〇〇四（平成一六）年、東京大学は国立大学法人化という大変革を迎える。本章では、法人化に伴って生じた問題をキャンパス計画室が中心となって乗り越え、本郷キャンパス内の最も重要な歴史的空間のいくつかに計画や整備の手が入っていった歴史をたどる。

はじめに前夜の様子に触れておきたい。戦後一貫して続いてきた本郷キャンパス狭隘化問題に対して、九〇年代はじめに柏キャンパス取得ならびに再開発・利用計画要綱策定によって、キャンパス計画としてはひとつの結論が出された。一方で、同時期の一九九一年、東京大学は大学院重点化の方針を示し、研究機関としての拡充を目指した。これにより、大学院数理科学研究科の設置を皮切りに短期間で多くの附置研究所・センターが誕生していく。また一九九七年に完了した大学院重点化後も、国際的な競争力を持つ大学へ向けて、大学院新領域創成科学研究科の設置など多くの組織が生まれている。

つまり、狭隘化に対処するキャンパス計画が整ったのと時を同じくして、新たな増床需要が発生することとなった。この狭隘化問題の継続に対するカンフル剤となったのが、法人化直前の二〇〇一年から始まった国立大学等施設緊急整備五ヶ年計画である。東京大学には八九〇億円が投入され、本郷キャンパスだけで実に一七もの施設（全キャンパスで三七施設）が整備された。これにより、狭隘化問題の解消はいくぶん加速された反面、本郷キャンパスの景観は短期間で大きく変貌していった。

一方で、法人化そのものの前夜はどうであったのか。法人化の背景にはふたつの要請が存在した。ひとつは大学のあるべき論として、社会情勢の変化にともない、大学も従来の堅固な組織規定に縛られるのをやめ、柔軟に変化していくべきという「大学改革」に対する要請である。もうひとつは、一九九六年に始まった橋本龍太郎内閣（当時）による行政改革の一貫として、文部省の一組織である国立大学も組織改革すべきであるという「行政組織改革」に対する要請である。

これらの要請を受けて、すでに吉川弘之第二五代総長の時代に始まっていた会議体を再開するなど、蓮實重彦第二六代総長の時代にさまざまな検討組織が立ち上がった。その総仕上げが二〇〇〇年一〇月に評議会の下に設置された「東京大学二一世紀学術経営戦略会議（UT21会議）」である。この会議体の目的は、東京大学のあるべき姿とその実現方法を検討することであり、前者は東京大学における自治のあり方と長期的な理念を謳う「東京大学憲章」として、後者は東京大学が法人格をもつ場合に満たされるべき基本的条件としての「法人化五条件」として成果が出された。

二〇〇一年、佐々木毅第二七代総長が就任。小泉純一郎首相（当時）の「聖域なき構造改革」「骨太の方針」、遠山敦子文部科学大臣（当時）の「大学（国立大学）の構造改革の方針」などが示され、法人化の既定路線化が進んだことを踏まえ、学内では法人化へ向けた具体的な検討が急ピッチで進められた。そして二〇〇三年七月、ついに国立大学法人法が公布され、翌年四月の施工とともに、東京大学は国立大学法人となる。

　法人化後のキャンパス整備については、施設整備主体が多様化したという特徴がある。部局がみずから寄付事業やＰＦＩ事業などを立ち上げ、施設整備を行う事例が増加したのである。その結果として、施設の設計に寄付者の意向やＰＦＩ事業者による判断が入り、キャンパス計画に定めた保存と開発の意図が共有されにくい状況が生じた。前述の国立大学等施設緊急整備五ヶ年計画とあわせて、キャンパス内の施設整備に統合性・計画性が失われつつあった。つまり、教育研究分野において国際的な競争力を高め、部局の裁量で施設拡充を図る自由度を設定した結果として、国際的に見劣りするキャンパス空間が生まれてしまうという皮肉な顛末が強く危惧された。

　この状況に対処するため、二〇〇九年よりキャンパス計画改正の検討が開始された。はじめに着手されたのが、施設整備時のルールを定めた「本郷地区キャンパス計画要綱」（二〇一〇年）である。ここでは施設整備の手続きを明確化し、キャンパス計画室の審議の下に計画設計が進められるよう定められた。キャンパス計画室を中心として施設整備の質的コントロールを行う体制をつくったことは、乱開発の抑制に効果があっただけでなく、キャンパス内の課題解決や魅力化にも大きな成果を出した。安田講堂や総合図書館、育徳園、懐徳館などキャンパス内のきわめて重要な歴史的空間の方向性が定まっていったのもこの時期の大きな特徴であろう。

　東京大学の法人化がそうであったように、キャンパス計画の改訂も本来は理念と実現方法のペアであるべきである。しかし、法人化前後の急激な施設整備増に対応するためにまずはルールの改正とその運用が急がれた。この後、キャンパス整備の基本理念が抜本的に改正され、二〇一四年に「東京大学キャンパス計画大綱」としてまとめられる。法人化後の一〇年は、法人化に起因した新たな課題への対処と、新たな時代を歩んでいくにふさわしい理念の言語化のための期間であった。（尾崎）

## 1　国立大学法人化と建設ラッシュ　キャンパスの景観変貌

二〇〇四（平成一六）年四月、東京大学は国立大学法人となった。法人化したということはすなわち、国からの運営費交付金が徐々に削減される中で、自助努力によって運営費・研究費等を獲得していかなければならないということである。無論、施設整備費も例外ではない。国の行う基本的な整備（耐震改修や基幹整備など）を超える施設の高度化や魅力化は、自主的・自律的に行っていく必要が生じたのである。一方で、この自助努力を促すムードは、資金獲得力のある部局の背中を押した。結果、自己資金や寄付金の目処をつけ、部局発の施設整備が加速したのである。

これに加え、二〇〇一年から二〇〇五年まで、国策として施設緊急整備五カ年計画が実施されていたことが重なり、法人化に前後してキャンパス内の施設整備が急増した。その結果、本郷キャンパスでは法人化から二〇〇九年までの五年間で一五棟（延べ床面積約一三万平方メートル）の建物が建設され、九棟の建物（延べ床面積約五万平方メートル）が計画・施工中となっている。法人化後、実に一年に三棟、二・六万平方メートルのペースで施設が立ち上がっていったのである。

この時期、キャンパス内の重要空間への建築が散発している。そのひとつが安田講堂の周辺である。二〇〇五年、工学部二号館と理学部一号館中央棟が完成し、続いて工学部新三号館の改築計画が立ち上がる。なお、安田講堂の背景に理学部一号館西棟が現れたのは、これらに先立つ一九九七年である。同年には東大紛争により傷ついた安田講堂の改修も完了しており、安田講堂が元の姿へと戻ったと同時に、その背後に元々なかったものが立ち上がったことになる。いずれにせよ、この頃より安田講堂周りの景観が大きく変貌していくこととなった。

また、法人化前後には本郷通り沿いの桜並木で知られた緑地への建設行為も多い。二〇〇三年三月に改正された本郷地区キャンパス再開発・利用計画要綱には整備空地として指定があり、このうち総合図書館付近は共同利用施設優先配置地域の公開施設用地と位置づけられている。この場所には、二〇〇三年、法学政治学系総合教育棟が建設され、二〇〇四年にコミュニケーションセンターが、二〇〇八年に情報学環・福武ホールが立て続けに完成する。

かくして本郷キャンパスの環境は、施設緊急整備五カ年計画と法人化を背景に、大きく変貌した。世間がバブルに沸き立った八〇年代後半より十年遅れての建設ラッシュであった。（尾崎）

**本郷通り沿いの桜並木の様子**
（2005年12月撮影、東京大学施設部）
本郷通り沿いの塀に沿って続いていた緑地帯は、本郷通りとのゆとりある境界をなし、また構内の桜の名所であった。2003-2008年に施設建設が相次ぎ、桜並木は今はもう見られない。

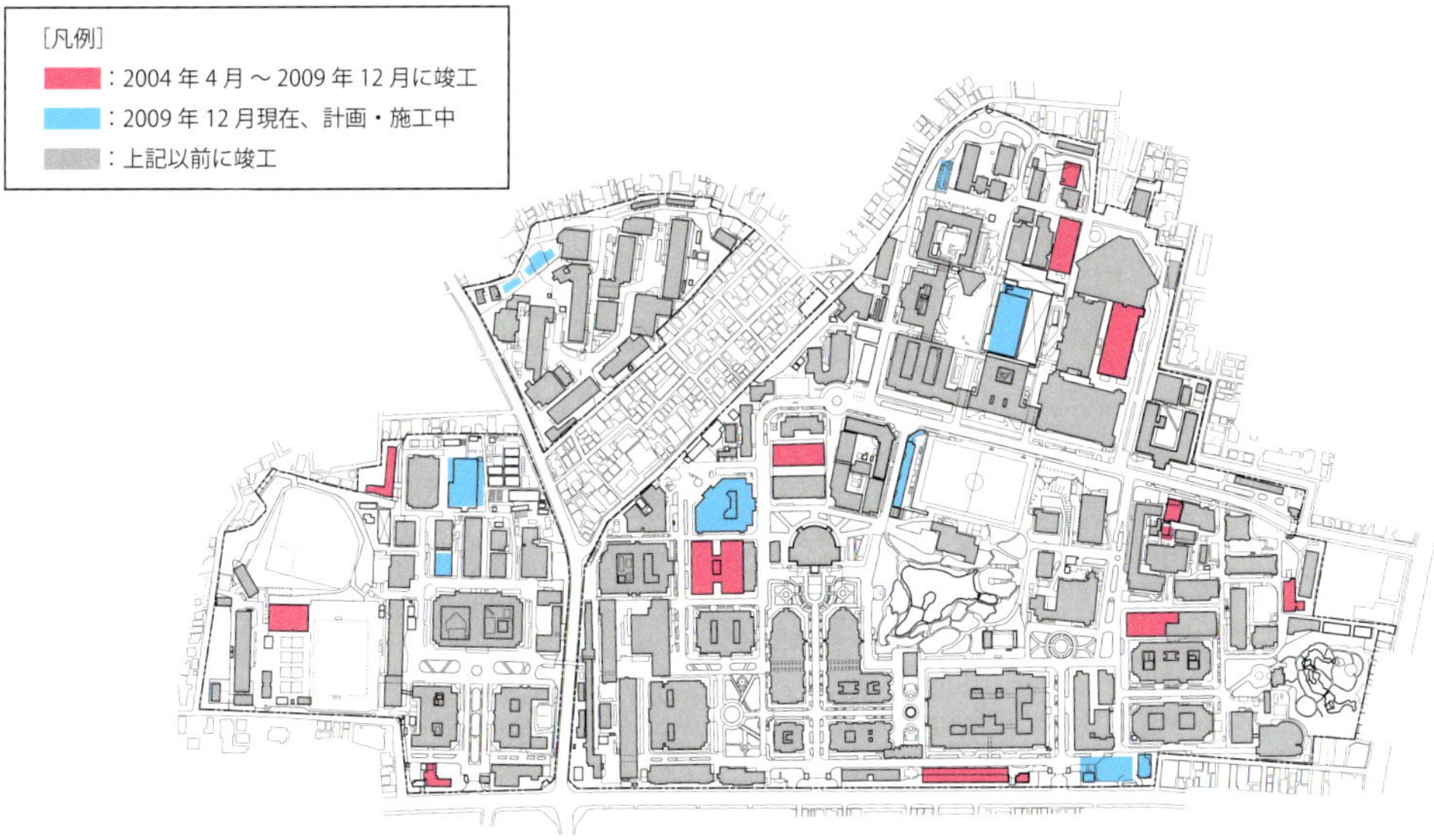


**法人化後5年間で建設·施工された建物**
（作図 尾崎信／ベースマップは2009年度作成の本郷キャンパス構内配置図）
施設緊急整備5ヶ年計画や法人化を契機とした自主財源事業の増加により、法人化前後より急速に施設整備が進んだ。

## 2 オープンスペースの開放

### 外部空間の転換点

東京大学は二〇〇七年四月に創立一三〇周年を迎えた。これにともない記念事業として「知のプロムナード事業」を行っている。これは本郷、駒場、柏、白金の各地区キャンパス内に「プロムナード」を設定し、それに沿ってモニュメントやベンチを設置し、学生や教職員がくつろぎ語らうことのできる空間をつくるなど、東京大学の知的活動の歴史や現在について理解を深める機能を充実させることを目的とした事業である。本郷キャンパスでは、この事業に合わせて複数のオープンスペースの整備が行われた。

この具体的な整備構想を描いたのは、キャンパス内パブリックスペース検討ワーキンググループ（WG）である。主査は建築学科の岸田省吾教授。施設緊急整備五カ年計画および法人化によって建設行為が急増しつつあった二〇〇七年三月に設置された本WGの目的は、施設整備進展の脇に捨て置かれた外部空間の課題の解決方策を検討することであった。広場や緑地の顕著な減少、外部空間の老朽化、交通や維持管理など、多くの問題をはらむ外部空間について、課題の整理と解決方策としてのパブリックスペースの整備方針の明示および一部の整備計画等を同年六月に報告書としてとりまとめている。

ながらく外部空間の維持管理はその空間に隣接する部局に任されてきた。つまり、建物周辺の外部空間も含めた土地が、その部局の「領土」であるように捉えられてきたのである。それゆえ、個別バラバラな思想の下に整備や維持管理がなされ、時には適切な予算配分がなされず、管理が放棄されたがごとき風景も見られた。「本郷地区キャンパス再開発・利用計画要綱」によって全体的な思想の下に整備を進めていくことが謳われたが、その具体的で詳細な姿を示し、実行に移したという点において本WGのもたらした成果は画期的であった。

その思想は「広場」において顕著に見られる。同報告書では「広場」を「植栽と舗装がなされ、憩いと交流の場となる広場状空地」としている。それまでの本郷キャンパスでは、広場は低木に縁取られた閉じた空間のものが多かった。例えば工学部一号館前では、低木が園路や構内道路に沿って植えられ、低木に囲まれた緑地には下草があふれ、人が憩える状況にはなかった。この低木による縁取り植栽がどのような思想でなされたのかは、記録が見当たらずわからない。しかしいずれにせよ、当WGによって本郷キャンパス内の「閉じた外部空間」が、次々と人々に開かれた「広場」として開放されることになった。本郷キャンパスのオープンスペース史における大きな転換点である。（尾崎）

**スペース特性の区分**（「キャンパス内パブリックスペース検討WG報告書」図附2）
キャンパス全体を囲むように緑地があり、広場・庭園が並木道でネットワークされている。なお医学部1号館付近は広場としての位置付けがある。

**現在の工学部1号館前広場**
（撮影 小川重雄）

**整備前の工学部1号館前広場のスケッチ（上）と**
**整備イメージのスケッチ（下）**
（東京大学キャンパス計画室資料）

**参考文献**

キャンパス内パブリックスペース検討WG「キャンパス内パブリックスペース検討WG報告書」2007年

3

# 目指すべきキャンパスの質

## キャンパス計画要綱の改正

二〇〇一年よりはじまる施設緊急整備五カ年計画および二〇〇四年の国立大学法人化によって施設整備の財源が多様化したことを背景に、東京大学では施設の新営が急増した。キャンパスにとってみると、この現象は好悪入り混じったものであった。部局の自主財源による施設整備が好ましいものとして期待された反面、財源を確保した部局や寄付者等の発言力が強くなり、キャンパス計画に記載のない施設整備がなされることや、デザイン面のコントロールが効かない事態が発生しつつあった。結果、工学系研究科の内藤廣教授がキャンパス計画室長に着任した二〇〇九年当時、キャンパスは乱開発のごとき様相を呈していた。

このような場当たり的な施設整備を抑制するために、施設担当理事よりキャンパス計画の改正が提案された。内藤室長の体制となってすぐ、キャンパス計画室の下にデザインコードワーキンググループが設置され、「本郷地区キャンパス再開発・利用計画要綱」(以下、要綱)の改正案の検討が開始された。

キャンパス計画改正案の要点は主に二点である。

一点目は、かつての要綱の特色である「外部空間のネットワーク化」をより先鋭化した点である。歴史的建築物の保全方針や、自然環境・緑地に関する事項も、外部空間の質的向上の観点から再編集され、より鮮明に方針が打ち出されている。例えば、歴史的建築物は、歴史的空間(外部空間)を構成する要素であると位置付けられ、もし改変に至る場合は、この配置、意匠、構造等に十分配慮し、歴史的空間の価値を損なわないように検討することを求めている。つまり、端的に言えば、一部の利用者に供する内部空間はともかく、誰にでもその価値を供するべきである外部空間への配慮を徹底するべきであるという考え方となっている。

二点目は、施設整備の手続きを明快に示した点である。キャンパス全体に重要度に応じた四段階のエリアコードが設定され、施設整備などの空間操作を行う場合には、その場所のエリアコードに応じたプロセスでキャンパス計画室の審議を受けることとなる。法人化後に増加した自己資金や寄付による施設整備に対しても、予算措置や設計が進行する前の適切なタイミングでキャンパス計画室の判断が介入・機能するようプロセス・デザインがなされたのである。法人化という大きな変化を受け、キャンパスの質を保つために加わった新たな方法論であると言えよう。(尾崎)

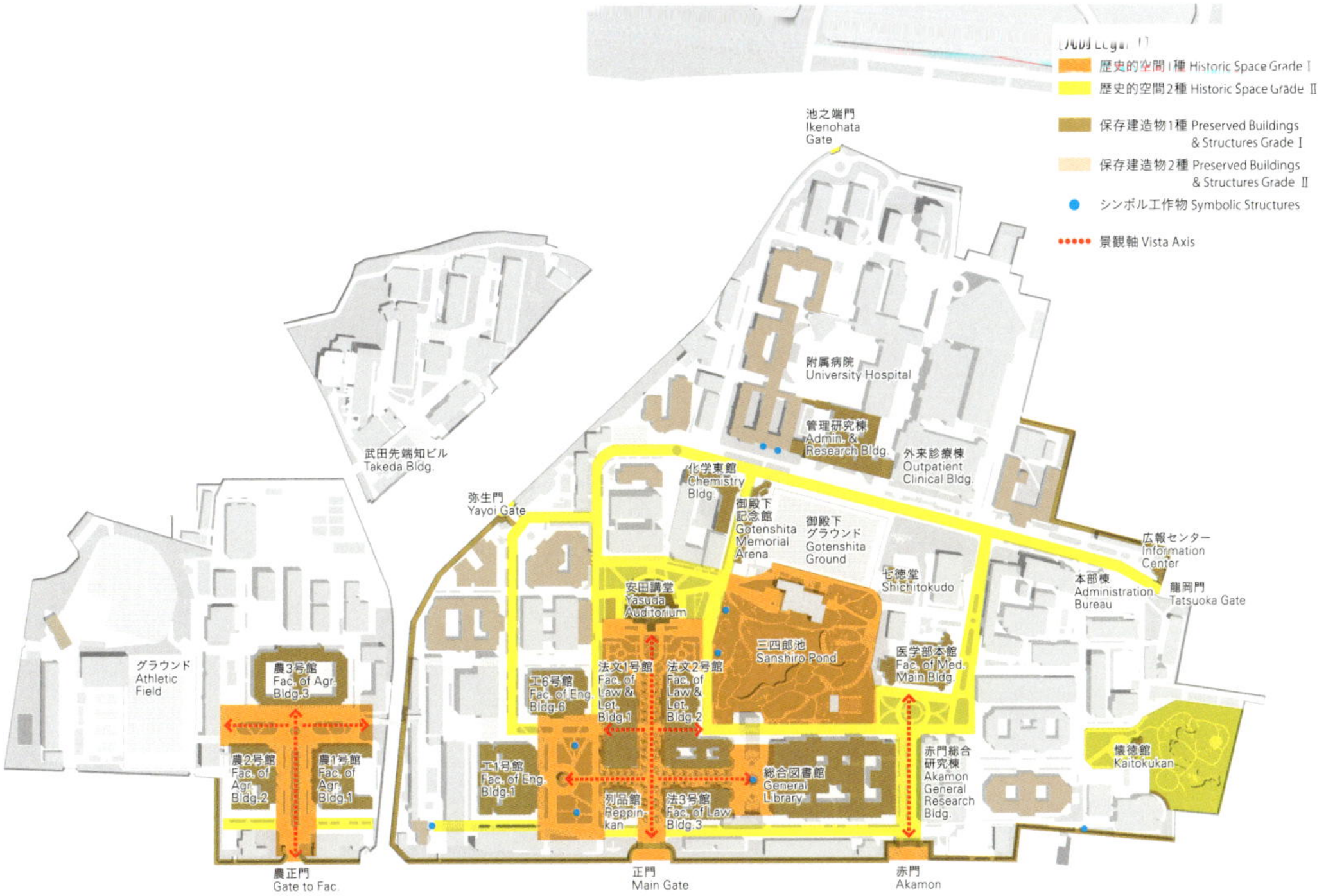


**歴史的空間と保存建造物**（東京大学「東京大学のキャンパス計画」2011年）

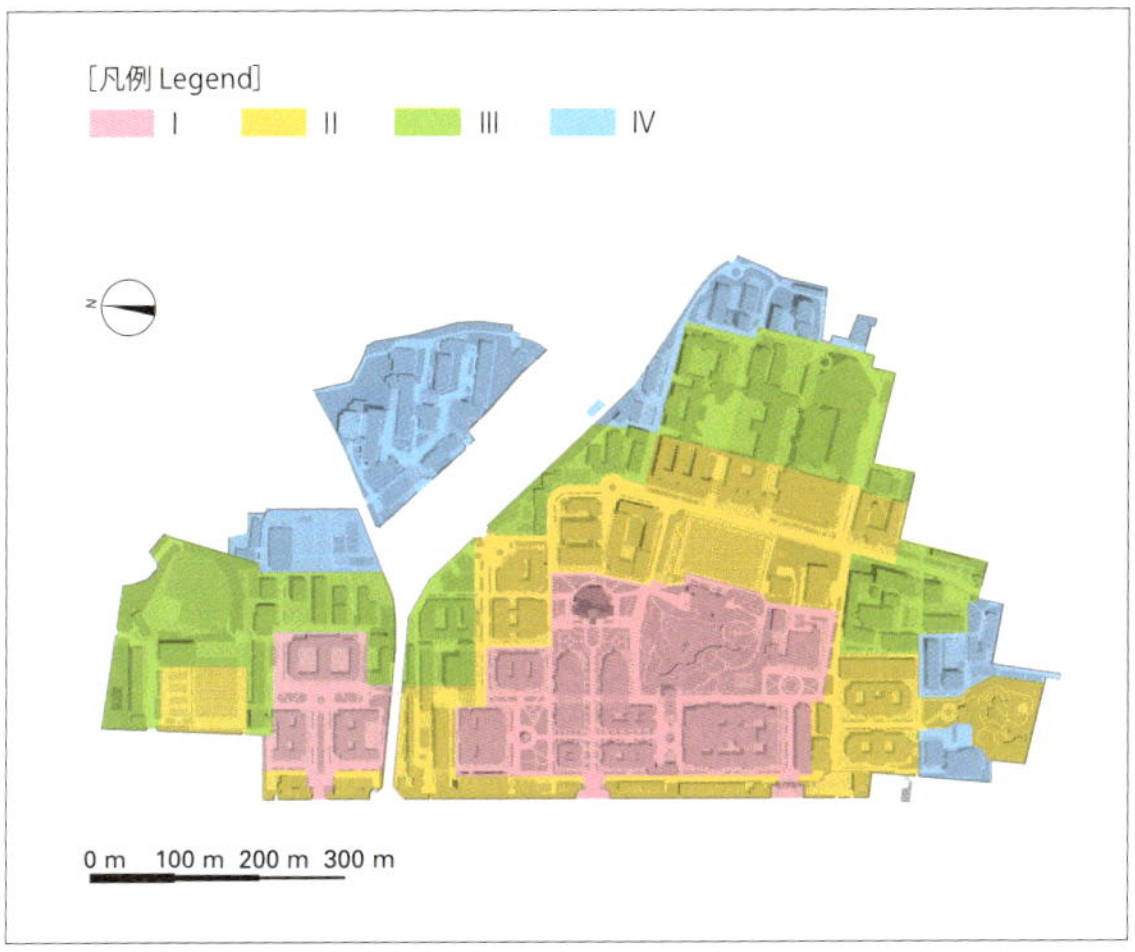


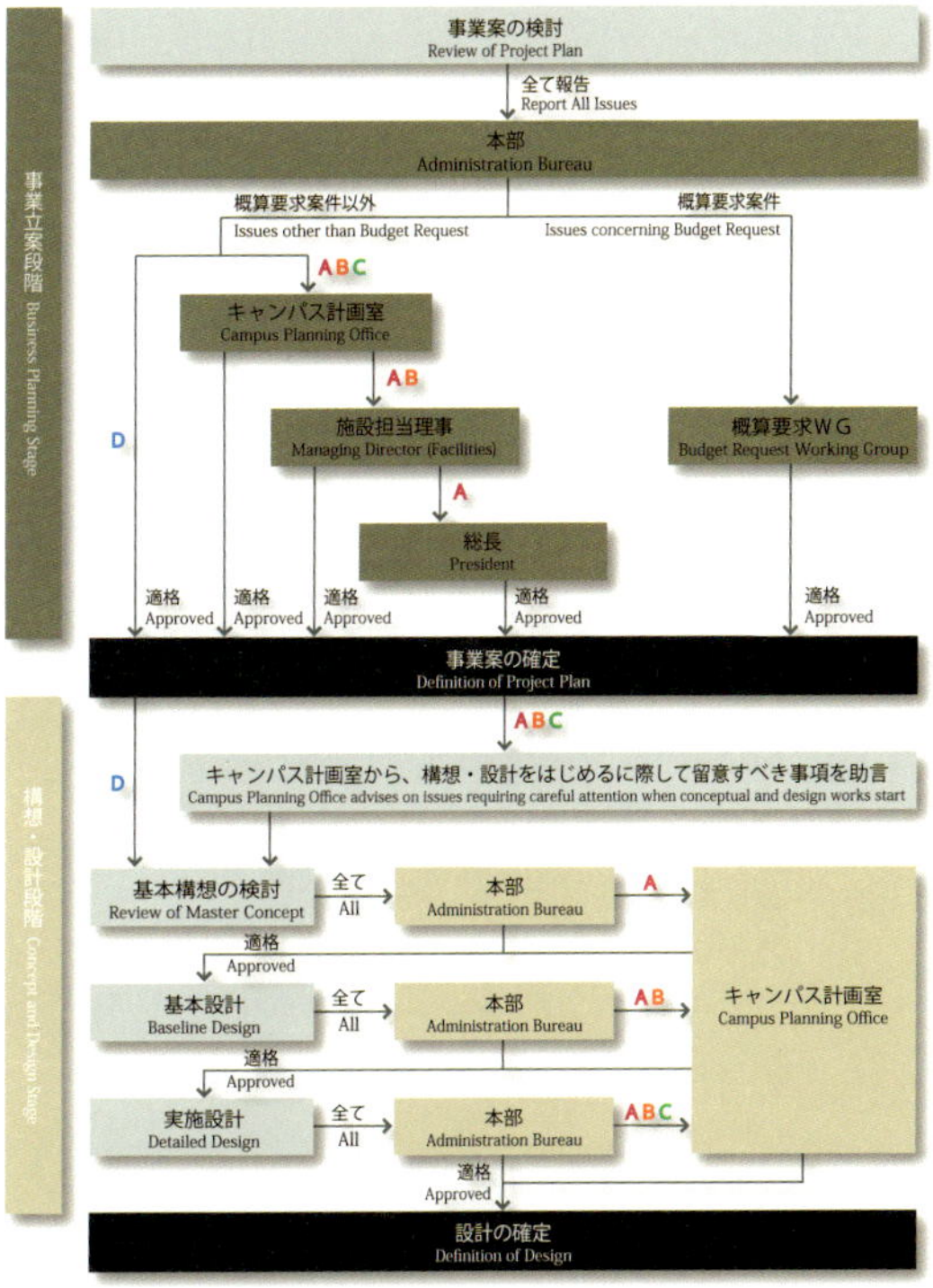


**キャンパス計画要綱の運用指針**（**左／エリアコード、右／フローチャート**）
（東京大学「東京大学のキャンパス計画」2011年）

キャンパス計画上の重要度に応じて設定した4段階のエリアコードは、その後の手続きフローを規定する。たとえば、御殿下グラウンド（エリアコードII）において建築物の新営を行う場合は、事業立案段階にてフローチャートのBの手続きをとると規定されている。また、その事業発注形式に応じて、フローチャート後段の手続きが決まる。学内予算よりも、PFI等の外部資金による整備において、キャンパス計画室が設計案を確認する回数が多く、より慎重に設計を確認できる仕組みとなっている。（東京大学「キャンパス計画要綱の運用指針」2010参照）

## 4 内田ゴシックの保存と復元

工学部新三号館は、キャンパス計画の歴史の中で、初めて内田ゴシックを復元した計画である。旧三号館の保存と、施設の老朽化、狭隘化を解消するための施設更新とが両立しないとの判断から、一度解体し全体を新たに高層化する計画の中で、低層部を創建時の姿に復元することにしたのである。保存でもなければリノベーションでもない、複雑な手法が採択された背景には、建築が連なってつくる外部空間の質がキャンパスにとって重要であるとの認識と、特に歴史的地区においては、建築の外皮だけでも残すべきだという、キャンパス空間特有の価値判断があったのである。

復元は、創建時の姿を十分に検証しながら行われた。スクラッチ・タイルは、旧三号館解体時に採取保存したサンプルをもとに色や素材感を再現し、またサッシは、鉄からアルミへと素材変更してガラスにするなど、必要とされる性能に応えつつも、形状や寸法は可能な限り創建時の姿に近づけている。高層棟は、安田講堂の背景として存在感を消すことを基本方針とし、溶融亜鉛メッキにリン酸処理を施した有孔折板で柔らかく包んでいる。これは、キャンパスの景観にとって重要な素材は、経年変化に耐える自然素材とすべきだとする判断と、理工系の建物に今後想定される設備更新が、キャンパスの景観を損なうことのないよう、躯体と折板との間に空間的余地を残す意図によるものである。

比較的低層の建築で構成された本郷キャンパスの歴史的地区が、時代の要請で高層化していくことは、ある程度は避けられない。このような状況下で生まれた法学部三号館も、もう一つの展開として触れておきたい。ここでは既存の建築は、耐震補強や補修、改修などを施しつつも基本的に保存され、その中庭に高層棟がコールテン鋼の外皮をまとって建ち上がっている。工学部六号館や法文系の建物で試みられた、内田ゴシックの「屋根」としての増築のあり方とは異なるが、そこで使われたコールテン鋼という素材を踏襲することで、内田ゴシックのスカイラインの上部で展開する建築群の調和を図っているのである。

大学の空間が、部局の改変、研究教育内容の進化などに伴って変化し続けていくことは宿命のようなものである。このような中で、過去を引き継ぎながら未来に向けていかなる展開が可能か、それが常に問われている。この二つの計画は、その大学の本質とも言うべき課題への応答として、象徴的である。（千葉）

**弥生門と工学部新3号館**（提供 東京大学施設部）
復元した新３号館の外壁のスクラッチタイルの色は、厳密に言うと創建当時の色よりも少しだけくすんでいる。忠実な再現よりも、長い年月の間に人々に記憶された色とも重ね合わせた方が良いと判断したからである。

**法学部3号館西面**（提供 東京大学施設部）
中庭に立ち上がる増築棟は、コールテン鋼という素材によって1976年に施された屋上の増築と調和しつつ、大きなボリュームの分節は、内田ゴシックの持つ垂直性を継承したものとなっている。キャンパスにちおける歴史の継承、展開の新たな試みである。

## 5 安田講堂の大改修

### 新しい文化財の姿の模索

二〇一四年に竣工した安田講堂の改修工事は、安田講堂創建以降の最も大規模なものとなった。そもそもこの改修計画が具体化したのは、東日本大震災に端を発している。少なからず被災をした講堂を調査した結果、躯体の耐震性のみならず、天井などの二次部材の安全性に対する懸念が顕在化した。特に講堂は、モルタル漆喰塗りの天井が平鋼で吊られたもので、平米あたり七五キロというたいへん重いものであることが判明した。この天井を改修するには講堂も閉鎖しなくてはならない。それならば、傷んだ箇所は修復し、機能的に不十分なところは補い、これまでに施された好ましくない改修などは一気に刷新しようということになったのである。

　改修にあたっては、創建当初の姿に戻す復原を大きな方針としつつも、現代の講堂としての機能性を担保するために必要ならば、デザイン上の改変も許容するという、柔軟な姿勢で臨むことになった。そこには、文化財としての価値は尊重しつつも、建築は使われて初めて価値があるという共通の認識があったからである。

　設計にあたっては、竣工写真、竣工図、あるいは文献などを頼りに創建時の姿を検証し、改修の方法を歴史、意匠、構造、構法、材料などの専門家たちとともに検討して具体化した。特に形態保存、材料保存、技術保存といった観点での議論は十分に尽くされ、それぞれの部位に最適な方法が採択されたのである。講堂天井やサッシは形態保存し、それぞれGRG（硝子繊維補強石《せっ》膏《こう》）とアルミサッシに置き換えて安全性や維持管理のしやすさに配慮し、また耐震補強は、オーセンティシティを損なわないよう耐震壁の配置を慎重に行いつつも、回廊においては鉄板による耐震壁によって小さな空間単位に分節するという大胆な改変を行っている。

　失われていた総長応接室のインテリアは復原し、小杉未醒（放庵）による講堂やロビーの壁画は一旦外して、東京芸術大学に修復を依頼した上で元に戻している。今日では入手困難な各所の仕上げ材は、一度撤去した上で再設置するという手のかかる方法で保存し、また現代の講堂としての機能性を満たすために、音響、照明などは刷新している。もう一つ忘れてはならないのは、光の復原である。創建当初の講堂が自然光の取り入れ方に細心の注意を払っていたことは、天井裏の反射板の工夫からもうかがい知れるが、近年ではハイサイドライトが塞がれ、人工光での使用が常態化していた。その創建時の光を取り戻すためにハイサイドライトを復活し、反射板を膜材で新たにつくり、可能な限り天井内を明るくしたことも、復原の大きな柱となった。

　竣工後は執行部がここに戻り、講堂も頻繁に利用されるようになった。安田講堂は、名実ともに大学の中心として、次の時代に向けてのキャンパスを牽引していくことが期待されている。（千葉）

上／**改修後の安田講堂内観**（撮影 小川重雄）
下／**竣工当時の安田講堂内観**（清水建設蔵）
今日の使い方に相応しくない演台は復元せず、舞台背景のクロスは、当時の写真や文献にあった「桃色」という記述から推測して現代の材料で置き換え、また座席にゆとりを持たせるためになされた座席配置の改修は現状維持とした。保存／復原／復元／改修の判断は、建築のさまざまなスケールにおいてなされている。

左／**改修後のロビーと小杉放庵の壁画**（撮影小川重雄）
天井は、安全性の観点から下地を木製から鋼製に置き換えて復元している。また腰壁の石などの今日では入手困難な材料は、いったん撤去した上で再設置している。
右／**改修後の便殿**（撮影小川重雄）
耐震壁を入れるために、壁の厚みが微妙に増しているが、基本的には創建当時の姿が維持されている。

6

# 図書館前広場

## 歴史的価値の継承

図書館前広場は、安田講堂前広場、正門周辺、工学部一号館前広場とならんで、本郷キャンパスの空間の骨格を形成するオープンスペースである。研究スペースの狭隘化などの理由から、この場所の地下に三〇〇万冊を収容する書庫と新しい学びの場を含んだ新館の建設とそれを契機として本館の改修とが同時並行で進められることになった。先述のようなキャンパスにおけるオープンスペースとしての重要性と、大学の全学施設としての図書館としての重要性から、キャンパス計画室を起点とした全学の議論を通して、この場所の意味や本郷キャンパスの有する継承すべき歴史的価値に関する議論が継続されたことは、連綿と続くキャンパス計画の歴史における実践例としても非常に重要な意味を持つだろう。

一九二八(昭和三)年竣工の総合図書館本館の改修にあたっては、当時の設計図や写真などの資料を参考に、竣工当時の部位が残っているものについては、できる限り保存して使用することを重視した。また、やむを得ず、新しい素材に置き換える必要があるものについては、当時の姿を尊重しつつ、むやみな模倣とならぬよう配慮している。

図書館前広場の地下に建設された総合図書館別館の設計にあたっては、さらなる歴史的設計手法が採用された。現在の総合図書館本館は、関東大震災で崩壊した旧図書館の建て替えで同敷地に建てられた経緯がある。広場の噴水は、当初は防火水槽の役割を担っており、震災からの復興を願った当時の人々の思いが詰まったものであることから、別館の設計にあたっても噴水の再現が当初から意図された。また、当初、敷地にあった二本のクスノキは、工事に先立って、赤門の突きあたり、医学部二号館本館の正面左右に移植され、現在も成長を続けている。

さらに、本体工事着工直前の埋蔵文化財調査によって、この広場から関東大震災で崩壊したはずの旧図書館の建物基礎や、近世の加賀藩の水路石組みが発見されたことから、この広場に長い時間をかけて積層した歴史的遺物を広場のデザイン要素として再活用している。この図書館は、大規模な事業でありつつ、キャンパスの外部空間を減じることなく、その場所の歴史的地層を保存し、創造的に継承した点で、これまでのキャンパス計画の議論が発展的に実践された事例だということができるだろう。

(川添)

**総合図書館別館の内部空間**(撮影 小川重雄)
噴水の底から光が降り注ぎ、地下空間とは思えない伸びやかな場所となっている。

**総合図書館前広場発掘調査写真**
（撮影 川添善行）
別館の工事が始まると図書館前広場の地下から旧図書館の建物基礎などが発掘された。

**総合図書館前広場発掘調査**（提供 埋蔵文化財調査室）
工事の過程で見つかった石組み。平面的に見ると、今の三四郎池の方向に伸びており、かつての排水経路が想像される。

**かつての図書館前広場の様子**
（撮影 川添善行）

**新しい図書館前広場**
（撮影 小川重雄）
文学部三号館と法学部四号館のピロティは、大谷の設計意図を継承し、現代的に読み替えている。

# 7 育徳園の価値

## 本郷最古の場所

育徳園は、本郷キャンパスのほぼ中央に位置する、心字池とその周辺のすり鉢状の地形の緑地である。一般的には緑地部分も含めて三四郎池と呼ばれている。無論、夏目漱石の「三四郎」に登場したためだ。

育徳園の出自は、加賀藩邸時代、一六三八（寛永一五）年に築かれた回遊式庭園である。明治期のキャンパス整備において、築山や水路、御亭や氷室が失われるなど、日本庭園としての大きな特徴がいくつかなくなったものの、当時の空間骨格をいまだ堅持しており、赤門と並び本キャンパスの近世の歴史的価値を代表する空間のひとつである。同時に、圧倒的な緑量が多様な動植物を育む母胎となっており、また多くの学科において教育研究活動のフィールドとなっている。さらに、三四郎池として多くの人に親しまれ、キャンパス内外の来訪者が絶えない貴重な憩いの場でもある。

つまり、近世回遊式庭園であった育徳園の価値は、その歴史性だけにとどまらず、極めて複合的なものとして形成されてきたのである。そのため、学内には自然環境の徹底的な保護を求める意見や、憩いの場としての施設整備を求める意見など、さまざまな立場からの意見が出され、育徳園の整備に関する合意形成は困難を極めた。しかし、二〇一四年、キャンパス計画室では、倒木や落枝が頻発している状況を踏まえ、公共に開放している以上適切な維持管理を実施する必要性を確認した。

この判断を受け、二〇一五年四月、キャンパス計画室の下に「育徳園の在り方検討ワーキンググループ（以下、WG）」が発足した。主査の工学部都市工学科の横張真教授の下に、文化財、歴史、植生、景観、ランドスケープ等の専門家が集められ、育徳園の現状と履歴の多角的な調査・検証が行われた。一年間で七回の会議を開催し、また動物や菌類、水資源などの専門家との意見交換を経て、二〇一六年三月に「育徳園の履歴と在り方」という報告書をとりまとめている。

この報告書では、地上・地下を問わず現状を超える建築行為を行わないことを前提とし、❶自然環境、❷歴史の重層性、❸保健休養という三つの価値要素が調和的に共存してきたという文化的な価値を、凍結的ではなく動態的に保全していくべきであるとしている。かつて合意形成を困難にした複合的価値を整理し、価値要素の調和の動態保全という枠組みを設定したことにより、長きに渡りほとんど手付かずの状態であった本郷最古の場所が、ようやく空間としてのあるべき方向性をつかんだのである。

（尾崎）

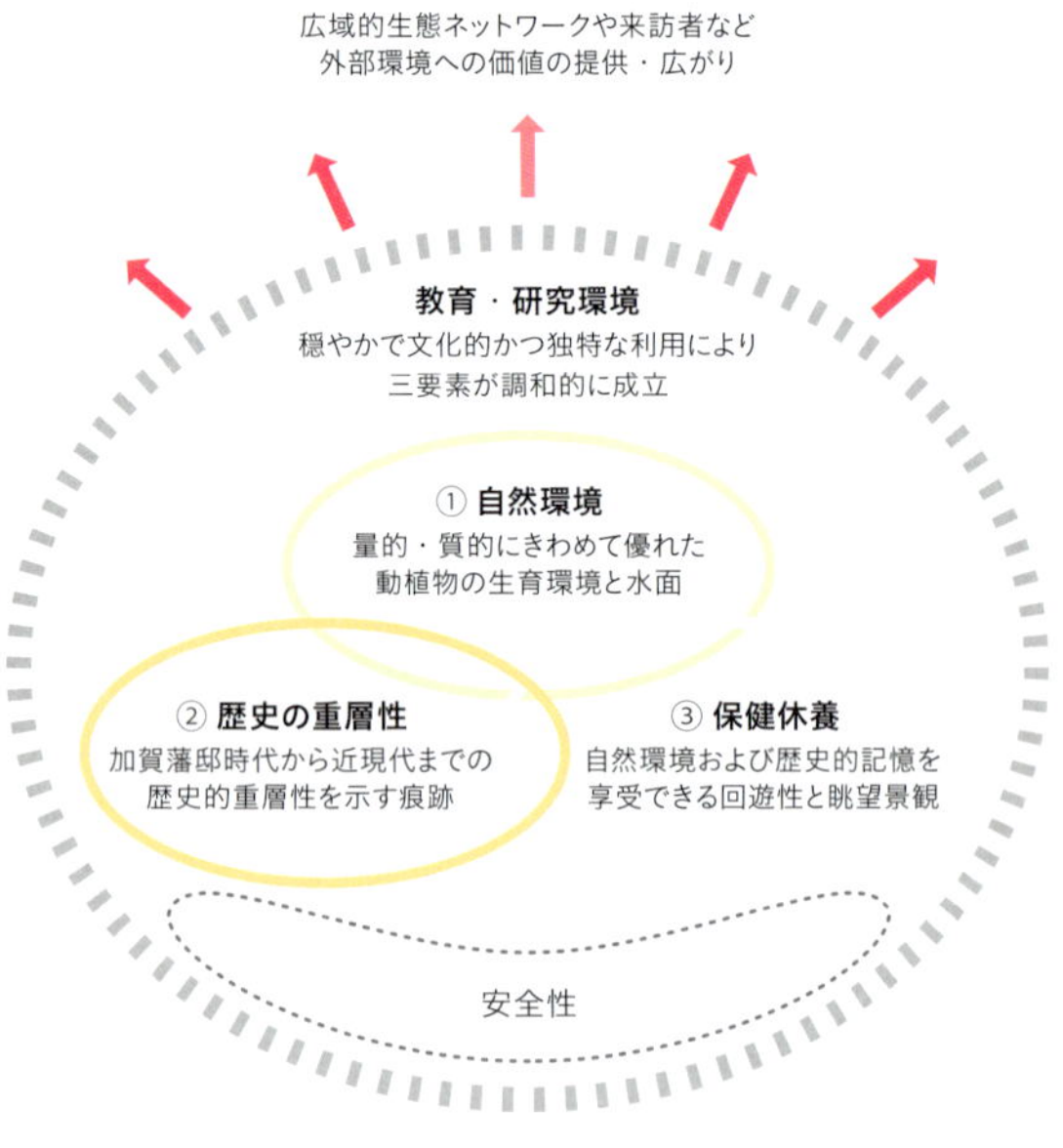


**育徳園の価値概念図**
（育徳園の在り方検討WG「育徳園の履歴と在り方」2016年）

**1900年の育徳園**
（小川一眞『東京帝国大学』1900年、東京大学総合図書館蔵）

**現代の育徳園**
（撮影 小川重雄）


**参考文献**

育徳園の在り方検討WG「育徳園の履歴と在り方」2016年

## 8 懐徳館庭園

### 名勝指定そして今後の活用へ

本郷前田邸の敷地と駒場の農学部・代々木の演習林との土地交換が実施されたのは一九二六(大正一五)年八月であった。翌九月には、前田家が西洋館、和館の寄付を申し出た。大学が関東大震災後の本郷キャンパスの拡充を目的として前田家に依頼したものであり、前田家がそれに応じたのである。実際には、駒場の前田家新邸の新築の完成、移転をまって一九二八(昭和三)年八月にそれが完了した。前田家の西洋館はそのまま維持されたが、面的に広がる和館は多くが撤去され、庭に面した一棟だけが残された。その空いた土地に、理学部二号館、医学部一号館が建設された。

大学に移管された旧前田家邸宅は、震災復興を急務とする大学側の経済的軍情から、しばらく放置されていた。しかし、文部省から旧前田邸を聖蹟に指定したいとの内示があり、一九三三年に再び前田家から修理費として二万円の寄付を受け、三五年に完成披露された。またこの時、市村讃次郎・宇野哲人両博士によって「懐徳館」と命名された。これ以後、懐徳館は本学内外の学賓を迎える施設として使用されることになった。しかし、この旧前田家邸宅の西洋館と和館は、一九四五年三月一〇日の東京大空襲によって焼失し、創設されてから三八年の短い命を終えた。

戦後になると、一九五一年に懐徳館(和館)が再建された。総長宿舎という名目であり、総長らの来賓接客施設として使用されることになる。一九六八年に起きた大学紛争では、大講堂が封鎖されたので、総長室が置かれていた時期もある。

懐徳館のあるキャンパスの西南隅は、教職員、学生の目に触れない一帯であって、長い間ひっそりとあり続けてきたといって過言ではない。私事で恐縮だが、一九八〇年代なかば、稲垣栄三教授(工学部建築学科)の学部三年生の実測演習に同行して、入ったことがある。初めて入る場所であり、見事な庭園と本格的な木造和風邸宅にたいへん驚いた。学生時代にはまったく知らない、秘された場所なのであった。

二〇一〇年代に入ってから、小石川植物園(理学系研究科附属植物園)、懐徳園、大講堂といった歴史的価値の高い施設を、国の文化財として指定しようとする機運が高まり、調査研究が開始された。その結果、二〇一二年に小石川植物園が、一五年には懐徳館庭園が国指定の名勝、史跡に指定された。

懐徳館の歴史的価値は、「明治期の首都で公的な社交という華族に求められた重要な役割を果たす舞台ともなる庭園として、伝統的な池泉と築山に近代的な芝生を融合させ、回遊型の利用、座観式の鑑賞という双方の体験を実現させた空間、(……)その特徴が今なお良好に遺されているのは大変価値のある」ことという(『学内広報』第一四六六号、二〇一五年)。

文化財となると、それの本質的価値を長く伝えることが重要なのであるが、同時に現代に活き続ける施設としての活用も求められる。今後、どのように学内外に解放して活用していくのか、大きな期待が寄せられている。(藤井)

**庭園から懐徳館を見る**
（撮影 藤井恵介）

**懐徳館庭園**
（撮影 藤井恵介）

**参考文献**

東京大学広報委員会「懐徳館庭園が国の名勝に」『学内広報』第1466号、2015年3月

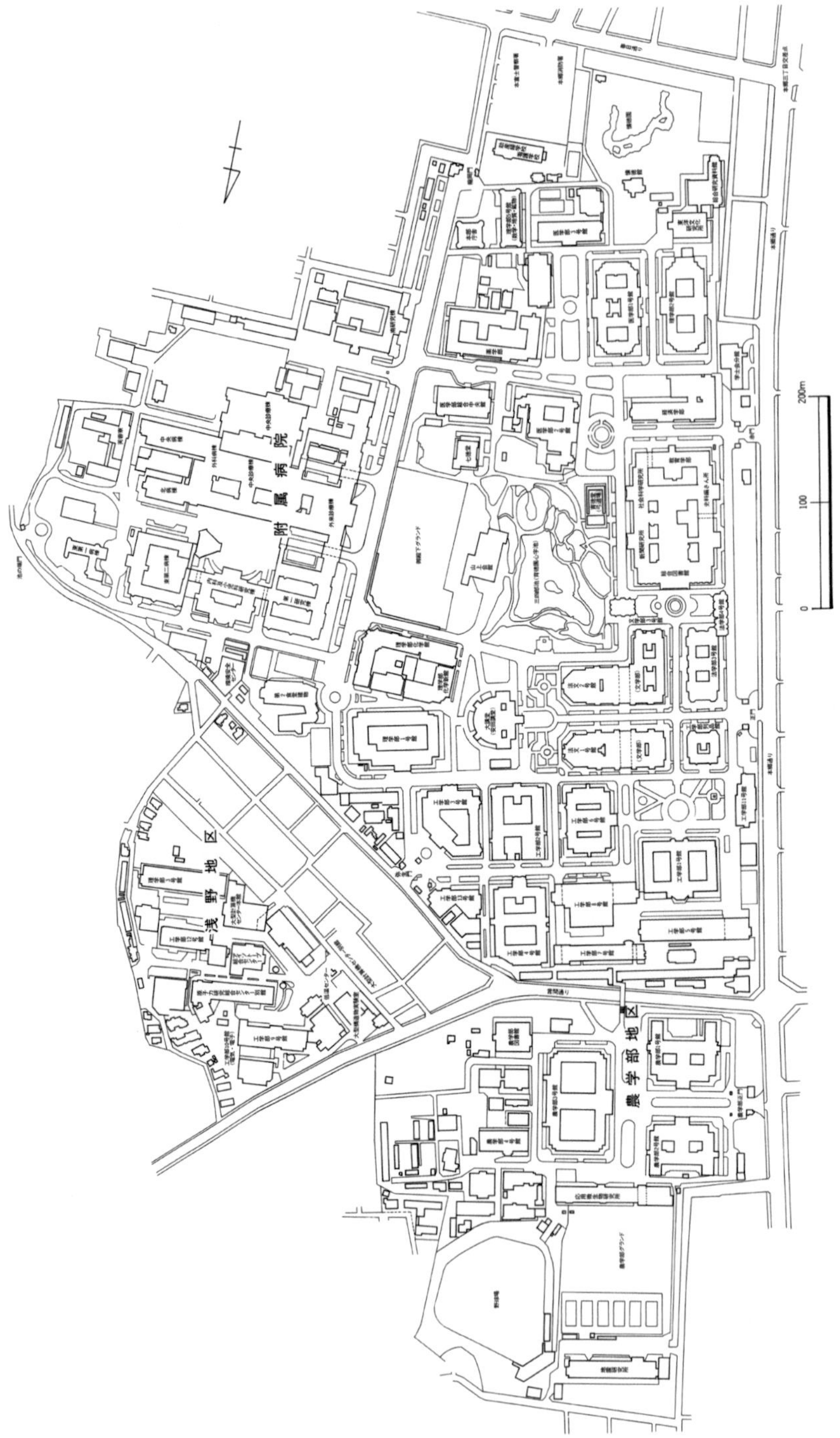


1987(昭和62) 年のキャンパス

# おわりに

長い歴史を誇る東京大学にはこれまでも『東京大学百年史』をはじめとする立派な通史があり、各部局にはそれぞれの歴史を記した出版物がある。しかし、大学のキャンパスという空間やそこに建つ建物に焦点を当てた刊行物は限られている。欧米の歴史のある大学にはこうしたキャンパスやそこの建物の歴史を紹介した立派な刊行物があるのと比較すると、その手薄さは否めない。

一八七四年の文部省から東京医学校への本郷の土地移管から数えると一四四年を経過した本郷キャンパスには各時代の歴史が積層し、じつに豊かなメッセージを発しているはずである。また大学に残された資料からは、今は失われたものの、かつて本郷キャンパスに存在した数多くの建物の図面や写真が残されており、そこからもキャンパスの歴史をたどることができるのに、残念ながらこれまでこうした視点から東京大学本郷キャンパスのあゆみを十全に語った本はなかった。

私たち、東京大学キャンパス計画室にかかわったものたちは、大学キャンパスの将来計画や個々の建物や工作物の具体的なデザインに関して毎月審議・検討を重ねてきているなかで、東京大学をキャンパス形成史の視点から捉え直し、そのなかに将来に向けて私たちの時代の痕跡も寄与させていくという視点を持つ必要があると考えてきた。

こうした想いを関係者と共有し、さらには東京大学のキャンパス空間がいくつかの重層する意図の中で形成されてきたことを、写真や図版を多用して、わかりやすい形で紹介する書籍が必要であると考えるようになった。その出発点として、東京大学の主要な拠点である本郷キャンパスについて、本書を刊行することとした。

たとえば、なぜ本郷が東京大学の敷地として選ばれたのか、どのような経緯で各学部の建物がつくられていったのか、なぜ大講堂（安田講堂）は現在の位置に建っているのか、学内の建物は震災や戦災からどのように復興していったのか、建物のデザインはどのようにして決められたのか、戦後の目覚ましい科学技術の発展にどのようにして対応しているのか、キャンパスとしての調和を保ちながら、現代の空間ニーズに応えるためにどのような工夫が凝らされているか、正門と赤門、龍岡門、鉄門の関係はどうなっているのか、赤門や育徳園（三四郎池）などの近世の遺産と近代以降の施設群との調和をどのようにはかっているのか、キャンパス内のオープンスペースはどのように計画され、実現されてきたのか、地下遺構はどのように調査され、何が明らかになってきているのか、などの観点から本郷キャンパスを幅広く捉え直してみようとしている。

キャンパス形成の歴史を振り返るにあたり施設部にはたいへんお世話になった。東京大学施設部の前身である営繕掛は一八九四年の設立以来、キャンパス整備をも担う学内組織として今日に至っている。本書刊行のための資料収集にあたって全面的な協力を得た。特に当時和紙に描かれた設計図面は、およそ二〇〇に及ぶフォルダーに分類・整理され、デジタルデータにて保管されている。このほか、大正から昭和にかけ、校舎の新築・増築時の工事報告書とガラス乾板写真約三〇〇〇枚が残されている。現在それらは総合研究博物館小石川分館に移管されており、博物館関係者の手で一枚一枚デジタル化され、ウェブサイトでの一般公開が進んでいる。膨大な写真のデジタル化が進んでいたことが、本当にありがたかった。全公開される日を心待ちにするとともに、地道な取り組みに感謝申し上げる。

その他、総合図書館が所蔵する「東京帝国大学五十年史料」には東京医学校時代の営繕関係資料があり、東京大学創設前の本郷キャンパスの様子をうかがい知ることができる。東京大学文書館にも二〇一三年に重要文化財指定された「文部省往復」をはじめとする貴重な史料が残されているが、本書執筆にあたっては、特に東京大学百年史編集室が作成した「内田祥三史料目録」記載の史料を参照した。また、内田自筆の略設計図は、東京都公文書館が所蔵する。建築学専攻に残る資料は、ここ二〇年ほどで整理、デジタル化が進められた。また東京大学史に関する情報を蓄積してきた。それを担当した角田真弓氏に協力を得られたことで、本書には本邦初出の写真をいくつも掲載できた。感謝申し上げる。

このように、実際のところ、キャンパス形成に関する史料が分散して保管されている。本書がそれらを手にする道先案内書となることを願っている。

また、戦後の歴史では、一九七〇年代におけるキャンパス計画という発想の生成、歴史的建造物の増改築の問題、一九八〇年代半ばに始まるキャンパス内の再開発から今日に至るまでの動きを振り返っている。記載にあたって、当時キャンパスの計画に携わられた香山壽夫名誉教授および渡邉定夫名誉教授にお話を伺うことができた。あわせてお礼申し上げたい。

東京大学のキャンパス計画は、一九七五年、一九九三年、二〇一〇年とおよそ二〇年ごとに大きな更新がなされてきた。はじめの二回はそれぞれ、高度経済成長期、バブル期にあたる。社会的要請に応えるため、床面積増や最新機器の導入など、キャンパス空間は急激な変化を迫られた。このただ中において、キャンパスの何を本質として保全し、何を未来へ向けて改変していくのかという議論の果てに示された意志が、キャンパス計画である。

一方で、二〇一〇年の更新はやや事情が異なり、二〇〇四年の法人化に端を発する。法人としての東京大学は、寄付やＰＦＩ（Private Finance Initiative）、自主財源などによる施設整備が増加し、施設部ではなく学部や研究所といった「部局」が整備主体となる事例が目立つようになった。この年のキャンパス計画更新は、そのような整備主体の多様化に対応するために行われたと言える。そのような観点からすると、キャンパス整備にかかわる部局関係者が本郷キャンパスへの理解を深めることは非常に重要である。そのような関係者にも、本書が有益な情報を提供することを願っている。

本書は、西村幸夫がキャンパス計画室長の折に出版計画が立ち上がり、その後、キャンパス計画室内にキャンパス広報ワーキンググループが設置され、西村はその主査、森朋子と尾崎信はその幹事として刊行準備が進められた。ワーキンググループでは藤井恵介、木下直之、中井祐、堀内秀樹各先生を中心に原稿のとりまとめが行われた。

安田講堂の改修が完了し、総合図書館前広場の改修、広場地下の諸施設が竣工し、さらには総合図書館の大規模な改修に目途がついた現時点で、本書の刊行がなされることに深い感慨を覚える。それはまた、多くの方々のキャンパス愛を感じることのできた作業でもあった。執筆や資料収集に協力いただいた数多くの関係者の方々にお礼を申し上げたい。これからのキャンパス計画を考える際にも本書が役立てばと思う。また、刊行にあたり、東京大学出版会の神部政文氏にたいへんお世話になった。この場を借りて謝意を表したい。

本書が、東京大学創設からちょうど一四〇年目を迎えるこの時期に刊行され、大学キャンパスの歴史をたどるための具体的な手がかりとして読者のお役に立つとするならば、これ以上の喜びはない。

二〇一八年六月

西村幸夫
森　朋子
尾崎　信

# 東京大学本郷キャンパス関連年表

作成／森　朋子・尾崎　信

| 西暦（元号） | 東京大学（教育制度はゴシック体） | 関連組織・関係者 | 本郷キャンパス計画関連事項 | 施設 |
|---|---|---|---|---|
| 一八六八（明治元） | 医学所・昌平学校設置、開成学校設置 | | 春木町より出火、加賀藩本郷上屋敷の大部分を焼失 | |
| 一八六九（明治二） | 昌平学校を大学校、開成学校・医学校（医学所改称）を大学校分局、大学校を大学、開成学校を大学南校、医学校を大学東校に改称 | | | |
| 一八七〇（明治三） | 大学東校上野へ建築伺 | | | |
| 一八七一（明治四） | **文部省設置、大木喬任初代文部卿に** 大学廃止、文部省設置、大学南校を南校、大学東校を東校と改称、工部省工学寮設置、司法省明法寮を設置 | | 前田家本郷邸の一部を私邸として下附願い、廃藩置県により私邸以外すべて新政府に返上・東京府用地に（東京府囚獄掛必要の地） | |
| 一八七二（明治五） | **学制発布（八大学区）→「専門学校」建設優先** 開成学校→開成学校校舎竣工（文部省設計工事）文部省南校適地伺、フェルベッキ建議、東校教師館を上野山内に新築、東校を第一大学区医学校、南校を第一大学区第一番中学と改称 | | 乞食・囚人の工作場設置、ロシア皇太子来訪につき浮浪乞食を臨時収納 | |
| 一八七三（明治六） | **学制二編追加（専門学校構想）** 文部省上野山中への文科、法科、理科、医科等の専門（大）学校設立伺許可上野返納命令、第一大学区第一番中学校改め開成学校に改称、開成学校・神田錦町の新校舎落成につき移転、開成学校開校式に明治天皇行幸 | | 東京府より上地、文部省用地に | |
| 一八七四（明治七） | **田中不二麻呂文部大輔** 東京開成学校・東京医学校に改称、上野の文部省移管取消し東京医学校本郷移転決定 | | 東京医学校本郷移転決定 | |
| 一八七五（明治八） | **国府台「大学校」設立の伺** | | | |
| 一八七六（明治九） | 東京医学校本郷移転 | **コンドル着任** | 東京医学校本郷移転 | 東京医学校本館おおむね竣工 |
| 一八七七（明治一〇） | 工部省工学寮を工部大学校に改称、東京大学設立 | **加藤弘之、法理文三学部綜理就任** **池田謙斎、医学部綜理就任** | | |
| 一八七八（明治一一） | 内務省農学校開設（東京農林学校の前身） | | 西郷従道伺の法学部・文学部校舎図面 | 理学部観象台、鉄門落成 |
| 一八七九（明治一二） | **教育令布告** 明治天皇医学部開校式に行幸 | | コンドルに東京大学校舎を委嘱、法学部・文学部校舎着工（工部省設計・工事、コンドル担当） | 音楽取調所竣工 |
| 一八八〇（明治一三） | 法理文三学部に学士研究科を設置（大学院の前身） | | | |
| 一八八一（明治一四） | 職制を改め、東京大学総理、法理文医四学部および予備門に各長を置き、教授・助教授等の諸職を定める | **加藤弘之、総理就任** | | |
| 一八八二（明治一五） | 東京山林学校設置 | | 観象台は気象台と天象台に分かれ、天象台に | |
| 一八八四（明治一七） | 司法省の法学校を文部省に移管、東京法学校と改称 | | 本部事務室および法学部・文学部を本郷に移転、コンドル東大案"the builder"に発表 | 法学部・文学部校舎竣工 |
| 一八八五（明治一八） | **教育令再改正、工部省廃止** 東京法学校を法学部に合併、工芸学部を設置（理学部より工学系学科分離―機械、土木、採鉱冶金、応用化学）、工部大学校文部省移管 | **（山口半六文部省雇）** | 理学部を本郷に移転 | |

| | | | | |
|---|---|---|---|---|
| **一八八六（明治一九）** | **帝国大学令公布（大学予備門の分離、旧制高校設置）、学校令改正**<br>帝国大学設立（法医工文理五分科大学および大学院を設置。総長、分科大学長、評議会）工芸学部、工部大学校合併工科大学本郷移転決定、東京農林学校設置、明治天皇帝国大学設立後初行幸 | **（久留正道文部省技師に）外山正一、総理（事務取扱）・総長（事務取扱）**<br>**渡邊洪基、初代総長就任** | 工科大学校舎着工（文部省工事） | |
| **一八八七（明治二〇）** | **学位令公布** | **（山口半六・久留正道会計局技師に）** | | |
| **一八八八（明治二一）** | 理科大学附属東京天文台を設置 | **（山口半六会計課建築掛長に）、コンドル辞職** | 工科大学校舎竣工・虎ノ門から本郷に移転 | 工科大学校舎竣工、理科大学校舎竣工 |
| **一八九〇（明治二三）** | 東京農林学校合併し農科大学設置、明治天皇行幸（工科大学・理科大学） | **加藤弘之、第二代総長就任** | 図書館着工、音楽取調所上野へ移転 | |
| **一八九二（明治二五）** | 評議官各分科大学長の互選に | **（山口半六文部省辞任）** | | 帝国大学図書館竣工 |
| **一八九三（明治二六）** | **帝国大学令改正**<br>帝大改革（講座制、分科大学教授会法制化、教官待遇改善等、近代大学の体裁形成、文相井上毅の高等教育・大学近代化—実用の重視、大学院の分離） | **濱尾新、第三代総長就任** | 医学部病院位置入れ替え構想決定、正門一帯整備 | 理科大学博物学教室竣工 |
| **一八九四（明治二七）** | | 営繕掛設置 | | |
| **一八九五（明治二八）** | | | この頃、仮正門の位置北に移動し現位置へ | 法科大学分教室竣工 |
| **一八九六（明治二九）** | 明治天皇行幸（工科大学、理科大学博物学教室、法科大学新教室、文科大学史料編纂掛陳列史料、図書館） | | | 医科大学附属医院眼科・産科婦人科・小児科・皮膚病・梅毒病病室、工科大学応用化学採鉱冶金学教室竣工 |
| **一八九七（明治三〇）** | 東京帝国大学と改称、帝国大学図書館を東京帝国大学図書館と改称<br>**京都帝国大学開設** | **外山正一、第四代総長就任** | | |
| **一八九八（明治三一）** | | **菊池大麓、第五代総長就任** | | |
| **一八九九（明治三二）** | 明治天皇卒業式に初めて行幸（優等卒業生に銀時計下賜の始まり、以後大正七年まで） | | | |
| **一九〇〇（明治三三）** | パリ万国博覧会出展 | **（文部省建築課設置・久留正道初代課長に）** | パリ万国博覧会出展につき、キャンパス内撮影 | |
| **一九〇一（明治三四）** | | **山川健次郎、第六代総長就任** | | 医科大学生理学・衛生学・薬物学・医化学教室の一部竣工、法科大学分教室、工科大学機械工学教室竣工、医科大学附属医院外科教室の一部・外科教室手術室竣工 |
| **一九〇二（明治三五）** | 明治天皇行幸（卒業式） | | | 医科大学生理学・衛生学・薬物学・医化学教室竣工、法科大学分教室竣工 |
| **一九〇三（明治三六）** | | | 赤門移動（一五メートル程度）、本郷通り沿いの楠並木整備 | 医科大学病理学竣工、工科大学電気工学実験室竣工、工科大学造船・造兵竣工 |
| **一九〇四（明治三七）** | 明治天皇行幸（卒業式） | | 医科大学前坂道の欅並木、本郷通り沿いの塀の整備、工科大学造兵学教室より出火（同教室・造兵学教室・土木工学教室焼失） | 医科大学附属医院講義室竣工、医科大学病理解剖室竣工、工科大学造兵学教室より出火し同教室・造船学教室の一部・土木工学教室が焼失、医科大学附属医院内科病室の一部・講義室竣工 |
| **一九〇五（明治三八）** | 明治天皇行幸（卒業式） | **松井直吉、第七代総長就任　濱尾新、第八代総長就任** | 医科大学移転おおむね完了 | |
| **一九〇六（明治三九）** | 明治天皇行幸（卒業式） | | | 医科大学解剖学および実験室・法医学教室竣工、工科大学造船造兵学竣工 |
| **一九〇七（明治四〇）** | 明治天皇行幸（卒業式） | 臨時建築掛設置 | 正門銀杏並木整備（明治四〇—四一年） | 工科大学電気実験室・図書館書庫増築竣工、医科大学薬学教室竣工 |

| | | | | |
|---|---|---|---|---|
| 一九〇八（明治四一） | 明治天皇行幸（卒業式）、法科大学に経済学科設置 | | | |
| 一九〇九（明治四二） | 明治天皇行幸（卒業式） | | | |
| 一九一〇（明治四三） | 明治天皇行幸（卒業式） | | 西北隅の森川町通りの土地約一六〇〇坪を敷地に加える | 理科大学動物学・地質学・鉱物学教室竣工、医科大学附属病院外来診察室および薬局の一部竣工、元理科大学動物学・地質学教室を修理し法・文科大学の研究室等に使用 |
| 一九一一（明治四四） | 明治天皇行幸（卒業式） | | | 医科大学附属医院薬局竣工、旧東京医学校本館を赤門脇に移築 |
| 一九一二（明治四五） | 明治天皇行幸（卒業式） | | | 正門竣工 |
| 一九一三（大正二） | | 営繕掛と臨時建築掛を統合、営繕課へ<br>**山口孝吉、初代営繕課長就任**　**桜井錠二、総長（事務取扱）**<br>**山川健次郎、第九代総長就任** | 本郷区本富士町の敷地約五〇〇坪売却、本郷湯島両門町約七〇〇坪購入し敷地に加える | 本部建物完成、工科大学電気工学実験所増築竣工、医院内科病室の改築竣工 |
| 一九一四（大正三） | | | 工学部二号館前のケヤキ並木整備 | 法科大学講義室（八角講堂）竣工 |
| 一九一五（大正四） | 大正天皇行幸 | | | |
| 一九一六（大正五） | 大正天皇行幸 | | 本郷区竜岡町の民有地約六三〇坪購入し敷地に加える | 理科大学化学教室竣工、医科大学附属医院精神病病室竣工、工科大学熱機関実験室・医科大学外科研究室竣工 |
| 一九一七（大正六） | 大正天皇行幸 | | | |
| 一九一八（大正七） | **大学令（学部構成、総合大学構想）公布**<br>大正天皇行幸 | | 本郷区竜岡町の民有地一一八坪購入し敷地に加える | 工科大学応用化学教室・採鉱学および冶金学教室竣工、医科大学附属医院物理的療法病室竣工、理科大学植物学教室増築竣工 |
| 一九一九（大正八） | **帝国大学令全文改正**<br>分科大学制度を学部制に改め法医工文理農各学部とし、経済学部を新設 | | 本学本郷区竜岡町用地の内約一二一坪を道路敷地として提供し、同区本富士町および竜岡町の土地約五五二坪を敷地に加える | 医学部事務室増築竣工、理学部植物・生理・化学研究室竣工、工学部船工学実験室移築 |
| 一九二〇（大正九） | 大正一〇年より学年始めを九月から四月に改正、『帝国大学新聞』創刊 | **古在由直、第一〇代総長就任** | | |
| 一九二一（大正一〇） | | 建築委員会規定制定 | | |
| 一九二二（大正一一） | | | 本郷区真砂町用地六四一〇坪余を東京市に売却、大講堂着工、工学部二号館・列品館・法研などの計画立案 | |
| 一九二三（大正一二） | 関東大震災により甚大な被害を受ける（九月一日） | **内田祥三、営繕課長就任** | | 応急施設として木造仮建築にて、本部仮会議所・撃剣柔道場・学生控所・食堂・図書館閲覧室・法医工文経済各学部教室・理学部数学教室・工学部応用化学教室・学生仮寄宿舎等完成 |
| 一九二四（大正一三） | アメリカのロックフェラーが図書館再建に寄附申入れ | | | 工学部講堂および機械造兵航空学教室・実験室竣工、附属医院賄所竣工 |
| 一九二五（大正一四） | | | | 附属医院耳鼻咽喉科・整形外科病室竣工、工学部陳列室・医学部薬学科教室竣工、大講堂竣工 |
| 一九二六（大正一五／昭和元） | | | 本郷区本富士町二番地前田侯爵邸敷地一万二六〇六坪余を本学敷地とし、農学部敷地四万坪および代々木演習林敷地一万一五四三坪を前田侯爵邸敷地として土地交換実施 | 附属医院外来患者夜間診療所竣工、理学部物理学教室・共通講義室竣工 |
| 一九二七（昭和二） | | | 本郷区本富士町民有地一二二八坪余を購入 | 工学部応用化学教室竣工、法学部・経済学部研究室ならびに書庫竣工、農学部化学教室竣工、農学部農芸化学実験室竣工 |
| 一九二八（昭和三） | | **小野塚喜平次、第一一代総長就任** | 本郷区向ヶ岡弥生町の民有地四〇一三坪余を農学部敷地として購入、侯爵前田利爲より建物（洋館別館附属家等）の寄付を受けた | 附属医院内科病室・看護婦寄宿舎・精神科病室、農学部化学実験室、文学部資料編纂掛、農学部教室・実験室、地震研究所本館研究室・実験室等竣工、文学部研究室等増築、理学部教室・研究室・実験室を増築 |

| | | | | |
|---|---|---|---|---|
| 一九二九（昭和四） | | | | 法学部・文学部・経済学部教室第一号・図書館竣工、法学部・文学部・経済学部教室第二号竣工、医学部附属医院病室の一部竣工 |
| 一九三〇（昭和五） | | | 航空研究所移転完了（農学部敷地内に） | 農学部教室・研究室・実験室を増築、法学部・文学部・経済学部第二号館地下室に学生食堂を増築、工学部実験室・本部附属家竣工、工学部第四号館を増築 |
| 一九三一（昭和六） | | 煤烟防止委員会設置 | 赤門が国法保存法により国宝指定 | 医学部第一号館竣工 |
| 一九三二（昭和七） | 『東京帝国大学五十年史』出版 | | | 法・文・経済学部教室第一号館増築 |
| 一九三三（昭和八） | | | | 附属医院産婦人科病室、構内運動場学生課附属家竣工、附属医院病室を増築 |
| 一九三四（昭和九） | | **長與又郎、第一二代総長就任** | | 附属医院事務室・薬局・外来患者診療所、学生食堂、農学部実科本館竣工、理学部第二号館竣工 |
| 一九三五（昭和一〇） | | | 農学部の位置を東京市本郷区向ヶ丘弥生町に変更 | 法文経教室第一号館・第二号館増築、附属図書館東側に弓術場竣工、農学部第一号館増築、工学部第一号館竣工、法文経教室第二号館増築 |
| 一九三六（昭和一一） | 学部通則の一部を改正し記念日を四月一二日と定めた。昭和一二年より紀元節・天長節・明治節の当日には式典を挙行することに定めた | | 本郷区向ヶ丘弥生町の民有地四一三坪購入し、農学部の敷地に加える | 医学部脳研究室竣工、農学部第二号館竣工、第二学生食堂増築、医学部第二号館・附属医院内科および小児科研究室等の増築・新築竣工 |
| 一九三七（昭和一二） | | **佐藤寛次、総長（事務取扱）平賀譲、第一三代総長就任** | | 法文経教室第二号館・理学部化学教室・附属医院結核病室・農学部運動場更衣室等増築・新築竣工、附属医院内科研究室ならびに講堂竣工、工学部船工学実験室竣工、医学部第二号館増築 |
| 一九三八（昭和一三） | | | 本郷区向ヶ丘弥生町・本富士町・駒込東片町・森川町所在第一高等学校旧敷地三万七一四坪を農学部敷地として本学へ所属換 | 工学部航空学教室竣工、第二学生食堂増築、運動場南側に七徳堂（柔剣道場）竣工、法文経済学部第二号館地下室一部増築、工学部附属綜合試験所建物の一部竣工 |
| 一九三九（昭和一四） | | 煤烟防止委員会解散し、営繕課に移管 | | 工学部第三号館の一部竣工、工学部附属綜合試験所の増築 |
| 一九四〇（昭和一五） | 評議会にて紀元二千六百年記念事業として学術発達史の編纂を決定、天皇陛下紀元二千六百年行幸 | | | 附属医院外科病室の一部地下室竣工 |
| 一九四一（昭和一六） | | | 本郷区向ヶ丘弥生町民有地三六三六坪ならびに同三六三六坪（四月）を購入 | 工学部第三号館増築、農学部第三号館竣工、附属医院外科病室増築、工学部第三号館地下室増築、臨時附属医学専門部教室・事務室竣工 |
| 一九四二（昭和一七） | 紀元二千六百年記念事業『東京帝国大学学術大観』全五巻刊行、第二工学部開学式を同学部講堂にて挙行、第二工学部を設置 | | 本部拡張敷地として民有地三六三六坪購入 | |
| 一九四三（昭和一八） | | **寺沢寛一、総長（事務取扱）内田祥三、第一四代総長就任** | 本部土地二三七七坪を浅野長之より購入、本部建物倉庫を浅野長之より購入 | 工学部冶金学教室竣工 |
| 一九四四（昭和一九） | | | | 工学部石油工学教室竣工 |
| 一九四五（昭和二〇） | 終戦の玉音放送を内田総長以下、教職員・学生が大講堂で聞く | **南原繁、第一五代総長就任** | | |
| 一九四六（昭和二一） | **教育刷新委員会設置**<br>「東大戦没並に殉職者慰霊祭」を大講堂で挙行、社会科学研究所を附置 | | | |
| 一九四七（昭和二二） | **教育基本法**、**学校教育法公布**（**大学令等を廃止**）、**大学設置**委員会設置南原総長「本郷文教地区構想」が帝国大学新聞に掲載、新大学制実施準備委員会、東京帝国大学を東京大学（旧制）と改称 | | | |

| | | | | |
|---|---|---|---|---|
| **一九四八（昭和二三）** | | | | |
| **一九四九（昭和二四）** | **国立学校設置法公布・施行**<br>東京大学（新制）設立、第二工学部を廃止し生産技術研究所を設置、第一高等学校と東京高等学校を取り込んで教養学部・教育学部を設置 | | | |
| **一九五〇（昭和二五）** | 史料編纂所を附置 | | 赤門が文化財保護法により重要文化財に指定 | |
| **一九五一（昭和二六）** | 東京高等学校を廃止、教育学部附属中学校・高等学校を設置 | **矢内原忠雄、第一六代総長就任** | | 懐徳館（和館）再建 |
| **一九五二（昭和二七）** | 新大学制実施準備委員会廃止→大学院実施準備委員会設置、東京大学大学院設置要綱 | | | 社会科学研究所、新聞研究所第一期工事竣工 |
| **一九五三（昭和二八）** | 東京大学大学院（新制）設置（人文科学系、社会科学系、数物系、化学系、生物系の五研究科を開設） | | | |
| **一九五四（昭和二九）** | **「国立大学の講座に関する省令」を制定** | | | |
| **一九五五（昭和三〇）** | | | | 教育学部第一期竣工 |
| **一九五六（昭和三一）** | | | | |
| **一九五七（昭和三二）** | | **茅誠司、第一七代総長就任** | | 薬学部本館第一期工事竣工 |
| **一九五八（昭和三三）** | 薬学部を設置、東京大学制度審議会設置 | | | |
| **一九五九（昭和三四）** | | | | |
| **一九六〇（昭和三五）** | 文部大臣、中央教育審議会に「大学教育の改善について」諮問し、大学管理問題が再燃 | 施設部創設 | | |
| **一九六一（昭和三六）** | 文科理科各三類の形態評議会可決 | | | 医学部二号館（本館）増築、中央館竣工、工学部五号館竣工 |
| **一九六二（昭和三七）** | 東京大学制度審議会解散、都市工学科創設 | | 生産技術研究所六本木に移転 | |
| **一九六三（昭和三八）** | 大学院文系研究科改組（人文科学、社会科学の二研究科体制→人文科学、教育学、法学政治学、社会学、経済学研究科の５研究科体制） | **大河内一男、第一八代総長就任** | | 地震研究所新館竣工、工学部八号館竣工 |
| **一九六四（昭和三九）** | 総合計画委員会設置（全面的な大学改革の検討） | | | 旧外科病棟竣工、旧中央病棟竣工 |
| **一九六五（昭和四〇）** | 大学院理系研究科改組（生物、数物、化学系の三研究科体制→理学系、工学系、農学系、医学系、薬学系の五研究科体制） | | | 農学部園芸実験所竣工、医学部音声・言語医学研究施設竣工、東洋文化研究所・総合研究資料館竣工（大塚より移転） |
| **一九六六（昭和四一）** | | | | 工学部九号館竣工、経済学部新館竣工、文学部文化交流研究施設竣工 |
| **一九六七（昭和四二）** | | | | |
| **一九六八（昭和四三）** | 医学部学生、研修医問題でストライキ、大講堂での統一卒業式を中止、学生等により大講堂封鎖占拠、警察力導入による排除で「闘争」拡大、再封鎖、全学無期限ストに突入 | **加藤一郎、総長（事務取扱）** | | 図書館団地竣工、旧北病棟竣工、臨床講堂竣工 |
| **一九六九（昭和四四）** | 「七学部集会」、大学改革準備調査会発足、大講堂封鎖解除、昭和四四年度の入学試験中止を決定、総合計画委員会廃止（総論的な検討作業が完了した段階で紛争のため） | **加藤一郎、第一九代総長就任** | | 旧東京医学校本館を小石川植物園へ移築、工学部一一号館竣工 |
| **一九七〇（昭和四五）** | 改革委員会発足 | | 旧東京医学校本館が重要文化財に指定 | 理学部情報科学研究施設竣工 |

| | | | | |
|---|---|---|---|---|
| 一九七一（昭和四六） | 改革室設置（キャンパス過密化問題も意識） | 建築委員会内に長期計画特別委員会を設置（委員長 遠藤湘吉、部会長 大谷幸夫）。長期計画委—物的収容能力を中心に検討し教養学部の本郷受け入れが可能と説明 | | 医学部動物実験施設竣工 |
| 一九七二（昭和四七） | | 長期計画委—本郷集中型・複数団地分散型・大規模敷地移転統合型を発表 | | |
| 一九七三（昭和四八） | 改革委員会廃止 | 長期計画委—建物将来需要の中間報告 | | |
| 一九七四（昭和四九） | 総合大学院構想 | **林健太郎、第二〇代総長就任**<br>長期計画委—本郷キャンパスの計画原案報告 | | |
| 一九七五（昭和五〇） | 評議会で立川基地跡地案が初めて浮上、理学部情報科学研究施設を情報科学科に改組、農学部園芸実験所を緑地植物実験場に改組、総長が本郷・立川二大キャンパスの構想を発表 | 長期計画委—本郷キャンパス利用計画案（修正案）報告、改革室に新キャンパス問題委員会（委員長 伊藤正己）設置 | 「本郷キャンパス利用計画」評議会承認 | 安田講堂前広場改修、法文一号館・二号館屋上増築（第一期） |
| 一九七六（昭和五一） | | | | 中央食堂竣工、理学部五号館竣工 |
| 一九七七（昭和五二） | 創立百年記念式典挙行 | 改革室—キャンパス問題の経過について（新キャンパス大規模移転）、新キャンパス問題委員会委員が関係省庁を訪問するなど土地取得活動継続<br>**向坊隆、第二一代総長就任** | | 農学部附属生物環境制御システムセンター竣工 |
| 一九七八（昭和五三） | 立川移転構想が実現不可能と判明、移転を断念 | | | 環境安全センター竣工 |
| 一九七九（昭和五四） | | 立川移転断念を確認し、新キャンパス問題委員会を解散、新たにキャンパス問題委員会を設置 | | 本部庁舎竣工（九月竣工式） |
| 一九八〇（昭和五五） | | | | |
| 一九八一（昭和五六） | | 東京大学キャンパス問題委員会を廃止、東京大学建築委員会を改組・改名して東京大学キャンパス委員会として設置<br>**平野龍一、第二二代総長就任** | | 薬学部西館改築、法文一号館・二号館屋上増築（完成） |
| 一九八二（昭和五七） | | 第一回キャンパス委員会開催し、長期計画特別委員会を組織。第一回長期計画特別委員会開催し、理工系学部・研究所の実験施設を設けるための新キャンパス取得等の検討開始 | | |
| 一九八三（昭和五八） | 大学院総合文化研究科を設置 | 臨時遺跡調査委員会とその下に遺跡調査室発足 | | 医学部三号館別棟竣工、本郷正門内側道路に段差を設置、総合研究博物館増築、新聞研究所・社会科学研究所新研究棟・書庫竣工、理学部化学新館竣工 |
| 一九八四（昭和五九） | （このころ工学部・理学部で建て詰まりの傾向） | | | 経済学部増築、東洋文化研究所研究棟竣工 |
| 一九八五（昭和六〇） | | **森亘、第二三代総長就任** | 工学部再開発計画について堀川学部長より検討指示 | |
| 一九八六（昭和六一） | | | 「工学部キャンパス再開発計画案」教授会報告（香山壽夫） | 理学部七号館竣工、山上会館竣工 |
| 一九八七（昭和六二） | | | 「東京大学アーカイブズ計画」（稲垣栄三・香山壽夫）、御殿下グラウンドの遺跡調査終了 | 法学部四号館竣工、文学部三号館竣工、医学部附属病院新中央診療棟、医学部附属病院設備管理棟竣工 |

| | | | | |
|---|---|---|---|---|
| 一九八八(昭和六三) | | | | 正門レプリカ竣工、工学部七号館改修 |
| 一九八九(平成元) | | **有馬朗人、第二四代総長就任** | | 御殿下記念館竣工 |
| 一九九〇(平成二) | | 遺跡調査室を改組し、埋蔵文化財調査室を設置 | | 大講堂改修、動物医療センター竣工 |
| 一九九一(平成三) | 大講堂での卒業式を再開、大学院の重点化開始 | 工学部建築計画室設置(岸田省吾助教授・助手三)、全学のキャンパス計画室発足(同じく定員付き) | | 工学部七号館改修(第二期) |
| 一九九二(平成四) | 大学院数理科学研究科を設置 | | 「東京大学キャンパス計画の概要」評議会承認 | 理学部化学本館改修 |
| 一九九三(平成五) | 副学長を設置 | **吉川弘之、第二五代総長就任** | 「本郷地区キャンパス再開発・利用計画要綱」評議会承認 | 農学部図書館竣工、薬学部本館竣工、外来診療棟Ⅲ竣工、農学部七号館(Ⅰ期)竣工 |
| 一九九四(平成六) | | | | 看護婦宿舎一号棟竣工、農学部七号館(Ⅱ期)竣工、臨床試験棟竣工 |
| 一九九五(平成七) | | | 柏キャンパス取得 | 工学部一号館増築、工学部一四号館竣工、管理・研究棟改修 |
| 一九九六(平成八) | | | 大講堂、第一号登録有形文化財に登録 | 工学部一号館改修、薬学部資料館竣工、文学部アネックス竣工、医学部二号館等改修 |
| 一九九七(平成九) | 大学院の重点化完了 | **蓮實重彦、第二六代総長就任** | | 理学部一号館西棟竣工、看護婦宿舎三号棟竣工、農学部七号館竣工、工学部六号館改修 |
| 一九九八(平成一〇) | 大学院新領域創成科学研究科を設置、東京大学の経営に関する懇談会設置 | | 柏キャンパス追加取得、正門および門衛所、工学部列品館、法学部三号館、法文学部一号館、法文学部二号館、工学部一号館、国の登録有形文化財に登録 | |
| 一九九九(平成一一) | 東京大学の設置形態に関する検討会設置 | | 「本郷地区キャンパス第一次整備計画概要」本郷地区キャンパス整備委員会承認 | |
| 二〇〇〇(平成一二) | 国立大学制度研究会設置、国大協・設置形態検討特別委員会設置、評議会の下に東京大学21世紀学術経営戦略会議(UT21会議)設置、大学院情報学環・学際情報学府を設置 | | 宇宙線研究所・物性研究所を柏に移転 | 弥生講堂竣工、理学部三号館改修、工学部二号館改修 |
| 二〇〇一(平成一三) | 東京国際フォーラムで卒業式(初学外)、柏地区事務部を設置、大学院情報理工学系研究科を設置 | **佐々木毅、第二七代総長就任** | 国立大学等施設緊急整備五ヶ年計画開始 | (文・経・教・社研)総合研究棟竣工、医学部教育研究棟竣工、入院棟A竣工、安田講堂前広場植栽撤去 |
| 二〇〇二(平成一四) | 国大協国立大学法人化特別委員会設置 | | | 看護職員宿舎四号棟改修 |
| 二〇〇三(平成一五) | **国立大学法人法公布**<br>「東京大学憲章」を制定 | | 「本郷地区キャンパス再開発・利用計画要綱(第二次)」評議会承認、「東京大学キャンパス計画の概要」に検見川・西千葉・柏Ⅱキャンパスの部局配置について追記(評議会承認)、「本郷地区キャンパス第二次整備計画概要」キャンパス計画委員会本郷地区部会承認 | 薬学系総合研究棟竣工、生命科学総合研究棟竣工、産学連携プラザ竣工、赤門総合研究棟改修、武田先端知ビル竣工、工学部九号館改修、法学部政治系総合研究棟竣工 |
| 二〇〇四(平成一六) | **国立大学法人法施行**<br>国立大学法人化、大学院公共政策学連携研究部・教育部を設置 | | 広報センター、七徳堂、農学部三号館、東京都歴史的建造物に選定 | 理学部一号館中央棟竣工、医学部教育研究棟(第二期)竣工、コミュニケーションセンター竣工 |
| 二〇〇五(平成一七) | 「東京大学アクション・プラン」を公表 | **小宮山宏、第二八代総長就任** | 「本郷地区キャンパス第三次整備計画概要」キャンパス計画委員会本郷地区部会承認 | 工学部新二号館竣工、工学部一一号館改修、薬学系総合研究棟(第二期)竣工 |

| | | | | |
|---|---|---|---|---|
| 二〇〇六（平成一八） | 大学院新領域創成科学研究科を柏に移転 | | | 薬学部本館改修、農学部二号館別館改修、中央診療棟（II期）竣工 |
| 二〇〇七（平成一九） | | 施設部→施設・資産系へ改称 | 「東京大学キャンパス計画の概要」に多摩農場（田無）、二宮果樹園、緑地植物実験所（検見川）、生研千葉実験所（西千葉）の施設整備計画の見直しについて追記（役員会） | アントレプレナープラザ竣工、東洋文化研究所本館改修、知のプロムナード整備、工学部一二号館改修、地震研究所二号館改修 |
| 二〇〇八（平成二〇） | | | 「東京大学キャンパス計画の概要」の参考資料として生研千葉実験所、二宮果樹園、緑地植物実験所、検見川運動場の機能移転について言及（役員会） | 情報学環・福武ホール竣工、弥生講堂アネックス竣工、医学部総合中央館改修、医学部三号館等改修 |
| 二〇〇九（平成二一） | | **濱田純一、第二九代総長就任**<br>キャンパス計画室の下にデザインコードワーキンググループを設置し、キャンパス計画改正の検討を開始（主査 内藤廣） | | 向ヶ丘ファカルティハウス竣工、経済学部学術交流施設竣工、農学部中央図書館改修、タンデム加速器研究棟他改修、工学部七号館改修、理学部三号館改修、研究・収蔵棟改修、看護師宿舎五号棟竣工 |
| 二〇一〇（平成二二） | 「東京大学の行動シナリオFOREST2015」を公表 | 施設・資産系→施設部へ改称 | 「本郷地区キャンパス再開発・利用計画要綱（第二次）」を改正・改称し「本郷地区キャンパス計画要綱」（九月役員会承認）、野球場観覧席・ダッグアウトおよびフェンス登録有形文化財に登録 | フードサイエンス棟化学本館改修、理学部四号館改修、学生支援センター竣工、病院立体駐車場竣工 |
| 二〇一一（平成二三） | | | | 伊藤国際学術研究センター竣工、生命科学総合研究棟B竣工 |
| 二〇一二（平成二四） | | | | 法学部三号館増築 |
| 二〇一三（平成二五） | | キャンパス計画室の下に東京大学キャンパス計画大綱策定ワーキンググループを設置（主査 西村幸夫） | | 工学部新三号館竣工、I-REF棟改修 |
| 二〇一四（平成二六） | | | 「東京大学キャンパス計画の概要」を全面改正し、「東京大学キャンパス計画大綱」（三月役員会承認） | 理学部化学西館改修、ダイワユビキタス学術研究館竣工、安田講堂大改修 |
| 二〇一五（平成二七） | 「東京大学ビジョン2020」を公表 | **五神真、第三〇代総長就任** | 懐徳館庭園、国の名勝に指定 | 法文学部一・二号館改修、七徳堂改修、工学部四号館改修、附属図書館（社研等）改修、農学部六号館改修、総合研究棟（薬学系）改修、CRCA棟I期竣工 |
| 二〇一六（平成二八） | | | 「育徳園の履歴とあり方」キャンパス計画室承認 | 分子ライフイノベーション棟竣工 |
| 二〇一七（平成二九） | | | | 総合図書館改修、アカデミックコモンズ竣工 |

年表作成には、巻末の参考文献のほか、特に次の文献を参考にした。
・東京大学『東京大学一覧』自昭和三八年度至昭和三九年度
・「本郷地区キャンパス再開発・利用計画要綱（第二次）」二〇〇三年
・「本郷地区キャンパス第三次整備計画概要」二〇〇五年
・東京大学施設部「本郷構内配置図」二〇〇九年
・森朋子「東京医学校本郷移転再考——東京大学本郷キャンパス成立に関する研究　萌芽期」『日本都・市計画学会都市計画論文集』第五二巻三号、八九五—九〇〇頁、二〇一一年
・施設部調べ（施設部所有工事契約関係書類等）

# 参考文献


## 東京大学沿革史

東京大学医学部『東京大學醫學部一覽　明治一三―一四年』一八八〇年
東京帝国大学編『東京帝國大學五十年史』(上・下)、一九三二年
東京大学医学部百年史編集委員会編『東京大学医学部百年史』一九六七年
西沢信編『嗚呼玉杯に花うけて――写真図説 第一高等学校八十年史』講談社、一九七二年
「東京大学の百年」編集委員会編『東京大学の百年 1877-1977』東京大学出版会、一九七七年
東京大学百年史編集委員会編『東京大学百年史』(全一〇巻)、東京大学、一九八四―八七年
東京大学総合研究資料館特別展示実行委員会編『東京大学本郷キャンパスの百年』東京大学総合研究資料館、一九八八年
東京大学医学部・医学部附属病院創立１５０年記念事業委員会編『東京大学医学部・医学部附属病院１５０年史』二〇一一年

## 写真集等

小川一眞『東京帝國大學』明治三三年版、小川写真製版所、一九〇〇年
小川一眞『東京帝國大學』明治三七年版、小川写真製版所、一九〇四年
　明治三三(一九〇〇)年版、増補版の明治三七(一九〇四)年版は、東京大学附属図書館のウェブサイト「写真帖『東京帝国大学』電子版」にて全写真を閲覧可。https://iiif.dl.itc.u-tokyo.ac.jp/repo/s/shashincho/page/home/
東京帝国大学附属図書館『東京帝国大学附属図書館復興記念帖』ヘラルド社、一九三〇年
東京帝国大学『Reconstruction album: containing the final report on the reconstruction of the Tokyo Imperial University Library, 1923-1929』一九三〇年
東京大学出版会編『東京大学 その百年』東京大学出版会、一九六〇年
東京大学出版会編『写真集　東京大学』東京大学出版会、一九六三年
東京大学その百年刊行会編『東京大学 その百年』増補改訂版、東京大学出版会、一九九五年
東京大学医学部・医学部附属病院創立１５０周年記念アルバム編集委員会編『医学生とその時代――東京大学医学部卒業アルバムにみる日本近代医学の歩み』増補改訂版、中央公論新社、二〇一五年

## 東京大学による刊行物

『帝国大学新聞』帝国大学新聞社、一九二三年―一九四四年
『学内広報』東京大学広報委員会、一九六九年―
『改革フォーラム』東京大学広報委員会、一九六八年一二月―一九七三年三月
『東京大学文書館紀要』(旧『東京大学史紀要』)、一九七八年―
東京大学医学部附属病院『施設整備計画の現状と問題点』一九八八年
西秋良宏編『加賀殿再訪――東京大学本郷キャンパスの遺跡』(東京大学コレクション10)、東京大学総合研究博物館、二〇〇〇年
Archives Section of the University of Tokyo. *The University of Tokyo 1877-2000: A History – 21 Short Stories in Pictures*. University of Tokyo Press Production Center, 2000
東京大学史料の保存に関する委員会編「東京大学旧職員インタビュー　内田祥三談話速記録」一―八『東京大学文書館紀要』第一九号―第二六号、東京大学史史料室、二〇〇一年―二〇〇八年
東京大学工学部建築計画室・建築学専攻岸田研究室編『SD別冊28 大学の空間――ヨーロッパとアメリカの大学23例と東京大学本郷キャンパス再開発』鹿島出版会、一九九六年

『東京大学展――学問の過去・現在・未来』東京大学、一九九七年
東京大学史史料室編『年譜　1877-1977-1997　東京大学創立120周年記念』東京大学出版会、一九九七年
木下直之編『博士の肖像――人はなぜ肖像を残すのか』（東京大学コレクション8）、東京大学総合研究博物館、一九九八年
東京大学総合研究博物館編『東京大学』東京大学、二〇〇五年
『3極構造の実現を目指して――施設緊急整備5か年計画の記録』東京大学施設部、二〇〇五年
東京大学編『東京大学大変革――現状と課題4（2004）』二〇〇五年
東京大学創立130周年記念事業実施委員会知のプロムナード小委員会編『知のプロムナード　ナビゲーション・マップ　東京大学130周年記念事業』二〇〇七年
東京大学キャンパス計画室編『東京大学のキャンパス計画』東京大学、二〇一一年
堀内秀樹・西秋良宏編『赤門――溶姫御殿から東京大学へ』東京大学出版会、二〇一七年
東京大学140年周年記念事業実施委員会編『東京大学の140年　年譜1877→1997→2017 創設140周年記念』二〇一七年

### その他の刊行物

工学会編『明治工業史』建築篇、工学会明治工業史発行所、一九二四年
東京市本郷区編『本郷区史』東京市本郷区、一九三七年
村松貞次郎『日本建築家山脈』鹿島研究所出版会、一九六五年
内田祥三先生眉寿祝賀記念作品集刊行会編『内田祥三先生作品集』鹿島研究所出版会、一九六九年
宮本雅明『日本の大学キャンパス成立史』九州大学出版会、一九八九年
寺崎昌男『プロムナード東京大学史』東京大学出版会、一九九二年
岸田省吾「東京大学本郷キャンパスの形成と変容に関する研究」東京大学学位請求論文、一九九六年
中野実『東京大学物語――まだ君が若かったころ』吉川弘文館、一九九九年
岸田省吾『大学の空間から建築の時空へ』鹿島出版会、二〇一二年
木下直之・大場秀章・岸田省吾『東京大学本郷キャンパス案内』東京大学出版会、二〇〇五年

### 関連史資料・アーカイブ・情報等

東京大学施設部所蔵資料

「配置図」「帝国大学建物全体配置之図」「東京帝国大学土地建物調」からは、本郷キャンパスの建物配置や使われ方の変遷を読み取ることができる。また、明治時代末年からの校舎設計図面も多数残っている。比較的近年に限られるがキャンパス計画にかかわる会議資料や議事録なども保管されており、当時の経緯をうかがい知ることができる。これらは一般公開されていない。さらに、一九七〇年代以降の歴代のキャンパス計画文書も保管されている。内藤廣（現東京大学名誉教授）がキャンパス計画室長に着任した二〇〇九年以降、キャンパス計画の大綱・要綱や、各種指針・申し合わせ類、または調査報告書が加速度的に整理されて来た。これらの最新版のうち一部を公開している。

https://www.u-tokyo.ac.jp/fac03/b07_02_j.html

東京大学総合研究博物館小石川分館所蔵資料（東京大学本部施設部旧蔵写真資料）

東京帝国大学営繕課および東京大学施設部により作成・編集された一九二〇年代からの本学の営繕事業を中心とする記録写真および関連資料。現在、データベース化と公開に向け整理が進められており、順次公開されている。

http://umdb.um.u-tokyo.ac.jp/DAnnex/old_collection_photographs_home.php

東京大学文書館所蔵資料

一九七六年に内田家より東京大学に寄託提供された内田祥三の関係史料は、「内田祥三史料目録」にまとめられ保存されている。その他、重要文化財「文部省往復」を所蔵するなど、東京大学の史料を収集・保存している。閲覧可。

東京大学大学院工学系研究科建築学専攻所蔵資料

工部省工学寮工学校造家科時代からの教育資料や調査資料、第一回卒業生からの卒業設計・卒業論文を中心とする。その他にも伊東忠太資料、内田祥三資料など遺族より寄贈を受けた資料も所蔵する。

東京都公文書館所蔵内田祥三文庫
「資料は多くの研究者、行政関係者に役立つことが望ましい。死蔵はしたくない」との故人の意志を尊重し、一九八八年に東京都公文書館に寄託された図書・資料の中には、内田祥三自身が描いた東京帝国大学の一部新築校舎に関する略設計図が含まれている。
東京大学埋蔵文化財調査室所蔵資料
同調査室が行った東京大学構内の埋蔵文化財における発掘・調査・研究。発掘調査報告書、年報などのデジタル刊行物もあり。以下のサイトでオンライン版を閲覧可。
http://www.aru.u-tokyo.ac.jp/index.htm
東京大学附属図書館ウェブサイト
東京大学の歴史を調べるための基本文献がまとめられている。
https://www.lib.u-tokyo.ac.jp/ja/library/general/faq/
東京大学医学部附属図書館ウェブサイト
「東京大学医学部の歩み　江戸〜明治」として、東京大学医学図書館史料室所蔵貴重資料の一部をデジタル化し公開している。
http://www.lib.m.u-tokyo.ac.jp/digital/ayumi.html

## 索引（建造物等）

## は行



## ま行



## や行



## ら行



## わ行

### 千葉　学*

東京大学大学院工学系研究科教授。建築家。専門は建築設計・都市空間デザイン。著書に『人の集まり方をデザインする』(王国社、2015年)、『Rule of the site——そこにしかない形式』(TOTO出版、2006年)がある。

### 川添善行*

東京大学生産技術研究所准教授。建築家。専門は、建築設計・風景論。著作に『空間にこめられた意思をたどる(私たちのデザイン3)』(共編、藝術学舎、2014年)、『GS群団底力編 このまちに生きる——成功するまちづくりと地域再生力』(共編、彰国社、2013年)、建築作品に「東京大学総合図書館別館」(2017年)、「変なホテル」(2015年)等がある。

### 角田真弓

東京大学大学院工学系研究科技術専門職員。専門は日本建築史、近代建築学史。著書に『建築の歴史・様式・社会』(共著、中央公論美術出版、2018年)、『関野貞アジア踏査』(共著、東京大学出版会、2005年)がある。

### 木内俊彦

東京大学大学院工学系研究科特任研究員。専門は建築意匠論、建築設計。編著に『T_ADS TEXTS 02 もがく建築家、理論を考える』(東京大学出版会、2017年)、『T_ADS TEXTS 01 これからの建築理論』(東京大学出版会、2014年)がある。

### 成瀬晃司

東京大学埋蔵文化財調査室助教。専門は近世考古学。著書に、『赤門——溶姫御殿から東京大学へ』(堀内秀樹・西秋良宏編、東京大学出版会、2017年)、『事典 江戸の暮らしの考古学』(古泉　弘編、吉川弘文館、2013年)がある。

### 原　祐一

東京大学埋蔵文化財調査室助手。専門は近世考古学、近代考古学。

### 大成可乃

東京大学埋蔵文化財調査室助手。専門は近世考古学。

### 追川吉生

東京大学埋蔵文化財調査室助手。専門は近世考古学。著書に『江戸のなりたち1. 江戸城・大名屋敷』(新泉社、2006年)、『江戸のミクロコスモス・加賀藩江戸屋敷』(新泉社、2004年)がある。

### 香取祐一

東京大学埋蔵文化財調査室教務補佐員。専門は地理情報。

### 小川祐司

東京大学埋蔵文化財調査室教務補佐員。専門は近世考古学。著書に『赤門——溶姫御殿から東京大学へ』(堀内秀樹・西秋良宏編、東京大学出版会、2017年)がある。

## 本書執筆者

*印は、東京大学キャンパス計画室員・事務局員（元／現）

### 出口　敦*

東京大学大学院新領域創成科学研究科教授。東京大学キャンパス計画室長。専門は、アーバンデザイン学、都市計画学、景観計画。編著に『アジアの都市共生——21世紀の成長する都市を探求する』（九州大学出版会、2005年）がある。

### 西村幸夫*

神戸芸術工科大学教授。東京大学名誉教授。専門は都市計画、都市景観計画、都市デザイン。著書に、『県都物語——47都心空間の近代をあるく』（有斐閣、2018年）、『都市保全計画——歴史・文化・自然を活かしたまちづくり』（東京大学出版会、2004年）がある。

### 藤井恵介*

東京藝術大学客員教授。東京大学名誉教授。専門は建築史、文化財保存。著書に、『建築の歴史』（共著、中央公論新社、2006年）、『密教建築空間論』（中央公論美術出版、1998年）がある。

### 木下直之*

東京大学大学院人文社会系研究科教授。静岡県立美術館館長。専門は文化資源学、近代日本美術史。著書に、『近くても遠い場所——一八五〇年から二〇〇〇年のニッポンへ』（晶文社、2016年）、『銅像時代——もうひとつの日本彫刻史』（岩波書店、2014年）がある。

### 森　朋子*

札幌市立大学デザイン学部准教授。前職は東京大学大学院工学系研究科都市工学専攻助教。専門は都市計画。

### 尾﨑　信*

松山アーバンデザインセンターディレクター。愛媛大学講師。芝浦工業大学非常勤講師。前職の東京大学助教時にキャンパス計画を担当。専門は都市・地域計画、景観学、まちづくり。

### 堀内秀樹*

東京大学埋蔵文化財調査室准教授。専門は近世考古学、陶磁器。編著に『赤門——溶姫御殿から東京大学へ』（共編、東京大学出版会、2017年）、『中近世陶磁器の考古学』第二巻（佐々木達夫編、雄山閣、2016年）がある。

### 中井　祐*

東京大学大学院工学系研究科教授。専門は景観論、土木デザイン。著書に『近代日本の橋梁デザイン思想——三人のエンジニアの生涯と仕事』（東京大学出版会、2005年）、『風景の思想』（共編、学芸出版社、2012年）がある。

### 加藤道夫*

東京大学大学院総合文化研究科教授。専門は建築図学、建築デザイン、特にル・コルビュジエの絵画・建築・都市に関心がある。著書に『総合芸術家ル・コルビュジエの誕生——評論家・画家・建築家』（丸善出版、2012年）、『ル・コルビュジエ——建築図が語る空間と時間』（丸善出版、2011年）がある。

**東京大学本郷キャンパス**
140年の歴史をたどる

2018年6月29日　初　版

［検印廃止］

**編　者**　東京大学キャンパス計画室

**発行所**　一般財団法人　東京大学出版会

**代表者**　吉見俊哉
153-0041　東京都目黒区駒場4-5-29
http://www.utp.or.jp/
電話　03-6407-1069　Fax　03-6407-1991
振替　00160-6-59964

**印刷・製本**　秋田活版印刷株式会社


ISBN 978-4-13-001350-5　Printed in Japan